novum premium

J. J. Semour

Vergewaltigt, mal anders …

Ozeanien und zurück

novum premium

Bibliografische Information
der Deutschen Nationalbibliothek:

Die Deutsche Nationalbibliothek
verzeichnet diese Publikation in
der Deutschen Nationalbibliografie.
Detaillierte bibliografische Daten
sind im Internet über
http://www.d-nb.de abrufbar.

ISBN 978-3-903271-27-2
Lektorat: Philine Ternes
Umschlagfoto:
Lizard Island, J. J. Semour
Umschlaggestaltung, Layout (nach
einer Idee des Autors) & Satz:
novum Verlag

Gedruckt in der Europäischen Union
auf umweltfreundlichem, chlor- und
säurefrei gebleichtem Papier.

www.novumverlag.com

Wenn man wüsste,
warum etwas anfängt und wie es endet,
bliebe nicht viel mehr als die Verzweiflung,
weil man nie begreift, warum die Hoffnung versagt.

Index

Reise ins Niemandsland

Nachdem der geheimnisvolle, grüne Horizont unweit des endlich enden wollenden, schier ewigen Ozeans schüchtern und vorsichtig betreten worden war, befanden sie sich in einem die ganze Nacht lang fahrenden Reisezug. Überreife Bananen, Bitter-Lemon-Eiscreme, ausgetrocknete Orangen, matschige Sandwiches und müde Menschen, benommen von einer vollkommen unverdauten Weltreise um den halben Globus.

Die White Cliffs of Dover. Die kleine Xenia war noch nie in ihrem blutjungen Leben so schauderhaft krank wie jetzt. Sie hing am Bullauge, das nicht zu öffnen war, entsetzt angesichts der unvorstellbaren Wassermassen da draußen, drohende, an das Bullauge drängende Meereswogen. Es war vermutlich das erste flehende Gebet, welches sie aus voller Seele aussprach. „Lieber Gott, bitte nimm' all das von mir, ich schwöre, ich werde mein Leben lang immer brav sein, ich schwöre es!"

Auf dem Oberdeck hingen die Menschen über der Reling entlang des ganzen Schiffes, so schien es ihr zumindest. Sie wunderte sich, wo das, was ihr der Wind stahl, wohl blieb. Sauste es hinein auf das Deck und ekelte die Menschen oder hinaus auf das Meer? Niemand, der es nicht selbst erlebt hat, wird nachvollziehen können, was es heißt, seekrank zu sein oder Heimweh zu haben. Diese Wochen auf dem Ozeankreuzer waren ein alle ihre kindlichen Sinne betäubendes Abenteuer. Die Vanille-Eiscreme, die an der Bord Bar käuflich war, war verwässert, die Unterdecks rochen penetrant nach einem Gemisch von Petroleum, Diesel und Meerwasser, ein Geruch, der in ihr noch Jahrzehnte später sofort diese Erinnerungen wachrief.

Den Passagieren wurde Englischunterricht erteilt, täglich in kleinen Gruppen. Warum heißt ‚one' eins und nicht ohne, und warum gibt es dreimal ‚tu', einmal mit einem ‚o', einmal mit zwei ‚o' und einmal mit ‚w' und ‚o', und alles heißt dreimal etwas anderes, aber hört sich dreimal gleich an? Wahrscheinlich würde der Unterricht vorteilhafter verlaufen, dachte Xenia, wenn es nicht die zahllosen begriffsstutzigen Erwachsenen geben würde. Auf den Promenadendecks fühlte sie sich deutlich wohler. Hier gab es Reize und, wie sie schnell erkannte, ungeahnte Vorteile. Mit dem Zeichenblock bewaffnet defilierte sie vor den Liegestühlen, skizzierte in Decken gewickelte Damen, Herren und manchmal auch spielende Kinder. Jene, die ihr nicht gefielen, skizzierte sie natürlich nicht, was ihren, ihr selbst bislang nicht bewussten Künstlerwert erheblich steigerte. Für eine Zeichnung eine Mark. Sie vernaschte einen Teil und gab den Rest stolz ihrer Mama, jeden Tag.

Die Straße von Gibraltar. Es war Nacht. Mutter weckte sie und holte sie extra an Deck, damit sie diesen aufregenden Anblick gemeinsam erlebten. Xenia konnte nichts Aufregendes sehen, nur sehr hohe, dunkle Schatten,

Steuerbord und Backbord, enttäuscht legte sie sich wieder schlafen. Ganz anders war Tanger, es war auch Nacht, als das Schiff vor Tanger lag, aber diesmal war es ein für sie ganz unvergesslicher Eindruck. Das stille, dunkle Meer zwischen dem Schiff und dem Hafen, die endlose Lichterkette entlang der schemenhaften Küste, teils Stadt, teils vor Anker liegende Schiffe, alles in geheimnisvolles Dunkel gehüllt, nur durchwirkt von tausenden oder vielleicht sogar Millionen funkelnden Lichtern. Es berührte sie wie Weihnachten, wie ein Heiligtum, und immer, wenn sie später ein im Lichterglanz erstrahltes Ufer erblickte, sah sie Tanger ‚en miniature'.

In Kairo erblühte Xenias Ziehvater zu seiner romantischen Gänze. Unter der Führung des Reiseleiters durchstöberten sie, Mama und er wie Alibaba und seine Räuber schneeweiße Stadtviertel, schneeweiße Straßen, schneeweiße, flache Häuser, bestaunten schneeweiß gekleidete Menschen mit schneeweißen Tuchgebilden auf ihren Häuptern. Vater hielt beide ganz fest an den Händen, damit sie nicht von Arabern entführt werden würden. Stattdessen entführte er selbst sie unter der Leitung ihres Begleiters in ein arabisches Paradies voller exotischer Düfte, Rosen, Jasmin, Lavendel, Kamelien. Und noch tausend andere, sinnenverwirrende Düfte verzauberten insbesondere Xenias verzückte, wunderschöne Mama. Viele kleine Fläschchen wurden mit den kostbaren Ölen gefüllt, sorgfältig verpackt und vom Ziehvater, der ganz in seinem Element war, denn schließlich war er der Träumer, Romantiker, Abenteurer und draufgängerische Eroberer, den Mama mit unendlich viel Verständnis, Nachsicht und Humor liebte, bezahlt und mit einer tiefen Verbeugung seiner Königin überreicht. Orientalisches Parfüm. Ein verschwenderischer Luxus. Weil sich in Kairo tatsächlich ein paar weibliche Passagiere, trotz längeren Warten des Ozeankreuzers, nicht mehr einfanden, schwor er, Händler hätten sie für einen Harem gekascht. Nachdem der Suezkanal und das Rote Meer durchfahren waren, durfte deshalb niemand in Aden an Land gehen.

Der Indische Ozean vor ihnen wurde für jeden die Zerreißprobe. Jetzt half kein Bingo mehr über die Runden, kein Pingpong, kein Tennis, kein Flanieren im Bikini, selbst das Flirten an der großen Hufeisenbar über dem Schwimmbad im Heck ermüdete. Jeder kannte inzwischen jeden. Es wurde heißer und noch heißer. Sogar Xenias Eltern bemühten sich nicht mehr, sie auszutricksen, um allein in ihrer Kabine zu sein. Was jetzt war, konnte sich niemand vorstellen, außer natürlich der Kapitän und seine Besatzung. Die ersten Reisetage voll dem Glück versprechenden blauen Sonnenhimmels und den wie Schatztruhen glitzernden Meeresweiten, lösten natürlich schwärmende Begeisterung und entfesselte Emotionen aus. Da gab es zum Beispiel das Pärchen, das ein gemeiner Lauscher in einem Rettungsboot entblößte und diese Tatsache hämisch verbreitete, nämlich deshalb, weil es sich um zwei Eheleute handelte, nur waren diese nicht miteinander verheiratet. Auch Xenias schöne Mama zeigte sich unvermutet provokant. Inmitten des Indischen Ozeans, man hatte das Gefühl, dass alle längst vollends mit Dolce Vita und süßem Nichtstun beschäftigt waren, Bedienung und Schlaraffenland von morgens bis abends, abends Gala Dinners und Tanz, Abendroben,

Dinnerjackets und Smoking, Aperitifs vor dem Essen und Cocktails danach. Nun ja, eben zur Wirklichkeit gewordene Träume, die sich niemand an Bord vorher je überhaupt hätte vorstellen und noch viel weniger hätte leisten können, aber jetzt schien jeder daran gewöhnt. Auch Xenias Mama konnte und wollte sich offensichtlich dieser Verführung nicht entziehen. Vorsichtig betrat sie die gemeinsame Kabine. Sie wollte Töchterchen nicht wecken. Zu spät.

„Schlaf' weiter, Liebele, ich zieh' mich nur um."

„Warum, du trägst doch ein wunderschönes Kleid."

„Papa meint, ich soll mich umziehen, nun, was er sagt, das werde ich tun." Sie sprühte nur so vor Schalk. Xenia setzte sich auf und sah ihr zu. Aus ihrem tief dekolletierten Kleid geschlüpft, nahm Mama zielsicher ein anderes aus dem Spint. Einen Taft, schrill grün. Xenia traute ihren Augen nicht. Es war absolut trägerlos, rückenfrei, obenrum komplett nackt. Lächelnd sah Mama in ihr entgeistertes Gesicht, dann ein kurzer, völlig eitelloser Blick in den kleinen Spiegel, sie wusste nie tatsächlich, wie gefährlich schön sie aussah. Sie war einfach elementar, vollkommen echt und ungeschminkt natürlich. Ungeschminkt ihre Seele und ungeschminkt ihr Gesicht, nur der rote Lippenstift, den ihr Mann für sie gekauft hatte und der ihren sinnlichen Mund betonte, unterstrich ihr knisterndes Temperament. Ihr Lächeln, das entwaffnete und jedem sagte, was er am liebsten hören wollte, verband immer Sanftmut mit einem seltsamen Triumph.

Wochen vergingen, nichts als Wasser, links, rechts, vorn, hinten, unten und wer weiß, mit etwas Glück vielleicht auch von oben, einfach endlos überall. Man hatte die Bücher in der Bibliothek gelesen, die Pampelmusen waren auch nicht mehr so saftig und Xenia hatte bereits jedem, der es wollte, sein Konterfei für eine Mark verkauft. Es gab keinen Regen, auch keinen Sturm, der letzte war der zur Demut zwingende in der Biskaya. Die Spannung entlud sich dann endlich irgendwo in der Mitte dieser Zeit. Am Äquator, die Taufe. König Neptun erschien aus der Tiefe. Jeder musste daran glauben und erhielt seinen Äquator-Taufschein, damit war die Hitze gebrochen, aber eine neue Spannung machte sich breit. Die Erwartung des bislang völlig Unbekannten. Jeder fieberte inzwischen mehr und mehr diesem Ziel entgegen und begann damit, sich auf die große, paradiesische Insel erwartungsvoll, hoffnungsfroh, einige von plötzlicher Angst und Unsicherheit befallen, vorzubereiten. Australien.

Der nächste Streifen am Horizont würde das Land der Träume für alle Passagiere an Bord dieses Schiffes sein. Dafür hatten sie alle mehr oder weniger, aber vermutlich eher mehr als weniger, geopfert, viele wahrscheinlich ohne es bis jetzt zu wissen.

Gewagte Täuschung

Xenia hätte diese Reise freiwillig nie gemacht. Schon ein Jahr zuvor wollten die Eltern nach Kalifornien auswandern, zu Xenias Entsetzen! Wie kann ich das bloß verhindern, dachte sie verstört. Ich will hier nicht weg, ich will nicht in ein Land, in dem man niemand versteht und nichts kennt, ich will nicht weg von meinen Freunden und von meiner Schule! Was kann ich dagegen tun, was kann ich bloß dagegen tun …? Ihr kindliches Gemüt beschäftigte sich Tag und Nacht mit dem Gedanken. Die einzige Möglichkeit wäre, krank zu werden, aber Masern und Scharlach hatte sie bereits, außerdem helfen Masern und Scharlach bei so einer gigantischen, schier ausweglosen Sache auch nichts, dachte sie. In der Schule begannen gerade die Impfungen gegen Polio, drei Impfungen waren pro Kind als Prävention vorgesehen. Hm … Xenia dachte nach. Dabei musst Du aber sehr scharf konzentriert sein, eine Kinderlähmung vorzutäuschen ist zwar eine hilfreiche Idee, aber kein Spaziergang, denn eine Kinderlähmung kann ja bekanntlich sehr lange dauern … Du musst also genau einstudieren, was zu bedenken ist, du wirst dann ja schließlich von Ärzten untersucht. Hm … Sie ließ ihrer kindlichen Phantasie freien Lauf, besonders während der Nächte, und je tiefer sich ihre Eltern mit diesem für Xenia unvorstellbaren Unternehmen, Auswandern nach Kalifornien, beschäftigten, desto entschlossener wurde sie. Nach der zweiten Polioimpfung, man hatte den Kindern und Eltern bestimmte Anweisungen erteilt, um, insbesondere nach der zweiten Impfung, eine mögliche Kinderlähmung zu vermeiden. Es käme zwar sehr selten bis überhaupt nie vor, wurde versichert, aber die Kinder sollten sich ruhig verhalten bis zur dritten und letzten Impfung. Futter für Xenias Entschluss. Eines Morgens, auf dem langen Weg zu Fuß zur Schule, Mama an der Hand, strauchelte sie gekonnt.

„Liebele, was hast Du?", erschrocken ihre Mama. Zu ihr hoch blickend, stotterte sie jammernd, „Mama, mein Bein, mein Bein hält mich nicht mehr". Mama hob Xenia auf und stellte sie auf die Beine, aber sofort knickte Xenia wieder ein. „Um Gottes Willen, Kind!" Sie trug ihr Töchterchen den halben Schulweg nach Hause, legte sie in ihr Bettchen und ließ den Arzt kommen.

„Sie muss in die Klinik, wir bringen sie erst einmal in das Kreiskrankenhaus, damit sie eingehend untersucht wird."

Das Kreiskrankenhaus hatte eine Kinderabteilung, in welcher sie jetzt lag, umgeben von mehreren Krankenschwestern und Ärzten.

„Hast Du Schmerzen?"

„Nein, nur mein Bein bleibt nicht mehr gerade."

„Welches Bein?", fragte einer der Ärzte.

Aufpassen, Xenia, jetzt wird es ernst. „Das Rechte." Ihr rechtes Bein wurde entblößt und untersucht.

„Es tut dir nichts weh?"

„Nein, es ist alles ganz stumpf", beteuerte sie leidvoll, nicht ahnend, was kommt. Was sich jetzt ereignete, war die erste Feuerprobe in ihrem noch so jungen Leben. Vom Oberschenkel bis hinunter zu ihren schmalen, kleinen

Fesseln wurde sie mit Nadelstichen übersät, bis hin zum Bluten. Du wusstest, dass irgend so etwas kommen wird, Xenia, sagte sie sich und schaute, ihre Zähnchen zusammenbeißend, anscheinend unbeteiligt in die Luft. Man drehte sie daraufhin auf ihr Bäuchlein und betastete beide Beine aufs Neue. Xenia, merk' dir, wo das rechte Bein ist, es ist dort, wo deine rechte Hand ist, verwechsele nichts! Wieder Nadelstiche von oben nach unten. Die Bauchlage war für Xenia ideal, weil sie ihr Gesicht in die Kissen vergraben und somit eventuelle Regungen verbergen konnte. Wieder rücklings liegend und zugedeckt, konstatierten die Ärzte zunächst ein gefühlloses Bein.

„Ob es eine Lähmung ist, muss erst festgestellt werden, es können auch andere Ursachen sein. Wir bestrahlen das Bein jetzt und bringen sie morgen in die Uniklinik zur weiteren Untersuchung." Zutiefst besorgt saßen die Eltern an ihrem Bett. Der Klassenlehrer kam mitsamt Klasse.

„Xenia, wir bringen dir alle Schulaufgaben und Hausaufgaben, damit du nicht sitzenbleibst, zum Lernen hast du ja jetzt eine Menge Zeit", scherzte ihr Lieblingslehrer, und ihre Klassenkameraden versprachen ihr, sie jeden Tag zu besuchen.

„Wir bringen dir dann auch immer Bananen und frische Erdbeeren mit."

Xenia denkt, Sitzenbleiben …? Das klingt ja sehr nach einem langen Klinikaufenthalt, prima, dann können die Eltern auch nicht nach Kalifornien auswandern, aber wenn sie mich jetzt in eine noch größere Klinik bringen, muss ich noch mehr aufpassen … rechts ist immer da, wo der Daumen links ist, merke dir das, Xenia!

„Das Kind ist gesund", diagnostizierten die Ärzte, und drehten Xenia immer wieder vom Rücken auf den Bauch, dann wieder vom Bauch auf den Rücken, immer wieder aufs Neue und befühlten ihre Beine. Die denken, vielleicht verwechsele ich rechts mit links … Aber sie verwechselte nichts, beherrscht von dem Gedanken, die Eltern müssen hierbleiben! Wenn man versuchsweise und vergleichsweise ihr linkes Bein den Nadelstichen aussetzte, zuckte sie und ließ ein ärgerliches „Aua!" verlauten, wenn dann das rechte Bein wieder an der Reihe war, sah sie mit versteinertem, verschlossenem Gesicht sehr interessiert den Nadelstichen zu, ohne eine Regung zu zeigen, fasziniert von der Erkenntnis, was man alles lernen kann. Dieses rechte Bein wurde also weiter bestahlt und massiert, jeden Abend gab es ein ziemlich heißes Fußbad, täglich wurden Gehversuche mit Krücken gemacht, immer gestützt von zwei Helfern. Aber es half nichts. Xenias Bein blieb stumpf und willenlos, so, wie es ihr junges Hirn eisern beschlossen hatte. Die Klasse und der Lehrer kamen, wie versprochen, mit jeder Menge Hausaufgaben, die sie nur zu gerne erledigte, Xenia liebte ihre Schule! Was Xenia nicht bedacht hatte, waren die alltäglichen Rituale, für die sie Hilfe benötigte und ohne Stütze nicht auskam. Zähneputzen im Bett über einer Waschschüssel ging ja noch, oder Katzenwäsche auf dem Bettrand sitzend, die Waschschüssel vor sich auf dem Nachttisch stehend. Aber wehe, wenn sie aufs Töpfchen musste, dann wurde sie ganz verlegen. Es wurde ihr ein Nachttopf im Bett unter ihren kleinen Hintern geschoben, und wenn es zu mehr drängte, wurde es besonders anstrengend, denn dann mussten zwei Krankenschwestern sie stützen und sie mit zwei Krücken versehen auf einem Bein humpelnd, wohlgemerkt dem linken, auf das Örtchen bringen und auf die Toilettenbrille heben. Xenia schämte sich deshalb sehr und bat die Krankenschwestern jedes Mal, aus der Toilette hinauszugehen und erst wieder hereinzukommen, wenn sie fertig war. Diese Prozedur, das Baden in der Badewanne, ihre Haare waschen, all dieses bedurfte täglich und manchmal auch nächtlich der bewundernswürdigen Konzentration seitens Xenia.

So ging es ein knappes Jahr lang. Großmutter war verzweifelt und ratlos, ebenfalls die Eltern. Xenia wurde versetzt, nichts mit Sitzenbleiben, alle waren stolz auf sie, und ihre Versetzung wurde rund um ihr Krankenbett fröhlich gefeiert. Es wurde Winter. Weihnachten bei Oma, Rodeln mit der Klasse, träumte Xenia wehmütig, und ich liege hier im Krankenbett im Krankenhaus. Dann begann der Frühling, es wurden ihr bunte Primeln und herrlich gelb leuchtende Osterglocken ans Bett gebracht, die Tage wurden heller und die Sonne ganz warm. Die Eltern haben jetzt sicher Kalifornien aufgegeben, dachte Xenia, und ich mag auch nicht mehr in diesem Krankenhaus sein und herumhumpeln, so langsam muss sich mein Bein bessern. Jeden Morgen machte sie Beinübungen im Bett liegend. Bislang ließ sie das rechte Bein immer noch demonstrativ haltlos nach unten knicken. Hm, dachte Xenia, wie bringe ich es den Ärzten am besten bei, dass sich mein Bein allmählich wieder gerade hält und ich es wieder normal bewegen kann? Ein anderer, neuer Arzt kam ihr, seine unerwartete Hilfeleistung für Xenia nicht ahnend, entgegen. Er entschied, während er sie bei der Visite untersuchte: „Entfernen wir die Mandeln, die Mandeln sind häufig Ursache für die seltsamsten Erkrankungen." So wurden die Mandeln ihr im Sitzen, zwei Krankenschwestern hielten ihre Händchen fest, es gab eine Beruhigungsspritze und eine örtliche Betäubung, entfernt. Chrrrr, Chrrrr, chchchch ... Xenia krächzte furchtbar, aber war zufrieden. Sie hatte die Gelegenheit, um ihr gewagtes Abenteuer endlich beenden zu können, genauso erkannt, wie den Anfang ihres Abenteuers, und genauso, wie vordem, beim Schopfe gepackt! Nicht zu schnell, aber nach einigen Tagen des täglichen Genießens von Vanilleeis, verkündete sie zaghaft, „ich habe so ein komisches Prickeln im Bein ...", und nach weiteren Tagen lauthals, „schaut her, schaut her, mein Bein, mein Bein, es bleibt oben, es bleibt oben und kommt erst wieder runter, wenn ich es will, kommt, schaut her, schaut her ...!" Alle waren beglückt, beeindruckt von der Prognose des neuen Arztes und allesamt waren erlöst.

„Komm, versuche ohne Krücken zu gehen!"

Trotzdem blieben die Helfer an Xenias Seite, die nun Kniebeugen vorführte, in die Knie, dann hoch und gerade, dann wieder in die Knie und wieder hoch und gerade ... immer so fort. Ich will jetzt hier raus, fast ein Jahr muss gereicht haben, um nicht nach Kalifornien zu müssen, ich will jetzt zur Oma und wieder in meine Schule. Tja, so hoffte damals das Kind ... Oma war überglücklich und verwöhnte sie wieder mit ihrem frischen, selbstgebackenen Brot, dick Butter darauf und ihrer selbst gemachten Marmelade aus Beeren in ihrem Garten.

„Kind, bin ich froh, dass du wieder da bist!" Die Eltern eingeschlossen. Keiner, auch nicht die Ärzte, zumindest schien es so, hatten Xenias ewig langes Simulieren durchschaut. Aber die Eltern wollten raus aus der Heimat. Kalifornien war jetzt nicht mehr das Ziel, jetzt war Australien ihr Ziel, die Warteschlange nach Kalifornien war zu lang geworden. Xenia konnte sich nicht mehr dagegen wehren. Meine ganze Mühe, die Anstrengungen, alles war umsonst, dachte sie, und alles ist nur noch schlimmer als vorher, mein Gott, Australien, dort wohnt doch kein Mensch und es ist noch viel weiter weg ... Resignierend begriff sie, dass die Eltern gehen würden und sie sich zu fügen hatte. Niemand traute sich, die Eltern zurückzuhalten, auch nicht Opa, als gedienter Militär, geprägt von den schrecklichen Kriegsereignissen und erst Jahre nach seiner Gefangenschaft zurückgekehrt. Er verstand die Beweggründe der Eltern, und auch er weinte bei ihrem Abschied. Gerade deshalb ihr Gefühl, dass das Opfer bei allen Passagieren auf diesem Ozeandampfer viel zu hoch war. Hätte sie nicht erlebt, was die Eltern so alles verkauften, all die schönen Sachen, die ihr Leben ausmachten, einfach alles, was sie liebten, ganz abgesehen von ihr, die niemand fragte. Niemand interessierte es, ob sie ihre Schule, die Pfadfinder, ihre Freunde, ihre Burg, den Hochsitz, ihre Wälder und blumenübersäten Wiesen, die Sonntagsspaziergänge zur Kirche über menschenleere, allerliebste Wiesen und Felder, vermissen würde. Die Geheimplätze in lauschigen Gebüsch Nischen, an denen fröhlich plätschernde Bäche, eingesäumt von satten Sumpfdotterblumen und duftendem Flieder, anmutig vorbeirauschten.

Selbst die strapazierte Sport-und Handarbeitslehrerin, für die sie noch bis zum Abend vor der Abreise, womit sie

Mama zur Verzweiflung trieb, extra den sehr schwierigen Hohlsaum in ein Kopfkissen zauberte, nur um in bester Erinnerung zu bleiben, fehlte ihr, ganz abgesehen vom Schuldirektor, Maximilian Beer, der beste Lehrer aller Zeiten. Und dann natürlich die Großmutter und der Großvater, und überhaupt ... In ein paar Jahren hätte sie die Chance gehabt, vielleicht Vögtin zu werden im Kinderfest und wenn nicht, dann aber gewiss wenigstens eine Ehrendame in Blau, Rosa oder Gelb. Außerdem werden die Eltern mich kaum konfirmieren lassen können, denkt Xenia leidvoll, in Australien wird bestimmt nicht konfirmiert. Und dann, wie wird das mit dem Winter und dem Schnee und Weihnachten? Ob es dort ein Krippenspiel zu Weihnachten in der Kirche gibt und sie die Kunde vom Engel Gabriel aufsagen dürfte, wie in vergangenen Jahren, oder vielleicht gar die Maria spielen würde? Fragen über Fragen in Xenias Hirn. Mama hatte ihren Pelz verkauft, weil er im heißen Australien sowieso nichts nützen würde. Es wird keinen Nikolaus und keine Tannenbäume geben. Nicht in Australien.

Also, hätte sie das alles nicht erlebt und hätte sie nicht die Tränen gesehen, die niemand in der Familie verbergen konnte, dann hätte sie nicht deutlich gefühlt, dass all das nicht richtig sein konnte, und wenn sie das so empfand, dann gab es sicher noch andere, die es genauso empfanden auf dieser Reise in eine fremde Welt, in der man noch nicht einmal mit den Leuten würde sprechen können, weil man deren Sprache nicht beherrschte und sie deshalb nicht verstand.

Die Ankunft

Wieder war es ihr Ziehvater, der sich entpuppte, wie sie ihn zuvor nie erlebt hatte. Er kam ihr vor wie ein Vogel, der sich im Winter ein besonders geplustertes, dickes Gefieder zulegt, um sich zu wärmen. Er bekam einfach zunehmend mehr Volumen, je mehr sie sich dem neuen Kontinent näherten. Nicht, dass er dick wurde, nein, er schien einfach eine andere Form anzunehmen. Und nun, im Hafen von Fremantle eingelaufen, endlich wieder festen Boden unter den Füßen, schien er Kolumbus zu sein. Er wusste einfach alles. Zumindest empfand Xenia das so. Er erklärte wissenschaftlich die Beschaffenheit des englischen Rasens, auf dem sie staunend in den Stadtparks spazierten, und dass die Häuser, die ziemlich klein aber hübsch und verspielt aussahen, kolonialistischen Stils seien. Sie posierten für Fotos unter gigantischen Palmen, unter denen sie sich später auf den Bildern wie Zwerge wiederentdeckten. Dies also soll ihre künftige Heimat werden. Xenia fühlte sich überhaupt nicht anwesend. Wie in Trance nahm sie diese Fremde auf, sie konnte nichts damit anfangen. Es war alles so unfassbar anders, es war einfach zu vieles anders und irgendwie hatte sie das Gefühl, dass Mama sich auch sehr bemühte, von diesem blendenden Licht und dieser überwältigenden Vegetation, der noch nie gesehenen, intensiven Farbenpracht exotischer Blüten, begeistert zu sein.

In der großen Bucht vor Süd-Australien schienen die Naturgewalten die Menschen an Bord auf ihre Zukunft vorbereiten zu wollen. Mit Sturm begann diese Reise ins Ungewisse und mit Sturm wollte sie enden. Diesmal war Xenia gefeit. Keine Seekrankheit lähmte. Sie mogelte sich von Wind und Gischt gepeitscht an den Bug, klammerte sich an die Reling, klitschnass und ganz fest. Fasziniert versank sie in den schaumgekrönten Wogen, tauchte auf und sah süchtig in die Weite nach dem nächsten tiefdunklen Tal, in dem sie wieder versinken würde. Niemand außer ihr war an Deck. Niemand, nur der Sturm schien sie gewaltig zu beschützen und drückte sie fest auf ihre kleinen Füße, so, als wollte er sie etwas lehren. Sie empfand keine Angst, sondern ein bislang unbekanntes Gefühl von Kraft und Lust.

Der Zug hatte in der Nacht nach stundenlanger Fahrt endlich sein Ziel erreicht. Wie man dort, wo man am nächsten Morgen erwachte, gelandet war, wusste kaum einer mehr. Das Auffanglager mit vielen Holzbaracken. Ein kleiner Raum, alles aus Holz, Wände, Decke, Fußboden, ein paar Koffer, diese natürlich nicht aus Holz, denn sie gehörten ja ihnen, zwei Stühle, ein kleiner Holztisch, ein Spint und drei Betten, drei Pritschen hätte Maxe Beer sie genannt, wurde ihnen zugewiesen. Mama nestelte in den Koffern, Ziehvater war nirgends zu sehen. Die Tür nach draußen stand offen. Eine Holzstiege mit drei Stufen führte nach unten. Mama rief:

„Geh' nicht zu weit!“, aber Xenia war wie verzaubert.

Betörendes Aroma umhüllte sie und verwandelte sie in Alice im Wunderland. Sie betrat den nur wenige Schritte vor ihr lichten, ja, was war es, es war kein Wald, aber es waren viele, viele Bäume, aber sie waren so ganz anders als die Bäume, die sie kannte. Sie leuchteten hell wie

Birken und ihr tiefgrünes Laub spielte verschwenderisch in hohen, großzügigen Kronen, darin überall buntes Gefieder, Sittiche und Papageien in prächtigen Farben. Der Waldboden war kahler als daheim und man konnte sehr leicht darauf gehen. Alles war so einladend hell und süß. Nichts machte Unbehagen. Ungläubig sog sie immer wieder dieses Aroma ein. Was für ein Duft!

Sehr bald machten sie ihren ersten gemeinsamen Spaziergang, hinaus aus dem Lager. Ihre Eltern und sie. Diese Weite und dann diese zartblassen und doch leuchtenden Farben, die sich ganz sanft ins Unendliche verliefen. Weit und breit kein Mensch. Keine Häuser, nicht einmal eine Wellblechhütte. Ein paar Radspuren, die auch ins Unendliche führten, nur in den Lüften schwärmten unzählige, schillernd bunte Vögel, weiße Kakadus mit gelben Federkronen, grellrote Papageien mit grünen Hälsen und tausend freche, grüne Sittiche. In längeren Abständen klang seltsames Vogelgeschrei, es tönte wie das irre Lachen von übergeschnappten Menschen.

Sie fragte sich, wie die Eltern sich wohl fühlten. Wie sie sich fühlte, würde sie wohl niemals vergessen. Fremd. Ganz einfach fremd. Aber was ist das? Sich fremd fühlen? Im wahrhaftigsten Sinne des Wortes, man ist sich fremd. Sie fühlte sich nicht mehr. Es war, als hätte ihre Seele sie trotzig verlassen und sei dorthin zurückgekehrt, wo sie sich heimisch fühlte und wo sie auf Xenias Rückkehr warten wollte, dort im Tal vor ihrem Märchenschloss, im Kreise uralter, weiser Eichen am Waldesrand, umsäumt von den buntesten Wiesenblumen, hohem, saftigem Gras, von weißen Margareten und Zittergras, den blau nickenden Glockenblumen und im Spätsommer rotem Klatschmohn, noch roter als diese Papageien. Sich fremd sein, sich tatsächlich nicht mehr finden können, irritiert von fremden Impressionen. Dieses war der Beginn ihrer Odyssee.

Es gab keine Feldmaus am Wegesrand, vor deren Loch sie mucksmäuschenstill auf das vorsichtige Erscheinen warten konnte, um sie dann entzückt haschen zu wollen. Stattdessen fand sie sich gezwungen vor dem Abflussloch des Waschbeckens, gelähmt genötigt, der bedrohlichen Ankunft einer großen, schwarzbehaarten Spinne zuzusehen. Eingeseift, nass triefend, starrte sie in das Becken. Erst eines, dann die restlichen schwarzbehaarten Beine, schlüpften aus dem Loch nach oben und dann, ganz unmöglich, aber es passierte und Xenia hoffte, das Ungeheuer würde es nicht schaffen, quetschte sich ein schreckenerregender, hässlicher, ebenfalls schwarz behaarter Körper auf den Boden dieses gusseiserenen Waschbeckens. Furchteinflößend und hypnotisierend blitzten sie zwei schwarz glitzernde Punkte an. Draußen vor der Tür, im heißen Sonnenlicht, plauderte Mama mit anderen Frauen.

„Liebele, was ist?“ Sie kam herein und erschrak genauso. Behutsam wickelte sie ihren Liebling in ein Handtuch und führte das Mädchen hinaus. Xenia hatte es noch nicht gesehen, das Haus des Lagerverwalters. Es war viel heimeliger als die Baracken der Einwanderer. Weiß verputzt und geschmückt von Weinreben überall. Ob sie wohl süß sind? Sie waren leuchtend grün und prall und schmeckten ganz anders als daheim, unbeschreiblich. Wie das Parfüm in der betörenden Luft, die sie umschmeichelte. Süß, ja, aber eben ein ganz anders Süß.

Er sprach Deutsch, der Lagerverwalter, wie sonst hätte sich Mama bei ihm wegen der Spinne beklagen können.

Sie führte ihn zurück zur Waschbaracke, hinein und hinan an den Ort des Deliktes. Die Spinne saß immer noch da, so groß wie die Hand ihres Ziehvaters und so bestimmend wie ein Revierförster. Die ist ganzschön dreist, dachte Xenia, denn wer das glitschige Abflussloch trotz hineinströmendem Wasser hinaufklettern kann, kann dann ja auch aus dem trockenen Becken herauslaufen. Warum krabbelt sie nicht weg?

„Das passiert", sagt der Lagerverwalter, „aber Sie brauchen sich nicht zu fürchten, die Dinger sind nicht gefährlich, sie sehen nur so aus. Es sind die ganz kleinen Winzigen, vor denen Sie sich in Acht nehmen müssen. Morgen früh ist sie nicht mehr da und in Ihren Räumen werden sie nicht sein, weil das Holz imprägniert ist".

Er brachte sie auf Ideen … Xenia schlief kaum noch. In jedem Astloch sah sie böse, schwarz blitzende Augen. Ihr Ziehvater war wochenlang weg, er hatte sich zusammen mit anderen eingewanderten Männern zur Weintraubenernte gemeldet, gleich nach ihrer Ankunft. Irgendwann – waren es Wochen oder Monate? – ordnete Mama aufgeregt alle ihre verbliebene Habe wieder in die Koffer, entfernte die Spitzendeckchen, die als Gardinen die kleinen Fenster schmückten, wusch tagelang Wäsche, Xenia war dabei, mit panischer Angst vor der Spinne. Endlich war es dann soweit. Ziehvater war überhaupt nicht mehr wiederzuerkennen, als er dann letztendlich wieder da war. So braungebrannt hatte sie ihn noch nie gesehen, und Mama auch nicht. Er sprühte nur so vor Spitzbubenlaune und brachte Mama und Xenia zum Lachen. Die Quarantäne war beendet, so taufte ihre Mama diese abenteuerliche Zeit.

Lehren, Busch und Tränen

Tante Mirja und Onkel Ludwig waren Mamas Freunde, die sie auf der Flucht vor den Alliierten nach Kriegsende kennengelernt hatte, Ungarn, die bereits früher ausgewandert waren und in dem Buschdorf, in dem sie wohnten, nun angesehene Bürger waren. Onkel Ludwig fuhr den Schulbus in die zwei Stunden Fahrzeit entfernten High Schools, während Tante Mirja eine blitzweiß getünchte, von Rosenbäumen umwachsene Familienidylle bewachte. Ja, bewachte, denn sie war, obgleich höchstens 152 cm groß, ein General. Obwohl Xenias Mama 25 cm größer war, waren sie sich sehr ähnlich. Sie lachten immer, waren neckisch und verbreiteten nur Frohsinn und Heiterkeit.

„Schau, so ein großes Mädel bist du geworden. Wenn ich daran denke, dass du einmal beinahe in der Jauche verschwunden wärst … oh Gott, ich darf gar nicht daran denken, weißt du noch, Eva? Wir konnten dich gerade noch an deinen Ärmchen herausziehen!"

Ihr ungarischer Akzent war so lieblich wie ihre gesamte kleine, energische Person. Zwei weißgetünchte Holzhäuschen weiter bezogen sie einen Bungalow. Ein Bungalow. Ein Bungalow, so dachte Xenia, ist offensichtlich nichts anderes als eine weitere Baracke. Wieder alles aus Holz, wie vorher im Lager, nur diesmal etwas freundlicher, weiß und hellblau mit silbern glänzendem Wellblechdach, und hier waren Gardinen schon vorhanden. Da gab es einen Ofen, Tischdecken aus Plastik, die Mama flink verschwinden ließ und mit ihren handgearbeiteten Kostbarkeiten ersetzte. Ein Extrazimmer für die Eltern, ganz klein, gerade ein Doppelbett passte, stand auch schon drin und wurde sofort von ihrer Mama, Xenia hatte den Eindruck mit einem lustvollen Gefühl für endlich wieder etwas Luxus, mit der sorgfältig verpackten, üppigen Seidensteppdecke überworfen. Xenia bekam ein eigenes Zimmer im Bungalow nebenan, es war ein größerer Raum, der ihr nicht schlecht gefiel – bis auf die Astlöcher.

Eng an den Bungalows, am gesamten Grundstück entlang, führte ein hoher Holzzaun, der unmittelbar unter Mamas Küchenfenster verlief und sie vor gewaltigen, ziemlich aggressiven Kühen bewahren sollte, denn begab man sich zu nahe an den Zaun, zum Beispiel auf dem ausgetretenen Pfad, auf dem man ins Dorf gelangen konnte, galoppierten sie hautnah am Zaun, sodass man fürchtete, sie würden entweder den Zaun durchbrechen oder gar überspringen. Die gehörnten Kühe konnten natürlich nicht wissen, dass in Mamas Adern altdeutsches Bauernblut floss und ihr nicht nur Zweibeiner hinterherliefen, sondern wirklich alles, was vier Beine hatte und einigermaßen domestiziert war, wedelte sie an. So kam es, dass sich binnen kürzester Zeit jeden Morgen entlang vor dem Küchenfenster hinter diesem Zaun zutrauliche Mega-Kühe versammelten und sich hingebungsvoll von Mama die Blesse kraulen ließen. Tja, und dann kamen die Vögel. Nein, nicht irgendwelche harmlosen kleine Sittiche oder Papageien. Mamas grenzenlose Tierliebe mündete in eine allmorgendliche Invasion von weiß gefiederten Kakadus, die lautstark bestimmend und ihre gelbgeschmückten Häupter dabei rege auf und ab schwingend, entweder auf den Köpfen oder den Hörnern der Kühe thronend oder Spalier auf dem Zaun direkt vor dem Küchenfenster ihr Gourmetfrühstück forderten: Mamas gezuckerte Toastbrotscheiben. Was seitens Xenias Mama harmlos begann, entwickelte sich rasch zu einer tierischen Nötigung.

„Gib' Obacht", warnte Ziehvater seine Frau. „Kakadus sind mit Vorsicht zu genießen. Wenn sie einmal nicht bekommen, was sie wollen, dann erlebst du dein heiliges Wunder, sie sind aufdringlich, neugierig und sehr stark, also pass' auf und sei vorsichtig!"

Das heilige Wunder ließ nicht lange auf sich warten. Weil es so heiß war, gingen Mama und Xenia früh ins Dorf, um dort einiges zu erledigen. Zwar kreischten die Kakadus um die Wette, schlugen ihre gespreizten Flügel und tanzten aufgeregt hin und her, weil sie ihr Frühstück wollten, doch diesmal wurden sie ignoriert. Die Kühe trotteten enttäuscht zurück in den Paddock und Mama und Xenia verließen das Areal. Auf dem Rückweg, schon von weitem, erblickten sie die weiße, betriebsame Vogelschar auf ihrem Bungalowdach.

„Die sind ja drollig. Womit beschäftigen die sich denn so emsig?"

Xenia bemerkte, dass sich sämtliche Kakadus am Rande des Blechdaches zu schaffen machten. „Mama, die sind nicht drollig. Sie decken unser Haus ab. Es sind Randalierer. Komm, beeilen wir uns."

Auf dem Areal angekommen, staunten sie nicht schlecht. Starke viereckige Stahlnägel, 15 cm lang, flogen durch die Lüfte. Allmählich bog sich das heiße Wellblechdach nach oben …

„Mama, da hilft nur eins, der Gartenschlauch.“

„Und wie bekommen wir die Nägel wieder ins Dach?“

„Onkel Ludwig und der Besitzer werden am Abend auf die Leiter klettern müssen, das kann ja nichts Neues für sie sein. Sammle du die Nägel ein, derweil dusche ich die Meute.“

Den Gartenschlauch eng und vollends aufgedreht hielt Xenia den Wasserstrahl aufs Dach. Es wirkte. So ein aufgedrehter, enger Wasserstrahl ist hart und schmerzt. Die Strolche kreischten ohrenbetäubend und flogen davon, aber einer blieb. Dieser setzte sich ohne Gebärden auf Xenias Bungalowdach und verweilte dort schweigend.

Das Areal gehörte einem polnischen Ehepaar, das wahrscheinlich bereits vor dem Zweiten Weltkrieg hierhergekommen war, denn immerhin besaßen sie viel Eigentum, zum Beispiel diese Bungalows. Ein anderer wurde von einer echten australischen Familie bewohnt, einer Lady, die nie arbeitete, einem Daddy, der manchmal Zuhause war, und Tochter Susan. Susan hatte Xenias Alter, aber, du meine Güte! Sie tanzte Rock'n'Roll, schminkte sich die Lippen und las Magazine, die ihr Ziehvater ihr nie erlaubt hätte. Susan konnte nicht verstehen, warum sie nicht mit ihr in die Milchbar durfte, warum sie keine High Heels und Petty Coats tragen durfte und warum sie noch Zöpfe trug und weshalb ihr verboten war, mit Jungen auszugehen, es wäre doch nur eine Milchbar. Xenia wollte das nach dem einzigen, widerwillig und schüchternen Versuch auch gar nicht. Wieder war da diese Fremde. Milchbar. Dieses eine Mal war sie heimlich mit Susan dort gewesen. Scheußlich, dieser Gestank von verbranntem Öl, Fish and Chips, so hieß das. Dann diese Enge, in der sich wer weiß wie viele ungezogene Flegel lümmelten, nach Musik aus einer Musik Box Rock'n'Roll zuckten, Milkshakes aus Strohhalmen schlürften, sie neugierig anstarrten und zu allem Überfluss hinter ihr her pfiffen. Nein, mit ihrer Pfadfindergruppe hatte das nichts gemein.

In der State School war es dann auch nicht erbaulicher. Zum Staunen von Mama musste sie Schuluniform tragen. Abgesehen davon, dass dies viel Geld kostete, denn Mama musste diese Kostüme aus eigens dafür vorgesehenem Stoff extra schneidern lassen, war sie entsetzt. Uniform, für ihr Kind, und das im freien Australien. Unvorstellbar. Aber unvermeidlich. Im blau-weiß karierten Sommerkleidchen mit weißem Bubikragen und marineblauer Krawatte trat Xenia nunmehr täglich, nach längerem Anmarsch und in Begleitung ihrer Klassenmentorin Betty sowie ihres künftigen Dauerfreundes Jacko, dem weißen, sehr aufmerksamen Kakadu, jener, der sich nach ihrer Wasserattacke auf ihr Dach gesetzt hatte, den Unterricht an. Assembly, das heißt in Dreierreihen antreten, morgens, nach jeder Pause, nach der großen Mittagspause, dann wieder nachmittags nach jeder Pause. Aus den Lautsprechers schmetterte dann ‚God save the Queen' oder ‚Die Brücke am Quai' oder ‚Waltzing Mathilda' und sonstige ihr unbekannte Weisen rund um das Schulgebäude und bestimmten den Drill, kehrt marsch im Gleichschritt, eine Klasse nach der anderen, fein militärisch, vorbei an den Klassenlehrern, hinein ins Gemäuer. Mama war nicht begeistert.

„Das ist ja schlimmer als bei Hitler."

Eigentlich hatte sie Glück. Es gab einen Lehrer, besser der Schulrektor, der die letzte, die sechste Klasse, unterrichtete, Mr. Thunder. In diese Klasse musste sie jetzt, peinlich für Xenia, denn daheim war sie bereits auf dem Gymnasium. Aber ohne Englisch geht es nicht auf die australische High School. Xenia taxierte den Rektor. Er war Vater von, wie man erzählte, zehn Kindern, man stelle sich vor, zehn Kinder ... Er mochte Xenia, denn er war sehr nachsichtig mit ihr. Immerhin stellte sie sich stur. Genauer gesagt, sie stellte sich stumm. Sie redete ganz einfach nicht. Warum? Nun, sie genierte sich. Erstens fiel sie überall auf, weil sie viel größer war als die anderen, auch größer als die Jungs in ihrem Alter in dieser Klasse, und sie war der Sprache nicht mächtig. Bedenke man doch, dass sie bei Maxe Beer Einsen für ihre schönen Aufsätze erhielt, für Lese-und Gedichtvorträge und hier soll sie sich vor neugierig lauernden fremden Mädchen und Buben blamieren? Unmöglich. Betty, die ihren Platz neben ihr verordnet bekam, versicherte täglich jedem, dass Xenia sprechen konnte: „Ganz sicher, ich spreche ja schließlich auf dem Weg zur Schule und auf dem Heimweg mit ihr." Tatsächlich gab sie sich jede Mühe, Xenia aufzuheitern und zu ermutigen und sie gewann auch ihr Vertrauen, denn sie war ein braves Schulmädchen, wie sie, ungeschminkt und wohlerzogen. Jedoch den Beweis dafür, dass Xenia sprechen konnte, blieb sie ihr schuldig, in dieser Schule blieb sie stumm. Trotzdem wurde sie ganz plötzlich zum Star, weil Mr. Thunder sie als erfahrener Vater haargenau zu nehmen verstand. Das 'Verstehen' war ja nun zunehmend weniger ihr Problem. Also veranlasste er sie dazu, ihre Ergebnisse und Antworten an die Tafel zu schreiben, was sie gehorsam tat, zwar stumm aber mit zunehmender Handzahmheit. Sie wusste, dass sie zumindest sehr schön schreiben und zeichnen konnte, und als es dann in einem Geschichtsunterricht um die geographische Darstellung Südamerikas ging, machte sie Maximilian Beer an der Tafel alle Ehre. Von Venezuela bis Montevideo, sie kannte sich aus und zeichnete.

„Sie kann zeichnen. Sie ist eine Künstlerin."

Fortan stand sie mehr vorn mit Kreide bewaffnet an der Tafel und zeichnete alles, was gewünscht wurde, Pflanzen, Tiere, Portraits, Häuser, deutsche Häuser, Schiffe und spanische Barkassen. Begeistert bat Mr. Thunder, letztere für das Schularchiv auf Papier zu zeichnen. Es wurde die gesamte spanische Armada gezeichnet, die dann auf dem jährlichen Schulfest zusammen mit ihren aus der Heimat mitgebrachten Handarbeiten, wie Kopfkissenhohlsaum, Häkeleien, Stickereien, Fersensocken, Fäustlingen und Zeichnungen aller Art zu jedermanns Bewunderung als deutsche Wertarbeit ausgestellt wurden. Betty, die mit ihren extrem vorstehenden Vorderzähnen sehr wie Goofy aussah, strahlte stolz. Fast wie eine Mutter, so, als habe sie die unerwarteten Talente persönlich verursacht, und sie hörte nicht auf, jedem weiterhin zu versichern, dass Xenia nun schon sehr gut Englisch sprechen könne, sie sei eben noch zu schüchtern und spräche deswegen halt nur mit ihr. Beide paukten während ihrer Schulwege und tatsächlich plapperte Xenia ganz unbefangen in ihrer

Gegenwart, aber gemeinsame Schulaufgaben machen, entweder bei Betty zuhause oder bei ihr im Bungalow, das klappte irgendwie nicht. Xenia war nicht beleidigt, wenn sie von Betty am Gartentor verabschiedet wurde. Daheim in ihrer Stadt ließen sie die Eltern ja auch nicht in die Flüchtlingslager. Aber dass die Eltern von Betty vielleicht annahmen, dass sie Läuse haben könnte, das verletzte sie schon. So entwickelte sich ihre Eloquenz zunächst ausschließlich auf diesem ewig staubigen, roterdigen, nur von Autoradspuren ausgefahrenem Schulweg, begleitet von Jacko, so hatte Xenia den Kakadu, der damals nach der Randale auf dem Bungalowdach ihrer Eltern auf ihrem Bungalowdach geblieben war, getauft und seitdem immer von irgendwo her Xenia zurief: „Hallo Kenia, hallo Kenia …“, ein ganzes langes Jahr hindurch.

Eine neue Uniform, ein neuer Blazer mit anderem Emblem und eine neue Schule.

„Wohin möchtest du, Kind? Auf die technische High School oder auf humanistische High School?“

Technisch, das stand fest, war nicht gewünscht. Aber was bedeutete humanistisch? Zuhause gab es nur das eine Gymnasium.

„Es würde zum Beispiel bedeuten, dass du auch andere Sprachen lernst.“

„Fein. Lehren sie dort auch Deutsch?“

„Nein, aber Französisch.“

Von nun an transportierte Onkel Ludwig sie täglich früh morgens um sieben Uhr in seinem Schulbus zwei Stunden lang in die humanistische High School. Im Bus befanden sich natürlich auch andere Schüler, nämlich jene der technischen High School. Der Unterschied war deutlich. Jene waren laut und, na ja, eben technisch. Die anderen hingegen, wie ihr Schwarm Samuel, der Schulpräfekt, fein und sensibel. Die Jahre an dieser High School, die damit verbundenen Erlebnisse waren deprimierende Erfahrungen, die sie sehr lange verdrängte. Mama wich ihren Fragen aus.

„Warum", fragte Xenia, „ist es schlimm, Deutsche zu sein? Dass ich groß bin, damit finde ich mich ab, weil, das kann ich ja schließlich nicht ändern, aber warum nennen sie mich ‚die Deutsche'? Da sind Polen, Italiener, Mazedonier und Holländer und niemand nennt sie ‚der Pole' oder ‚der Holländer', sie haben ihre Namen, aber mich nennen sie ‚die Deutsche'."

Abgesehen von der Flucht vor den Hockeyschlägern, dem Cricket, das sie nie begriff, dem Basketballspiel, bei dem sie allen hohen Erwartungen zum Trotz enttäuschte, nur weil alle dachten, eine große Deutsche macht das schon, waren da auch die Diskrepanzen zwischen einigen Lehrern und ihr. Es blieb ihr immer unerklärlich, wie sie die Mathematikexamen bestand. Zwar hatte Maxe Beer sie per Postkorrespondenz auf dem Laufenden gehalten und nach dezimal-mathematischen Lehrgrundsätzen belehrt, wobei das erstaunte, weil die Vorgehensweise eindeutig anders war als die in der Commonwealth, wo mit twopence, pence, shillings, pounds, guinnies oder inches, feet, yards und miles gerechnet wurde, das Ganze jedoch zum eindeutig selben Ergebnis führte. Für die australischen Lehrer war dies damals ein Phänomen, aber Maxe Beer war eben ein Genie. Physik war aus vielerlei Gründen eine Katastrophe für sie. Allein die Lehrerin. Man sagt ja, dass Lehrer den Lernerfolg bestimmen. Ganz außer Frage war diese Frau nie in Europa gewesen, malte aber verbal Bilder von europäischem Bauerntum, was ja nun wirklich nicht in die Physikstunde gehörte, dass ihr die Haare zu Berge standen, stammte doch Mama aus traditionellem Bauerntum. Diese ignorante Person erzählte und lehrte Dinge, die unverschämt gelogen waren. Sie machte die Kinder glauben, dass die Menschen in Europa gemeinsam mit Schweinen, Kühen, Hühner, Ziegen und wer weiß was noch, einträchtig in ihren Häusern zusammenlebten.

In ihrer ganzen deutschen Größe erhob sich Xenia und widersprach vehement. Der Junge, der höhnisch lachend in der Reihe vor ihr saß, wurde bedient, wie jener kleine Bub im Sandkasten, der damals daheim ihr Spielzeug nicht zurückgeben wollte. Er bekam eins auf die Mütze, jener, als sie vier Jahre alt war und bewacht von ihrem Langhaardackel, bekam das dünne, braungeriffelte Reagenzgläschen auf seinen Kopf geschmettert und dieser schadenfreudige Dummkopf, nun, es war gerade so handlich zur Hand, das gefüllte Tintenfass vor ihr.

Sie klärte den Rektor über die Inkompetenz dieser Lehrerin auf, natürlich drückte sie sich nicht so akademisch aus, aber der anwesende Französischlehrer, ein echter Franzose, der sie, das spürte Xenia deutlich, stets mit Respekt behandelte, bestätigte ihre Beschwerde. Er war sicher der Einzige in ganz Australien, der ihre Herkunft kraft ihres Nachnamens mit einem nicht ganz unbedeutenden Kapitel französischer Geschichte zu verbinden wusste. Er unterstützte sie. Diese vier Jahre an der High School, in denen sie auf wundersame Weise zwei Klassen übersprang, erlebte sie weiterhin wie in Trance. Sie tat und gab ihr Bestes, trieb die Eltern und sich selbst vor jedem Examen in den Wahnsinn, weil sie überzeugt war, nicht viel zu können und daher meinte, es mit akribischer Sorgfalt und Sauberkeit wettmachen zu müssen. So passierte es regelmäßig, dass sie ganze Schulhefte vor der Abgabe von A bis Z neu schrieb, inklusive aller darin vorkommenden Skizzen und Zeichnungen. Ob sie etwas gelernt hatte, das fragte sie sich oft. Mathematik auf jeden Fall nicht. Der Mathematiklehrer nannte sie manchmal eine Hexe, dabei lachte er sie liebevoll an, sodass sie sehr verlegen wurde, denn so viel direktes Gefühl war sie nur von Mama gewöhnt. Vielleicht war er wirklich von ihr verzaubert, wer weiß, denn er ließ sie die Mathematikexamen durchgehend bestehen.

Inzwischen waren ihre Eltern hin zu einem großzügigeren Lebensraum avanciert. Man zog in das Haupthaus in der Anlage. Jetzt gab es drei große Räume zur Verfügung, eine große Küche mit einem gigantischen Kühlschrank, einen kaminartigen Holzofen, in dem Mama endlich deutsches Brot backen konnte, ein größeres Schlafzimmer für die Eltern und ein sonniges Zimmer für Xenia, ohne Astlöcher und außen herum eine breite, lange Holzveranda. Während sie tagsüber in der Schule war, mühte sich ihre schöne Mama als Putzfrau bei australischen Farmern. In den Erntemonaten beteiligte sie sich mit anderen eingewanderten Frauen für australische Farmer an der Tomatenernte. Nie gestatte sie ihrer Tochter, wenn dies in die Ferien fiel, sie zu begleiten, bis Xenia dann doch eines Tages mit ihrem inständigen Bitten erfolgreich war. An jenem Tag fühlte sie erstmals die Pein entwürdigender Demütigung. Nicht ihretwegen, sondern wegen Mama. Von Kopftüchern gegen die brutale Sonne in schattenloser Weite dürftig geschützt, pflückten diese Frauen Tomaten, füllten ihre Kisten im Akkord von früh morgens fast ohne Pause bis in die Dämmerung. Xenia fiel Belafontes ‚Cotton pick'n' Song ein. Wieder zuhause, entlud sie leidenschaftlich ihren unbändigen Zorn, stampfte heftig auf den Holzboden und verbat ihrer Mama, jemals wieder diese Arbeit zu verrichten. Fotos von ihren jungen Tanten aus der Heimat lagen auf dem Tisch. Diese zeigten elegante, glücklich lachende Frauen in Lugano, in Rimini, am Lago Maggiore, in schicken Kleidern und großen Hüten, vor majestätischer europäischer Architektur, richtige Häuser, groß und ganz aus Stein und Mauern mit großen Portalen und Fenstern. Heimweh, unerträgliche Sehnsucht nach dem, was man weitläufig unter Kultur verstand, nach Schnee und Omas Familienfesten, schnürte ihr das Herz.

„Was machen wir eigentlich hier?", schluchzte sie, während Zornestränen über ihr Gesicht flossen. Tröstend hielt Mama sie im Arm.

„Liebele, das ist doch nur vorübergehend, bald werden wir hier weg ziehen und uns ein eigenes schönes Haus kaufen. Und wenn wir besser Englisch sprechen, dein Vater und ich, werden wir in der Stadt auch eine andere Arbeit haben."

Das mit ‚Vater' war auch so eine Sache. Monatelang sahen sie ihn nicht. Er gefährdete sein Leben für die australische Sicherheit. Buschfeuerbekämpfung. Das wurde sehr gut bezahlt und dafür bewarben sich nur selten Einwanderer aus Europa. Es war lebensgefährlich und, wie er manchmal erzählte, es brachte einige Männer buchstäblich um den Verstand. Eingekreist von Buschbränden tief in den Bergen, fast ohne jegliche Orientierung, in dürftigen Camps logierend, winzige Spinnen überall, brachen einige in selbstmörderische Hysterie aus. All dies mussten sie und ihre Mama ertragen, kommt er wieder zurück oder nicht, wenn er oft eine oder zwei Wochen im Verzug war und Mama angstvoll auf und ab lief. Keiner konnte trösten.

Vielleicht hing es mit Xenias sich einstellender Pubertät zusammen. Aber vermutlich mit allem. Mit Heimweh und wachsender Sehnsucht nach ihren Freunden daheim. Dann das am Tage mörderisch heiße Klima und des Nachts jene Schwüle, die Erwachsene irre machte. Und dann, und das war das allermörderischste, diese deutschen Heimatheimwehlieder. Niemals später konnte sie diese Lieder hören, ohne tiefst bewegt zu werden. Wer immer diese Texte schrieb, die als Schnulzen verhöhnt waren, wie sie später erfuhr, weiß nicht, wie es sich anfühlt, heimatlos, von sattsüßer Erinnerung verfolgt, jedoch hoffnungslos verbannt zu sein. Des Nachts schlich sie sich hinaus auf die Veranda, legte sich auf eine Decke und starrte tränenüberströmt in den sagenhaften, von Millionen Sternen übersäten Nachthimmel. Das Kreuz des Südens und die Sterne, so groß wie Tennisbälle, zum Greifen nah über ihr. Diese laue, samtweiche Luft, die sie in Nichts auflöste und weit und breit nichts Irdisches, das sie berührte, außer dieser Heimatlieder, die sie leise, heimlich und süchtig auflegte und denen sie vollkommen selbstvergessen lauschte. Natürlich wurde sie von ihren Eltern geliebt, aber was zählten Eltern schon, wenn man sie hat. Ihre Verzweiflung wuchs unaufhaltsam. Es nützte nichts, dass die Eltern, sofern sie ihr Töchterchen da draußen entdeckten, sie allerliebst trösteten und dass sie wusste, dass Mama ganz besonders erschüttert war. Bemerkenswert war, dass diese nächtlichen Depressionen sie des Tags nicht ereilten. Schule, Spaß mit den Eltern, sofern ‚Vater' da war. Erst viel später erkannte sie den sogenannten Pioniergeist der Eltern und würdigte, oder besser, bewunderte ihn. Nie hatte sie den Eindruck, dass beide dasselbe niederschmetternde Heimweh fühlten. Sie waren ganz einfach glücklich. Später durchlief es ihre Sinne, dass es die Kriegserfahrungen gewesen sein mussten, die sie mit dem wenigen Komfort, dafür aber mit Frieden und Freiheit zufrieden sein ließen. Zu erleben, wie die beiden miteinander umgingen, hatte sie schon gewaltig geprägt. Xenia sah sie nie unmutig oder gar ärgerlich. Jeder sah, wie sehr sie verliebt und glücklich waren, und wenn ‚Vater' von seinen feuergefährlichen Einsätzen zurückkam, gab es immer ein kleines Fest oder eine besondere Unternehmung. Einmal verführte er beide zu einer Buschwanderung, bei der sie, das heißt Mama und Xenia, sich nichts dachten, schließlich wohnte man am Rande des Busches. Also packte Mama Proviant ein und los ging es. Früh morgens. Allein hätten Mama und Xenia nie eine solche Wanderung gewagt, aber mit ‚Vater', der jetzt Experte war, war ja nichts zu befürchten. Weit gefehlt.

„Wir können ja Hasen jagen", meinte er und packte seine Flinte ein. So ein Gang durch den Busch war schon ein außergewöhnliches Erlebnis. Beide liefen, voll im Vertrauen auf Papa, diesem hinterher, lachten, lauschten seinen Lehrvorträgen und dem Vogelgeschrei und gelangten irgendwann auf eine Lichtung voller australischer Kühe, aber was für Trümmer! Kühe so groß wie Bullen, riesige Tiere mit gewaltigen Hörnern und, wie sehr schnell erkennbar wurde, ziemlich unzivilisiert. Angriffslustig starrten sie und tatsächlich, sie gingen auf die kleine Truppe los. Nichts wie weg, zurück in den Busch und hinter die Bäume. Weiter zur nächsten Lichtung. Puh …

„Das sieht mir wie ein Hasen Bau aus", meinte Papa, „ich schau mal nach, wo der Ausgang ist."

Er gab Mama die Flinte und entfernte sich. Mama und Xenia verharrten gespannt am Stamm eines Eukalyptusbaumes, etwas ängstlich, aber am Hasenloch. Hoffentlich kommen keine Kühe … Plötzlich rief Papa:

„Evi, pass auf, bei dir kommen jetzt gleich die Hasen raus!"

Mama legte an, zielte und schoss. Der Busch, die Papageien und die Kakadus verstummten. Nur Papas Schrei war zu hören. Stille. Mama nahm seinen Schrei nicht ernst, sah erwartungsvoll in das Hasenbauloch, vergeblich. Kein Hase begab sich in Gefahr. Stattdessen erblickte sie was auch Xenia sah, nämlich Papa, der sich den Hosenboden mit beiden Händen hielt und im Kreis tanzte. Das Verwerflichste an Mama war ihre Schockreaktion, denn immer, wenn es ganz furchtbar wurde, musste sie sich das Lachen verkneifen … Sie hielt sich erst die Hand vor den Mund, und dann lachte sie dieses

Lachen, welches einfach jeden Schmerz zunichtemacht. Armer Papa. Mama hatte ihm die gesamte Schrotladung in den Allerwertesten katapultiert. Eine Tragödie. Außerdem wussten sie nicht mehr, wo sie waren. ‚Vater' hatte den Kompass vergessen. Irgendwann erreichten sie dann doch die asphaltierte Straße vor dem Busch. Am Straßenrand erspähte Xenia, völlig erschöpft und halb verdurstet, die hoch aufgestellten Wassertanks und wäre am liebsten hinaufgeklettert.

„Die Straße führt uns ins Dorf, keine Sorge, bald sind wir zuhause", meinte ihr ungerechtfertigt gestrafter Papa. Mit einem Hintern voller Schrot, seine Schmerzen für sich behaltend, tigerte er tapfer neben der ihn stützenden Mama her, während Xenia irgendwann anfing, auf allen Vieren die Straße entlangzukriechen. Sie war erledigt. Es war nicht zu glauben, aber an den Holzstufen der Veranda angekommen, total entkräftet, schienen sich die beiden mit ihrem sonderbaren Humor gegenseitig aufzuputschen. Sie lachten und kicherten albern, während Mama ihr lädiertes Opfer behutsam in die Küche transportierte.

Jüdische Engel und falsche Deutsche

Nicht lange nach diesem Attentat zog die Familie in einen Vorort der Stadt, in dem viele Deutsche wohnten. Dort wurde ein hübsches Haus im Kolonialstil gekauft mit, für deutsche Verhältnisse, viel Land. Unvergesslich der Einzug. ‚Vater' verschwand, um die Lage zu inspizieren, während Mama und Xenia dasselbe im Haus vornahmen. Eine große, geräumige Küche, ein Wohnzimmer mit offenem Kamin, vor dem die Hunde zusammen mit den Katzen friedlich den Abenden beiwohnten, wenn jeder ein Buch las. Zwei Schlafräume, das größere überließen die Eltern wieder Xenia, sowie eine helle, verglaste Veranda im hinteren Bereich des Hauses. Hier malten Papa und Xenia um die Wette und Papa lehrte Xenia Bogenschießen, Zielscheibe am äußersten Rand des Grundstückes, während Mama ihre deutschen Kräuter züchtete. Dann gab es noch eine Kammer, die Papa als unantastbares, persönliches Heiligtum belegte. Hier tätigte er wieder eines seiner Hobbys, entwickelte und bearbeitete unzählige Fotos. Plötzlich erschien er am Ende des Grundstücks mit hoch erhobenen Armen, wild gestikulierend aus dem kleinen Ziegenstall tretend.

„Bleibt da, bleibt da", schrie er, „kommt nicht her, ich bin voller Flöhe!"

Sie sahen, wie er sich die Kleider vom Leib riss und splitterfasernackt diese Kleider wegwarf, sie geschickt in sicherem Abstand zum Ziegenstall und zum Haus anzündete und ihnen entgegengerannt kam. Die Leute, von denen er das Haus gekauft hatte, hatten dort Ziegen gehalten und offensichtlich auch Flöhe gedeihen lassen. Seinem Geschick war zu verdanken, dass binnen weniger Tage auch diese Malaise behoben war. Der hübsch weiß verputzte Ziegenstall verwandelte sich, nachdem er ihn gründlich desinfiziert und gewaschen hatte, sodass selbst Mama sich hineinwagte, in eine seinen handwerklichen Fähigkeiten angemessene Werkstatt. Hier bastelte er nun, baute kleine Möbel, schnitzte die Lampen, die Xenia so sehr liebte, die mit den Märchenmotiven aus allen Grimms Märchen. Es wurde sein kleines Reich, in dem es bald genauso vertraut würzig roch wie daheim, nach Harz, Klebstoff und frisch gesägtem Holz.

Beeindruckt von großstädtischer Reklame und überall gegenwärtigen Angeboten in den Zugabteilen auf der Reise in das Stadtzentrum, bedrängte Xenia Mama unentwegt mit ihren Wünschen, die ihre Mama nie würde erfüllen können. Es war quälend für sie, ihrer einzigen Tochter alle Träume verweigern zu müssen. Das Glück, welches aus dem Stellenangebot, das Xenia herausgesucht hatte, auf sie zukam, erlaubte ihr eine gewisse Individualität. Jüdische Brüder, die, wahrlich, das Schicksal ist namenlos, den Schrecken von Auschwitz entkommen waren, behandelten Xenia, als sei sie ihre Tochter. Ihre Eltern konnten es nicht fassen … Ein deutsches Mädchen wurde von an den Armen und am Hinterkopf mit Nummern gebrandmarkten Juden in Australien zum Besten gefördert … Die Eltern erlitten einen humanitären Schock. Nicht wegen der Tatsache, dass es jüdische Unternehmer waren, die sich ihrer Tochter liebevoll annahmen, sondern weil genau diese bizarre Konstellation in der damaligen Zeit das Begriffsvermögen der meisten deutschen Eltern gesprengt hätte. Diese drei Brüder gaben Xenias Talenten Bahn. Endlich war es möglich, dass sie wieder auf eine Schule durfte. Zunächst auf das College für eine Handelslehre und parallel, obwohl es für die Eltern finanziell nicht leicht war, eine höhere Töchterschule, die damals beste in Australien. Xenia erfüllte nun mehrere Funktionen. Sie führte die Kollektion vor, sie beherrschte allein die elegante, palisandergetäfelte Rezeption, denn das Unternehmen war ein anerkanntes und vorbildliches. Somit war ihr inzwischen geschliffenes Oxford Englisch getragen von ihrer Stimme, deren Wirkung sie sich keineswegs bewusst war, über die Firmenlautsprecher zu hören.

Nach Abschluss ihrer Ausbildungen, insbesondere die der Schule für höhere Töchter, denn Business Administration interessierte sie ebenso wenig wie Mathematik, wurde sie von Talentjägern auserwählt und erhielt einen Traumjob als Hausmannequin mit festem Vertrag und gesichertem Einkommen. Jetzt erschien sie regelmäßig im Modejournal der Tagespresse, manchmal als Titelseite und zum Entsetzten ihres Ziehvaters auch im Fernsehen, eingehüllt in unbezahlbare Pelze und europäische Couture. Die Mode-Koordinatorin, eine resolute Blondine mit dem Herzen auf dem rechten Fleck, veranlasste sie zwingend, die langen Haare in einen modischen Pagenschnitt zu verwandeln. ‚Vater' sprach deshalb ewig kein Wort mehr mit ihr. Täglich fanden nun Modenschauen statt. Im Haus, außer Haus, für die Presse und es entwickelte sich eine für sie völlig neue Lebensqualität.

Die Eltern ließen es sich nicht nehmen, Xenia in die deutsche Gesellschaft einzuführen, es war so etwas wie ein Debut. Vielleicht erhofften sie sich einen deutschen Ehemann für ihre Tochter. Der Ballsaal war nahe am Strand. Xenia trug ein Chiffonkleid, hoch geschlossen und den Rücken hinunter bis zur Taille hatte es eine Öffnung. Die Schuhe kosteten nicht nur für Mamas Verhältnisse ein kleines Vermögen. Es waren mit weiß schillernden Pailletten übersäte Pumps. An langen, blumengeschmückten Tafeln feierten Deutsche. So sehr begeistert war sie angesichts dieser Leute dann letztendlich auch wieder nicht. Ihre Commonwealth-Prägung hatte sie inzwischen geformt. Ihr junger Tischherr war ein großer, das heißt langer, unbeholfener Hüne mit scharfen Gesichtszügen, man hätte ihn in jedem Dschungel als Deutschen erkannt. Was sie an diesem Fest störte, war die Plumpheit. Zum einen zwinkerten sich die Alten ständig zu, nach dem Motto, „Na, läuft da was?“, die Jungen damit in Zugzwang bringend, zum anderen tranken sie zu viel. Dieser Deutsche hieß irgendetwas mit H. Er war ganz erpicht darauf, sich mit Xenia fotografieren zu lassen. Hochmütig ablehnend erklärte sie, dass sie täglich fotografiert werde und daher keine Lust dazu habe. Er war nicht gerade unsympathisch, aber ein Foto von und mit ihr, nein, das musste nicht sein. Am Tisch saßen auch seine Freunde, ein Pärchen. Xenias Eltern erlaubten, dass sie gemeinsam anschließend ausgingen.

„Die beiden kommen nach“, sagte H. Man fuhr in zwei Autos. Die Wohnung, die von den Deutschen bewohnt wurde, war erstaunlich gemütlich. Bislang hatte sie noch keine solche Wohnung in dieser Größe in Australien gesehen. Sie befand sich in einem doch tatsächlich einstöckigen Appartementhaus. Ein langer Gang, mehrere große Räume, die alle nach deutschem Konzept ausgestattet waren. Wirklich erstaunlich, dachte Xenia. Zunächst allein mit dem Deutschen dort angekommen, saßen sie in der heimeligen, großen Küche. Er bereitete etwas zu essen. Jeder Deutsche kann kochen, dachte Xenia und sie machten Konversation.

„Die anderen“, er meinte das befreundete Pärchen, das offensichtlich mit ihm hier wohnte, „kommen auch gleich“.

Sie kamen. In der Küche wurde gemeinsam gegessen, dann verschwanden die beiden, freundlich eine gute Nacht wünschend. Verdutzt saß sie da.

„Möchten Sie mich nicht nachhause bringen?“

„Klar, aber wir können uns doch noch etwas unterhalten. Gehen wir ins Wohnzimmer.“

Was wäre dagegen einzuwenden gewesen? Ein großer, geschmackvoller Raum mit offenem Kamin, einem Erker und schönen Möbeln. Er legte deutsche Musik auf. Was hätte sie mehr berühren können? Sie setzte sich in einen Sessel am Kamin und genoss in vollen Zügen die ihr vertraute Atmosphäre. Ein gefährlicher Trugschluss. Kaum war sie entspannt, verschreckte er sie auch schon mit wenig romantischen Gefühlsausbrüchen. Vielleicht fühlt er sich genauso heimatlos wie ich, dachte sie, trotzdem ist das keine Entschuldigung für sein Benehmen. Dann traute sie ihren Augen nicht. Er kniete vor ihr nieder. Gelähmt beobachtete sie sein Tun. In einer Hand die Champagnerflasche, entfernte er mit der anderen einen ihrer Pumps. Die Pailletten, dachte Xenia, haben ihn offenbar um den Verstand gebracht. Er goss Champagner in den Schuh, schlürfte daraus und bot ihn ihr an. Damals wusste sie noch nicht, dass es den Begriff 'pervers' gab, sie war jedoch sicher, dass kein anständiger Mann aus dem Schuh einer Frau trinkt. Entschieden flog der Schuh samt Champagner zur Seite. Sie erhob sich und wollte zur Tür, wenigstens das benachbarte Pärchen wecken. Er versperrte ihr den Weg und reckte sich. Nur weil er Deutscher war, hatte er Kredit. Sie setzte sich aufs Sofa, in dieser Situation eine denkbar falsche Entscheidung. Unverzüglich saß er neben ihr und ehe sie sich versah, hatte er ihre Beine auf das Sofa gehoben, lag neben ihr und bedrängte sie in bedrohlicher Weise. Der schöne Debütanten Chiffon erlitt Schaden, aber H. hatte ziemliche Probleme mit ihr und den Verschlüssen. Sie redete wie ein Wasserfall von Anstand und deutscher Ehre, doch trotz ihres Wehrens ließ er nicht ab. Er stotterte von Liebe und machte einen abstoßend lächerlichen Eindruck. Buchstäblich redete sie um ihr Leben oder genauer gesagt, um ihre Unschuld, und machte ihn auf ihren Papa, den er ja kennengelernt hatte, aufmerksam. Die Sekunde nutzend, hechtete sie zur Tür und aus dem Zimmer. Orientierungslos irrte sie den Flur entlang. Die zwei waren rechts verschwunden, das wusste sie noch. Also dann eine linke Tür nehmen. Tatsächlich, das Zimmer war leer und bot ein Bett, aber keinen Schlüssel zur Tür. Sie schloss die Tür und war jeden Moment auf seinen Eintritt gefasst. Inzwischen dämmerte es, nicht nur draußen, auch bei ihr. Eine miese Gesellschaft. Lernt meine Eltern kennen, die ihm vertrauen, und dann dieses, dachte sie. Versteinert saß Xenia auf der Bettkante, todmüde, aber hellwach vor unsterblicher Angst. So saß sie, bis es heller wurde. Steht hier denn keiner auf? Sie lauschte hinaus auf den Gang. Alles totenstill. Es nervte. Sie traute sich, die Tür zu öffnen. Niemand. Auf was auch immer gewappnet, ging sie hinunter zur Wohnzimmertür, öffnete und, nicht zu glauben, da lag der Hüne schlafend auf dem Sofa. Weil nun Tag war und sie auch wusste, dass sie nicht alleine waren in dieser Wohnung, entwickelte sie Mut. Tapfer ging sie zu den Fenstern und fuhr geräuschvoll sämtliche Rollläden hoch. Das wirkte, nicht nur er, auch das Pärchen erwachte. Sie sammelte ihre Pumps ein, zupfte sich zurecht und begab sich mit den anderen in die Küche, dort gab es ein Frühstück von der Freundin des anderen Deutschen zubereitet. Sie taten, als sei nichts vorgefallen. Wahrscheinlich war es das ihrem Verständnis nach auch nicht. Der Hüne machte keinen Hehl aus seiner nächtlichen Niederlage. Er beklagte sich und sie fand sich eingebunden in einer für sie unangenehmen, weil primitiv stumpfsinnigen Diskussion. Auf der ganzen Linie enttäuscht ließ Xenia sich endlich von ihm nachhause fahren.

Neue Welt

Man ging auf Partys, immer inszeniert von der Mode-Chefin, und Xenia wurde, auch inszeniert von der Chefin, unausweichlich von vermutlich den reichsten jungen Australiern der damaligen Zeit umworben. Frauen wurden damals in Australien von Australiern wie Göttinnen behandelt, besonders wenn sie jungfräulich waren, wie Xenia, daher war der besondere Reiz auch ihre Naivität. Ihr Vokabular war in einiger Hinsicht, in Deutsch sowie in Englisch, unzureichend. An einem dieser heiteren Abende, eine elegante Dinner Einladung in einem privaten Haus, eine der ständig stattfindenden Partys, zu denen alle festlich gekleidet erschienen, die jungen Herren kamen in dunklen Anzügen mit Fliege und die jungen Damen brillierten in Cocktailkleidern. Ungezwungen saßen alle im ganzen Haus verstreut und diskutierten. Xenia trug wieder ein hoch geschlossenes, schlichtes langes schwarzes Kleid mit Rückenausschnitt, tiefe Dekolletés lehnte sie ab. Sie redete wenig, aber hörte aufmerksam zu. Nachdem das amüsierte Gelächter verklungen war, sie jedoch nicht kapierte, weshalb alle amüsiert waren, befragte sie ihren Begleiter Trevor. Präzise hörte man sie. Sie hatte es sich zur Gewohnheit gemacht, stets sofort zu fragen, wenn sie etwas nicht verstand.

„Was ist eine Orgie?“ Trevor errötete.

Die anderen verstummten und sahen sich verhalten gegenseitig an. Jeder wartete nun auf Trevors Erklärung.

Dieser war junger Schauspieler an einer Bühne in Sydney, sehr gut aussehend, mit großen, dunklen Augen und leidenschaftlichem Blick. Xenia war weit entfernt davon, zu erkennen, dass er vielleicht verlegen sein könnte, sie hatte ja keinen blassen Schimmer, worum es ging. Also blickte sie ihn wissbegierig und fordernd an.

„Du weißt nicht, was eine Orgie ist?"

„Nein." Er zog sie zur Seite, etwas weg von den anderen.

„Weißt du wirklich nicht, was eine Orgie ist?"

„Nein, wüsste ich es, dann hätte ich vielleicht auch gelacht."

„Dann kann ich es dir auch nicht erklären."

„Warum?"

Inzwischen waren sie vor dem großen Kamin in der unteren Lounge angekommen. Dort loderte ein herrliches Feuer und einige saßen munter plaudernd davor auf dem Teppich. Sie setzten sich dazu, Trevor reichte den Champagner.

„Stimmt es, dass du noch Jungfrau bist?"

Völlig emotionslos erwiderte sie lakonisch: „Ja."

Trevor rückte näher. Ungläubig beäugte er sie.

„Stimmt das wirklich?" Xenia lachte sehr, weil er plötzlich aussah wie ihr Langhaardackel, der sie einst im Sandkasten beschützt hatte.

„Du hast noch nie…?"

„Nein, aber jetzt sage mir endlich, was eine Orgie ist".

Die anderen wurden aufmerksam und machten Anstalten, sich einzumischen, aber Trevor verwies sie mit theatralisch abweisender Handbewegung. Er rückte noch ein Stück näher, was Xenia keineswegs störte, schließlich kannten sie sich schon einige Zeit.

„Das glaube ich dir nicht", lenkte er ab.

„Was glaubst du nicht?"

„Dass du noch nie Liebe gemacht hast."

„Liebe macht man nicht", erklärte Xenia philosophisch, „Liebe passiert."

„Und es ist dir noch nie passiert?"

„Nein." Schelmisch triumphierend lächelte sie ihn an.

Erkennend, dass sie keine Antwort auf ihre Frage erhalten würde, nahm sie sich vor, zuhause Rose zu fragen. Wie immer wohlbehalten nachhause gebracht, Rosemarie, ihre vier Jahre ältere englische Zimmergenossin, schlief noch nicht, fragte sie direkt und stracks, „Rose, sage mir, was ist eine Orgie?" Rose fiel fast aus ihrem Bett und sah Xenia fassungslos an.

„Wo hast du denn das her? Ich habe dir immer gesagt, diese vornehmen Leute haben es faustdick hinter den Ohren. Du hast doch nicht etwa...?"

„Was denn?"

„Na ja, an einer Orgie teilgenommen."

„Nein, aber vielleicht hätte ich, wenn ich wüsste, was an diesem Wort so geheimnisvoll ist", erwiderte Xenia trotzig.

Nun lachte Rose sichtlich erleichtert, erhob sich und klärte sie auf. Das Gehörte war so weit jenseits von Xenias Fantasie, dass es sie gänzlich nicht berührte, wie alles, womit ihr System absolut nichts zu tun zu haben gedachte. Es war selbstverständlich, dass die Jungs, hie und da die auch älteren Semester gegen dreißig, alle Mädchen aus dieser immerhin recht exaltierten Modeszene enorm respektvoll, egal wie sehr provoziert, behandelten. Dass dies nicht überall auf der Welt so war, erkannte sie erst in späteren Jahren. In Australien erfuhr sie, dass Frauen kostbar waren und so auch behandelt wurden. Damals …

Die nächste Party am Meer, in der eleganten Villa von Trevors Tante, war weniger festlich. Einfach eine Tanzparty mit der Clique. Wie immer war es heiß und ungezwungen. Des Abends entschied man, nicht heimzufahren, sondern am nächsten Morgen gemeinsam zu frühstücken und im Meer zu baden. Das Haus hatte zwar lediglich ein Stockwerk, aber dafür viele große Räume, in denen genügend Schlafmöglichkeiten zur Verfügung standen.

„Such dir aus, wo du schlafen möchtest", bot Trevor an. Unten, neben der großen Lounge mit dem Kamin wählte sie das Zimmer mit den vielen Büchern und der doppelten Schwingtür. Nie wurde hier irgendwo eine Tür abgeschlossen, höchstens vielleicht das Bad oder die Toilette. Auch nebenan hatten einige ihr Quartier eingerichtet. Ihr Zimmer war die Bibliothek mit einer breiten Couch, auf dieser lag sie nun. Sie stellte sich sofort schlafend. Zugegeben, sie war nervös. Übernachtet hatte sie zusammen mit der Clique noch nie. Trevor und ein anderer traten herein. Sie hörte, dass es der junge Deutsche war, den man ihr vorgestellt hatte. Er war sehr still gewesen und ziemlich zurückhaltend. Beide kamen, das konnte sie hören, direkt an ihre Schlafstelle. Ihr Atem stockte und sie glaubte, auch nicht mehr zu atmen. Mama wird sagen, das hast du dir selber eingebrockt, dachte sie.

„Sieht sie nicht aus wie ein Engel?“, hörte sie Trevor sagen.

„Ja“, erwiderte der Deutsche, „ob sie schläft?“

„Das siehst du doch“, sagte Trevor,

„oder schläfst du nicht?“, dabei berührte er leicht ihre Wange. Sie war tot. Nur nicht blinzeln.

„Sie schläft. Komm, lassen wir sie schlafen.“

Leise zogen sie sich zurück. Am nächsten Morgen saßen alle zusammen in der Küche mit dem atemberaubenden Blick auf den Strand und das Meer. Natürlich fing Xenia an, sich auf Deutsch mit dem Deutschen zu unterhalten, was ihr die anderen nicht verübelten.

„Woher kommst du?“

„Aus Cuxhaven.“

„Und wo sind deine Eltern?“

„Na, daheim.“

„Du bist alleine hier? Wie kommt das?“ Er sah sie skeptisch an, dann erwiderte er nach einer langen Pause mit einem trotzig hilflosen Ausdruck im Gesicht: „Ich bin desertiert.“

„Du bist was?!“

„Desertiert.“

„Das verstehe ich nicht, hier ist doch kein Krieg.“

Da lachte er. „Ich war Matrose auf einem Schiff und bin einfach hiergeblieben.“

„Aber man wird dich finden, oder nicht?“ Er wusste nicht, wie es weitergehen sollte, aber er wollte nicht mehr zurück nach Deutschland.

„Du hast etwas ausgefressen, stimmt’s?“

„Bestimmt nicht, sonst wäre ich nicht bei der Handelsmarine.“

Na, dachte sie, ob das wahr ist?

„Also ich würde sofort wieder zurück, wenn ich könnte. Deutschland ist so schön."

„Findest du? Vielleicht, wenn man Kind ist, aber nicht, wenn du mein Alter hast."

Was er damit meinte, verstand sie wenige Jahre später. Dann verstand sie auch, warum er desertiert war …

Obwohl im Modestrudel eingebunden und letztendlich auch vom Elternhaus abgenabelt mit dem hochheiligen Versprechen, jedes Wochenende nachhause zu kommen, hatte Xenia nun ein eigenes Apartment auf der anderen Seite der Stadt. Doch ihre sich nun entwickelnden Eigenheiten entsprachen nicht den allgemeinen Erwartungen. In diesem Mannequin-Team waren alle einheimisch, nur sie war wieder ‚die Deutsche'. Zwar nannten sie Xenia beim Namen, aber die unausweichlichen Nebenwirkungen blieben nicht aus. Sehr einfallsreich wurde sie schikaniert. Speziell während der Modenschauen, was sie wieder einmal schreckte und ihre Zurückhaltung verstärkte. Ihr Alleingang störte Xenia nicht, allerdings die Mittel, die sie dazu veranlassten.

Die Flats in diesem großen, eleganten Manor-Haus auf der anderen Seite der Stadt waren ausschließlich von ambitionierten jungen Damen bewohnt. Xenias erstes Apartment teilte sie mit einer Person, von der sie laufend geärgert wurde. Diese klaute Xenias Kleider und trug sie, ohne zu fragen, und ohne sich zu schämen. Es dauerte eine gewisse Zeit, bis Xenia sich durchsetze, dann aber mit durchschlagendem Erfolg. Eines Tages, von ihrer Wahrnehmung überzeugt, entdeckte sie diesen einen Floh, der deutlich mindestens einen Meter weit über ihre Bettdecke hüpfte. Ein Floh. Niemand konnte sie von einer totalen Zimmerevakuierung abhalten. Hinten im Garten befand sich das Wäschewaschhäuschen mit dem Wasserkessel, der mit Holz zu befeuern war. Die gesamte Dekoration wanderte in das siedende Wasser. Es gab nun weder Bettwäsche noch Handtücher, noch Gardinen usw. Die Zimmergenossin tobte und erklärte Xenia für unzurechnungsfähig, was Xenia sehr recht war. Sie schlug einen Handel vor und tauschte die Zimmer zu ihrem Vorteil. Jetzt teilte sie das Apartment mit Rose, der Engländerin, und eine echte englische Rose. Es war das vordere Flat mit parkähnlichem Garten, dem berühmten englischen Rasen, pink blühenden Sträuchern und Apfelsinenbäumen. Rose war hochromantisch, schwärmerisch und ausgesprochen liebenswürdig. Sie wurden echte Freundinnen und konnten sich wunderbar unterhalten. Ein Stück europäische Tradition verband sie. Sie diskutierten Shakespeare, Oskar Wilde, Keats und Arthur Koestler als geistige Nahrung und genossen dies mit allen Sinnen.

Die Sache mit der Jungfräulichkeit wurde zu einem Thema. Es uferte buchstäblich aus. Die Modechefin hörte nicht auf, ihre Dinner-Soireen zu arrangieren …

Die Erlaubnis, Mama …

Mama, die zusammen mit Papa letztendlich für die Bewahrung ihrer Keuschheit verantwortlich war, erlaubte ihr unerwartet plötzlich einen Freund.

„Kind, wenn du mit einem Freund ausgehen willst, ich meine, es ist jetzt in Ordnung. Wir haben nichts dagegen. Wir sehen dich ja nicht mehr so oft, aber du kannst dich mir immer anvertrauen, ich hoffe, dass du das nicht vergisst."

„Nein, Mama. Erstens vergesse ich das nicht und zweitens habe ich keinen Freund."

„Warum nicht? Du gehst doch ständig aus."

„Ja, sicher, aber es ist nicht so wie in den Büchern."

Als Xenia dies sagte, sah ihre Mama sie mit einem seltsamen Blick an, lächelte ihr Sphinx Lächeln, erhob sich und schoss sie in ihre Arme.

„Da ist ein Anruf für dich, Xenia."

„Für mich?" Noch nie hatte jemand sie angerufen.

„Ja, dein Vater."

Oh Gott, dann ist etwas Schlimmes passiert, dachte sie. Vaters Stimme war sehr ruhig. „Du musst sofort in die Klinik, Mama liegt im Krankenhaus."

„Was ist geschehen?"

„Sie hat schwer geblutet."

Lange saß sie verängstigt auf dieser Bank. Ärzte und Schwestern liefen an ihr vorbei. „Wo ist meine Mutter?"

„Du musst dich noch etwas gedulden."

Das gedulden schien endlos. Was mache ich, wenn sie nicht mehr lebt? schoss es ihr durch den Kopf, und gleichzeitig die Tränen übers Gesicht. Durch eine Tür trugen sie eine Bahre. Sie sprang auf. Das ist sie. Der Körper, der darauf lag, war mit einem weißen Tuch vollends bedeckt. Mein Gott, sie ist tot. Als ob in dieser Klinik nur ein einziger Mensch liegen konnte, nämlich ihre Mutter … Eine Schwester nahm sie zur Seite.

„Das ist nicht deine Mutter. Komm, jetzt darfst du zu ihr."

Auf Mamas Nachttisch stand Xenias Bild. Sie lächelte schwach, doch sehr lieb.

„Komm her, Liebele", sie nahm ihre Hand, „mach dir keine Sorgen, es ist alles gut."

Xenia erinnerte sich daran, als sie neun oder zehn Jahre alt war und Mama genauso, wie jetzt, im Spital gelegen hatte, daheim … Mit der Bahn hatte sie Mama ganz alleine besucht, weil Papa auswärts war. Und sie erinnerte sich genau, wie traurig und völlig verwirrt sie durch das Städtchen allein zurück zum Bahnhof gegangen und in der fast leeren Bummelbahn zurück gefahren war. Mama … Was ihr damals fehlte, hatte ihr niemand gesagt. Jetzt fragte sie. Eine Bauchhöhlenschwangerschaft. Eine was …? dachte Xenia, eine Bauchhöhlenschwangerschaft, was ist denn das, wie kann man in der Bauchhöhle schwanger werden?

„Du hättest beinah ein Schwesterchen oder ein Brüderchen bekommen …"

Aber Xenia wollte keine Geschwister, die ihre Mutter hätten fast verbluten lassen. Das sagte sie auch, heilfroh, dass Mama lebte.

Eine Fata Morgana

Woodstock. Wieder hatte die emsige Chefin ihr Talent für Special Events spielen lassen. Der Eisenbahnzug, der den Hauptbahnhof verließ, hatte sehr viele Waggons. Die ganze Künstlerwelt Australiens schien hier versammelt zu sein, um an diesem Spektakel teilzunehmen. Shirley, eine Kollegin, überredete sie in letzter Minute, doch noch mitzukommen. Widerwillig, weil Xenia Menschenansammlungen nicht ausstehen konnte, willigte sie ein. Kurz zuvor gab es eine Modepräsentation in einem allerfeinsten Hotel. Aufgeregt stand Xenia vor einem der unzähligen Spiegel und ordnete sich. Da. Es traf sie der Schlag. Im Spiegel sah sie ein Gesicht. War es eine Fata Morgana? Er sah aus wie ein griechischer Gott. Sein Blick im Spiegel senkte sich hypnotisch in den ihren. So flink war sie noch nie von der Bildfläche verschwunden. In der Damentoilette verharrte sie eine Weile, dann, so dachte sie, muss ich ja wieder hinaus, ich werde ja immerhin gebraucht. Sie fühlte, wie sehr sie aus der Fassung war, eilte hinaus, und direkt vor seine wartende Gestalt. Da stand er. Hoch, unerträglich gutaussehend, wie aus Tausend und einer Nacht, nur der Turban fehlte. Azurblaue, alerte Augen, dunkelblondes, volles Haar, anbetungswürdig. Das ist genau der Typ Mann, vor dem man sich in Acht nehmen muss, warnte ihr Hirn, und weg war sie. Während der Vorführung entdeckte sie ihn in Gesellschaft eines bekannten Mannequins. Sie traute sich und fragte die Chefin.

„Das, Xenia", sagte diese mit unüberhörbarer Bewunderung, „ist der Verlobte von Laura." Das hast Du gut gemacht, Xenia, sagte sie im Stillen zu sich selbst, aber weshalb stand er so hartnäckig da?

Die Zugreise verlief turbulent. In den eigens dafür ausgestatteten Waggons wurde wild gefeiert und getanzt. Eine einzige ausgeflippte Disco auf Eisenbahnrädern. Xenia hatte zu viel getrunken. Bourbon-Coca. Shirley kam immer wieder zu ihr an den Fensterplatz, weil Xenia nicht tanzen wollte, obwohl das ihr Metier war.

„Sag mal, was faselst du da dauernd von einem John?"

„Tue ich das?"

Irritiert sah Xenia sich um und dachte, aber ich kenne doch keinen John ... Wären wir bloß endlich wieder zurück. Die Nacht durchgefeiert, waren sie am Morgen wieder im Hauptbahnhof angekommen und strömten alle ihrem Zuhause entgegen. Da! Unerwartet, ganz plötzlich, lief er neben ihr her. Kein Starmannequin an seiner Seite.

„Xenia, darf ich dich nachhause fahren?"

Xenia? Woher kannte er ihren Namen? Da steckte doch die Chefin dahinter ...

„Mein Wagen steht gleich hier am Bahnhof."

Bevor Shirley zu ihrer wartenden Mutter lief, nahm Xenia noch zur Kenntnis, wie sehr sie ihn anschmachtete.

„Nein danke, ich muss zur Bahn."

Er sagt doch dann tatsächlich: „Ich möchte dich aber wiedersehen, wo wohnst du?"

Wenn du ihn jetzt ansiehst, verlierst du die Kontrolle, also lauf ganz schnell davon!

„Ich verpasse noch meinen Zug“, und weg war sie. So bezecht bin ich dann doch nicht, dachte Xenia, was denkt er sich, er ist verlobt und macht mir billige Avancen. Mit sich zufrieden bestieg Xenia den Vorstadtzug.

Wochenende. Heiß und schwül, da draußen und in ihr. Gefühle, die ihr fremd waren. Essen war unmöglich. Sie lief herum, meistens im Kreis. Die Freundinnen kamen und plauderten. Erstaunlich war, dass alle begriffen hatten, dass es Xenia ‘erwischt‘ hatte, und alle freuten sich darüber. Diese weibliche Solidarität war etwas Neues für Xenia. Wie erleuchtet begriff sie, dass alle diese jungen Frauen diese romantische Erfahrung bereits gemacht hatten. Sie umhegten Xenia wie ein krankes Nesthäkchen in einer Großfamilie. Schmerzliche Realität war, dass sie sich wirklich krank und elend fühlte. Alle saßen im kühlen Apartment, versorgten Xenia mit Tee und klärten sie über die Trübsal und Lüste der Liebe auf. Sie waren bezaubernd in ihrer Anteilnahme. Xenia war verliebt. Es schien so, als sei dies für sie die lang erwartete Sensation. Plötzlich verstummten alle Mädchen, dann verschwanden sie flink, wie Mäuse. Sie setzte sich ganz langsam auf und starrte zum Schatten, der sich lang in den Raum erstreckte. Da stand er.

„Was machst du hier?“

„Ich sagte doch, dass ich dich wiedersehen möchte.“

Woher weißt du, wo ich wohne, fragte sie ihn nicht. Antwort überflüssig, konnte sie sich denken. Woher ihr Auftritt kam, war ihr ein Rätsel. Vor einer Minute litt sie noch in unsäglichem Schmerz, floss geradezu hin vor Sehnsucht, und was tat sie jetzt? Sie hörte sich sagen:

„Ist es nicht reichlich unpassend, dass ein Verlobter eine andere Frau besucht?“ Puritanischer Drill. War es Shakespeare oder Wilde?

„Ich kann nichts dafür“, hörte sie, „ich musste kommen.“

Dann stellt er sich vor: „I am John ...“

Sie erinnerte sich an Shirleys Kommentar im Zug. Sonderbar, dachte sie, wie kam ich bloß auf diesen Namen? Die aufkommende, elektrisierende Spannung erinnerte sie an Bogenschießen.

„Wollen wir nicht einfach miteinander reden“, fuhr er fort.

„Wir können an den Strand fahren, ein Picknick machen, laufen und baden.“

Sie liefen am Strand und redeten. Wenn ich vielleicht einmal im Himmel lande, werde ich Gott fragen, wozu diese Begegnung gedacht war ... Auf der Heimfahrt erweiterten sie ihren Smalltalk, nicht zu viel, so, als hätten sie unausgesprochen beschlossen, es nicht mit zu viel Nonsense zu verderben. Er richtete vorsichtig seine Fragen an Xenia, höflich und von ihr beruhigt verzeichnet, denn sie schätzte beste Manieren sehr, gut erzogen. Durch den nächtlichen Garten bis an die Jasmin Büsche begleitete er sie. Erstmals war sie vollkommen betäubt von der von Jasmin Duft geschwängerten Luft, von cremig schwerer, warmer Nachtluft und von seiner Gegenwart. Dies war die Premiere. Sie wusste es. Und es war so, wie es in den Büchern stand. Wenn am Ende meines Lebens alle meine Gehirnzellen versagen, werde ich mich noch an diesen Moment erinnern können, dachte sie wieder. Unendlich bedacht, unendlich zärtlich, umfasste er sie. Verwirrt fragte sie sich, was von ihr erwartet wurde. Langsam, sie nicht aus den Augen lassend, zückte er sein Taschentuch aus der Reverstasche und entfernte, liebevoll lächelnd, behutsam den Lippenstift von ihren Lippen. Sein traumhaftes Gesicht näherte sich in Zeitlupe dem ihren und sie war sicher, dass sie in der nächsten Sekunde explodieren würde. In seinen Händen lag weich und fest gehalten ihr Kopf. Sie existierte nicht mehr. Nie, so dachte sie in ihrer Unschuld, werde ich wissen, was einen Mann veranlasst, eine Frau so zu küssen … Was wie Quecksilber durch ihre Adern floss, blieb ihr unvergesslich, unmöglich zu beschreiben. Die laue Sommernacht trug ihn weg. Fast besinnungslos, nur von der Fülle dieser samtenen Berührung beherrscht, bewegte sie sich nicht mehr. Eine Ewigkeit verweilte sie wie gelähmt an den Jasmin Büschen.

„Kind, wie siehst du denn aus?“ Eine Woche später bei den Eltern.

„Mama, ich möchte etwas anderes machen. Ich könnte doch auf die Uni und Sprachen studieren, oder Literatur und Malerei. Den Wettbewerb für Commercial Art habe ich ja gewonnen, es würde mir Spaß machen.“

Vater wurde böse, was selten vorkam. Es war eine Verteidigungsreaktion von ihm, er kannte seine Grenzen. Böse, so empfand sie es, weil er meinte, seine Tochter würde am liebsten, wenn man sie nur ließe, ihr ganzes Leben lang studieren. Aber ihr Ablenkungsmanöver gelang nicht.

„Was ist geschehen? Du bist so dünn geworden, du bist doch nicht etwa krank?“

„Nein, bin ich nicht.“

„Dann iss etwas.“

„Nein, ich habe keinen Appetit.“

Mama ließ natürlich nicht locker. Tante Mirja, sie war in die Nachbarschaft gezogen, weil jetzt verwitwet, saß verbündet mit Mama am Küchentisch, Vater arbeitete im Garten. Mirja schmunzelte allwissend und sagte fröhlich:

„Sie ist verliebt, Eva, siehst du das nicht?"

Prüfend sah Mama Xenia an. Diese senkte ihren Kopf und fing an zu weinen. Mamas Bestürzung war perfekt.

„Wer ist es?" Ihre Stimme nahm ungekannte Strenge an. Es erübrigte sich ihr zu erklären, dass da etwas nicht richtig war.

„Ich will sofort wissen, wer das ist!"

Xenia dachte, sie ist fähig, ihn auf der ganzen Welt ausfindig zu machen, denn davon war sie überzeugt.

„Das will ich dir nicht sagen, weil er mir ja gar nichts getan hat."

Plötzlich war ihr klar, was ihre Mutter vermutete. „Ich habe ihn ja nur einmal gesehen."

„Und?!"

„Nichts, und."

„Aber davon sieht man doch nicht so aus wie du jetzt!"

Xenia schluchzte kraftlos vor sich hin.

„Es war wie in den Büchern, Mama, aber jetzt kommt er nicht mehr."

„Was war wie in den Büchern?"

„Der Kuss."

Mirja kam um den Tisch herum und streichelte Xenia übers Haar.

„So ist das, wenn man erwachsen wird."

Die Chefin begeisterte sich immer mehr für Xenia. „Diese Figur, und dieses Gesicht …"

Xenia wurde dünner und dünner und schien keine Knochen zu haben, was zweifellos Mamas origineller Lebenshilfe zu verdanken war, denn Xenia erblickte als sieben Monate altes Frühchen, nur drei Pfund leicht – nein, nicht drei Kilo, sondern drei Pfund – das Licht der Welt. Mama erzählte:

„Du warst lang und dünn, wie ein Aal, und hattest dichtes schwarzes Haar. Weil ich keine Muttermilch geben konnte, ausgezehrt von den zuletzt erlebten Kriegsschrecken an der Ostfront", Mama erzählte weiter, mit einem Lachen in den Augen, was wirklich nicht zum Lachen war, „wir Flack Mädchen beschossen die Angreifer aus der Luft, wie Idiotinnen, und hofften uns schützen zu können, indem wir aus Furcht vor den tödlichen Bomben der Feinde geduckt die Köpfe zwischen die Kanonen steckten. Dass es dann Kriegsende war, hat uns niemand mitgeteilt. Plötzlich waren alle Soldaten, alle Jungs, gegen Ende hatte man bereits die jungen 14- und 15-Jährigen einberufen und an die Front geschickt, verschwunden. Wir Mädchen begriffen schnell, dass irgendetwas nicht stimmt, zumal es auf einmal so still geworden war. Wir packten unsere Bündel und machten uns zu Fuß auf den Weg in Richtung Heimat, stets wachsam und ängstlich darauf bedacht, nicht in die Hände der Alliierten zu geraten, noch nicht einmal in die Hände von einheimischen Bauern. Wir liefen meist in den Wäldern, wir wussten um die Mienenfelder, egal ob im Wald oder auf weiter Flur, es war die Hölle für uns, aber wir schafften es. Eine nach der anderen konnte zwar total erschöpft, dreckig und mit zerfetzter Kleidung, aber immerhin unbeschadet ihr Zuhause erreichen, bis auch ich endlich, wie ein Gespenst heimlich und leise durch die Zonen der Alliierten schleichend, beherrscht von unbeschreiblicher Angst in deren Hände zu fallen, unser Zuhause erreichte. Liebele, man hält so viel aus, wenn man überleben will …

Also die trostlose Diagnose der Ärzte, das Neugeborene wird auf keinen Fall überleben, es tut uns sehr leid, Frühgeburt, extrem untergewichtig und keine Muttermilch … Am Tag deiner Geburt ließ ich mich zusammen mit dir nachhause bringen, bat deinen sehr verwirrten Vater, der nun gar nicht wusste, wie er mit der Situation umgehen sollte, mir Kuhmilch und Karotten zu besorgen. Die Kuhmilch erwärmte ich lau und rieb auf dem Reibeisen so fein es möglich war die Karotten. Dein Vater meinte, ich sei geistesgestört, ein gerade geborener Säugling verträgt das doch nicht, er braucht die Mutterbrust! Woraufhin ich ihm sagte, es gibt keine Wahl, ich will kein totes Baby zusätzlich zu all dem, was hinter mir liegt. Ohne Milch überlebt es nicht, mit egal welcher Milch hat es zumindest eine Chance. Du lagst ganz ruhig in deinen Tüchern, als ich dir dann aus der Babyflasche mit Schnuller das Gemisch vorsichtig in dein winziges Mäulchen schob. Und siehe da! Du konntest nicht genug davon bekommen … Es gab keinerlei Komplikationen. Die Schwiegermutter griff sich schockiert in die Haare, mit der fragwürdigen Bemerkung, so etwas Abartiges könne auch nur einer Bauerntochter einfallen. Du gediehst prächtig zu einem wahrlichen Wonneproppen. Das ehemals schwarze Haar war hellblond geworden und wurde von mir zu dicken Haarrollen auf dein Köpfchen gezaubert, deine Haut, der gesamte kleine pralle Körper war karottenbraun … Nach einem Jahr, genau zu deinem ersten Geburtstag, machten wir lustige Fotos von dir und ich ließ mich von deinem Vater in die Klinik, in der ich entbunden hatte, bringen. Die Ärzte glaubten nicht, dass es dasselbe Kind ist, das sie vor einem Jahr als untergewichtige Frühgeburt zur Welt gebracht hatten, und als sie hörten, dass dieses Baby von der ersten Stunde an mit Kuhmilch und Karotten ernährt wurde, brach für sie eine medizinische Welt zusammen. Sie baten doch tatsächlich, dich untersuchen zu dürfen, nach dem hoffnungsvollen Motto, es müsse doch, nach einer derartigen und eigentlich völlig undenkbaren Ernährung eines zu früh geborenen Säuglings, eine Fehlfunktion stattfinden in diesem kleinen Menschlein …“

Es gab nie eine Fehlfunktion, allerdings schien Xenia tatsächlich keine Knochen zu haben, sie schoss zwar in die Höhe, blieb dabei jedoch geschmeidig, wie eine Siamkatze, egal wie dünn. Für alle Bademodenvorführungen schickte die Chefin sie also über den Laufsteg. Zu Xenias Verwunderung wurden die sonst so frechen Mädchen nicht neidisch. Die freundliche Shirley war öfter um sie als sonst. Sie war sehr knabenhaft, etwas linkisch und man nannte sie Twiggy.

„Du merkst es gar nicht, Xenia, aber du warst eine Eiche“, meinte sie poetisch, „jetzt bist du eine Weide, du kennst doch das Lied von Shirley Bassey …“

Sie pflegte ihre verträumte Infantilität sehr, denn sie wusste, das kam gut an.

Eine Weide … Die Weide hockte allabendlich vor dem Manor-House auf der kleinen Bank und starrte in Richtung Jasmin Büsche, lauerte auf jedes Autogeräusch, das einen haltenden Wagen ankündigte. Er kam wieder und er kam öfter. Es war die erste Hölle in ihrem Leben. Sie gingen aus, verhielten sich jedoch in eigenartiger Distanz zueinander. Ins Kino, entweder ‚The Ten Commandments' oder ‚Ben Hur'. Weil von beiden Filmen fasziniert, hatte sie diese bereits X-Mal gesehen, der Grund weswegen sie John's Aussehen wie eine Fata Morgana empfand. Hierher führt er mich doch nur, weil er genau weiß, dass er das Ebenbild von diesem Schauspieler ist ... Xenia wurde wütend, denn es war absolut so. Die Hölle war auch, dass sie wusste, ihr gemeinsames Auftreten würde nur Ärger bringen. Trafen sie Bekannte, so fühlte sie sich unwohl und bekam ein schlechtes Gewissen. Er hingegen dachte nicht daran, sich mit ihr zu verstecken. Egal, ob zum Dinner in eleganten Restaurants, in Nobeldiscos oder im Theater.

„Sie zwingen mich zu dieser Eheschließung, und ich bin mir nicht mehr sicher", das sagte er. Johns Auto war nicht gerade unauffällig. Na ja, und bekannt war er auch durch seine in der Presse angekündigte Hochzeit mit everybody's Darling. Warum kommt er dann eigentlich ...? Sie saßen Stunden auf dem abendwarmen Rasen in ihrem Garten, dann erzählte er lustige Geschichten über die Clique, über die Mädchen, die alle, das wusste Xenia, er erwähnte es natürlich nicht, Freundinnen seiner Verlobten waren.

„Du kannst das alles viel besser. Du solltest dich hier nicht so verstecken und dich etwas trauen."

Doch Xenia war sich ihrer Situation voll bewusst. Sie war die Neuaustralierin und aus armem Haus. Unter den gegebenen Umständen hatte sie bis jetzt das Optimale erreicht. Obgleich sie sich sehr wunderte, freute sie sich über Johns aufrichtige Anteilnahme, seine unentwegt konstruktive Inspiration, seine ernst gemeinten Ratschläge und vor allem erstaunte sie, dass er offensichtlich spürte, was sie ausmachte.

„Du hast den Wettbewerb gewonnen, also musst du weitermachen, ich helfe dir und unterstütze dich." Da haben wir es, dachte sie immer wieder, wehret den Anfängen.

„Höre John, auch das Stipendium kostet und weder mein Geld noch meines Vaters Geld können es finanzieren und eine Unterstützung von dir werde ich nicht annehmen, auf gar keinen Fall, außerdem, was kann ich besser als die anderen Mädchen? Sag es mir. Wir tun doch alle nichts, wir sind nur schön und laufen über den Catwalk."

Xenia fühlte sich auf einmal deutlich minderwertig, hundeelend, weil er ja nicht ihr gehören durfte, war aber dankbar für seine unaufdringliche, jedoch zugewandte Haltung. John überlegte seine Antwort sehr lange.

„Du bist anders als die Clique, du bist anders als alle Mädchen, die ich kenne. Du bildest dir nichts ein auf dein Aussehen, wie all die anderen. Du darfst aber deine Talente nicht unter deiner Bescheidenheit begraben."

„Welche Talente?"

„Du besitzt viele Talente, so viele, dass es möglich war mich zu verzaubern, und da du mich verzaubert hast, gelingt dir das auch mit jedem anderen. Ich bin sicher, dass dir alles gelingen wird, was du beginnst, weil du denkst und nicht oberflächlich bist."

„Aber das sind keine Talente."

„Zauber ist das größte Talent, Xenia."

Verständnislos blickte sie ihn an. Wenn er von mir verzaubert ist, warum heiratet er dann …?

Der Betrug

Es gab wieder einen Telefonanruf für sie. Der zweite in ihrem Leben. Mama sagte: „Wenn du am Wochenende heimkommst, dann musst du zu einer anderen Adresse kommen."

„Zu einer anderen Adresse?" Wieder verstand sie nicht. Die Mutter gab sie ihr und meinte, zuhause würde sie alles erklären.

Der Weg war fremd. Xenia musste ein langes Stück Weg zu Fuß gehen, vorbei an hübschen, neuen Backsteinhäuschen. Es war auch ein solches Haus, an dessen Gartentor Mama auf sie wartete. Sie führte Xenia gleich in die Küche.

„Wo ist Papa?"

„Er sitzt drüben im Wohnzimmer."

Mama bereitete etwas zu essen und berichtete ohne zu weinen von der Katastrophe. Vater war einem Hauskaufbetrug zum Opfer gefallen und nichts war dagegen zu tun. Sein vermeintlicher Kaufvertrag entpuppte sich als Pachtvertrag, weil sein Englisch ungenügend war. Nun forderten die Eigentümer über den deutschen Makler, dem Vater vertraut hatte, weil es ein Landsmann war, ihr inzwischen blitzsauberes, von Flöhen befreites, ganz wunderbar gepflegtes Haus mit Grundstück zurück. Sie fand Vater, wie sie es erwartet hatte. Er saß gebrochen, sich schämend und apathisch auf der Couch. Die Habe ihrer Eltern war eng übereinander gestapelt. Ein hilfsbereiter australischer Kollege hatte ihnen für den Übergang einen Trakt des Hauses zur Verfügung gestellt.

„Was sind Sie nur für ein Mensch!“

Mama hatte Xenia auf deren Drängen hin seine Anschrift in der City gegeben. In seinem karg eingerichteten Büro stand Xenia hoch erhobenen Hauptes und angriffsbereit vor ihm.

„Meinem Vater sein schwer verdientes Geld abzuschwindeln. Haben Sie denn überhaupt kein Gewissen?!“

Der Mensch sah hager, dünn und blass aus, eindeutig ein Galgenvogel. Das sagte sie auch. „Sie sind ein Galgenvogel, wissen sie das? Meine Eltern sind vielleicht nicht der englischen Sprache mächtig, aber ich!“ Gefährlich blitzend trat sie vor seinen Schreibtisch.

„Ich habe australische Freunde, ich habe auch jüdische Freunde, die Sie anzeigen werden, merken Sie sich das, wenn Sie nicht unverzüglich dafür sorgen, dass meine Eltern wieder ein Haus bekommen, ein eigenes!“

Sie konnte durchaus erkennen, dass er beeindruckt war. Wie es genau zugehen könnte interessierte sie nicht, lediglich umgehend ein Haus für die Eltern! Zwei Wochen später bezogen ihre Eltern ihr neues Haus. Es war schön und groß, mit viel Land und Platz für die Tiere, Rex, der gewaltige, gutmütige Schäferhund, ihre frechen, liebsten Katzen und Jacko, der treue Kakadu, der immer noch lebte und ihnen, egal wo sie waren, folgte.

Dreiste Wette

Wieder von der Chefin arrangiert, gab es die Silvester-Party mit der Clique am Strand. Mehrere Stunden Autofahrt in Richtung Westen am Meer entlang. Keine Übernachtung, sagte Chris. Es würde eine dieser üblichen, stets amüsanten Strandpartys werden, die bis in die Morgenstunden anhielten. Chris, den die Chefin ihr ständig verbal ans Herz legte, war reich und mit etwa dreißig schon ein etwas älteres Semester. John war auch reich, aber ihn hatte sie ihr ja nicht ans Herz gelegt … Chris sah nicht besonders gut, aber sympathisch aus, war wie alle athletisch, braun gebrannt, unterhaltsam, hatte freche, braune Lausbubenaugen, ohne Frage elegant, ein Sportsmann und er interessierte sich sehr für Xenia, das war offensichtlich.

Die Eltern wussten Bescheid. Am 1. Januar wurde sie wieder zuhause erwartet. Brav saß sie neben Chris in seinem teuren Kabrio, es war tout rouge außen und innen tout rouge mit Leder ausgestattet. Geschmacklos, dachte sie. Ihre Verehrer fuhren alle, zum Leidwesen ihrer Freundinnen, noble Autos, was Xenia nie beeindruckte. Nur Trevor, der Schauspieler, fuhr eine verrostete Klapperkiste, was sie ebenfalls nicht störte – aber rot und teuer und das auch noch als Auto …? Eingepackt hatte sie ein langes Strandkleid und Bikini. Wenn das so läuft wie immer, tanzen wir am Strand die Nacht durch und fahren morgens zurück, dachte sie … Sicher lachten und blödelten sie während der Fahrt. Chris lauerte, in Charme gehüllt. Im Strandhotel angekommen, alle waren schon präsent und ausgelassen, ging Chris zur Rezeption und erhielt einen Zimmerschlüssel.

„Wozu brauchst du einen Zimmerschlüssel?"

„Na, wir werden doch hier übernachten."

Der Mann hinter der Rezeption lauschte interessiert. Erstaunlicherweise reagierte sie schnell.

„Dann brauchen wir zwei Zimmerschlüssel."

„Wir sind ausgebucht. Es gibt keine freien Zimmer mehr."

„Was nun?"

Der Hotelmensch erläuterte, dass es sich bei diesem Zimmer auch nur um ein Zimmer mit zwei Einzelbetten handelte. Ein Doppelbett wäre leider nicht mehr möglich gewesen ... Entgeistert hörte sie zu. Zornig über diesen Überfall griff sie Chris vor allen an. Manche grinsten schadenfroh, aber die Schadenfreude galt nicht ihr, sondern Chris. Gut so, dachte Xenia.

„Also gut", resignierte Chris, „ich schlafe dann im Auto."

Fein. Trotzdem begleitete er sie hinauf in dieses Zimmer. Er musste sich schließlich auch umziehen. Ihre Empörung nahm er ganz gelassen hin. Er packte seinen Koffer aus und sortierte seine Toilette im Bad. Eine Unverschämtheit, dachte Xenia wieder. Da lagen ein Schlafanzug bereit, Rasierzeug und Zahnbürste.

„Du hast mich angelogen. Du hast gesagt, wir übernachten nicht, sondern fahren nach dem Fest gleich zurück, das hast du gesagt."

Am liebsten hätte sie ihn geohrfeigt.

Er lachte und sagte: „Darling", – Darling ...? „wenn du so weitermachst, tue ich dir ganz bestimmt nichts!"

Etwas perplex musste sie nun ebenfalls lachen. Er würde ihr doch nichts tun, oder? Würde er? Sie überlegte.

„Gut“, lenkte sie ein. „Du schläfst am Fenster und ich im Bett an der Tür.“

Da war ein triumphierendes Blitzen in seinen Augen, sie hatte es nicht übersehen und sich gemerkt. John war nicht auf diesem Fest, aber er war Chris’ Freund und wusste von dessen Einladung … Die Sonne stieg bereits, als sich die ausgelassene Gesellschaft am Strand endlich zum Schlafen auflöste. Nervös und stocknüchtern, sie hatte nichts, aber auch gar nichts getrunken, nicht einmal den geliebten Champagner, legte sie sich bekleidet auf ihr Bett und überließ Chris das Bad. Frech ließ er die Tür offen und rasierte sich. Warum rasiert der sich?

Dann duschte er, na ja, ist schon ordentlich, dachte sie, und dann trat er im Pyjama heraus. Grinsend, natürlich.

„Willst du dich nicht ausziehen?“

„Noch nicht.“ Ich werde warten, bis er schläft, dachte sie.

„Wenn du warten willst, bis ich schlafe“, als habe er ihre Gedanken gelesen, „wirst du eher eingeschlafen sein, auf diesen Moment habe ich mich schon lange gefreut.“

Es klang zwar triumphierend, aber keinesfalls wie eine Drohung, doch es verunsicherte sie enorm. Der ist frech, aber ich auch, dachte sie, wie sagt Higgins Fair Lady: alles, was du kannst, das kann ich besser. Gedacht und aufgestanden. Es war ihr in den Sinn gekommen, dass er sie unzählige Male am Strand im Bikini, ja auch oben ohne erlebt hatte, allerdings hatte er auch schon eine Ohrfeige von ihr erhalten, als er ohne Vorwarnung ihren Bauch, während sie die Augen geschlossen hatte, mit Sonnenöl beträufelte. Also … Ein Film mit der Loren und Mastroianni fiel ihr ein. So würde sie es machen. Den Rücken ihm zugewandt, sie dachte nicht daran, die Badezimmertür zu schließen, fixierte sie ihn im Spiegel. Wehe, wenn er sich rührt. Langsam streifte sie die Spagettiträger von ihren Schultern, ließ ihr langes Kleid langsam zu Boden gleiten, Strümpfe trägt man bei 35 Grad im Schatten nicht, und so blieb nichts weiter übrig als Höschen und Sandalen, die sie locker entfernte, zur Seite schob, den Sand an den Füßen unter dem Wasserstrahl im Waschbecken abwusch und sich wieder auf Zehenspitzen auf einem Badetuch stehend, im Spiegel betrachtete.

„Es widerstrebt mir, deine Zahnbürste zu benutzen."

Aufmerksam jede ihrer Handlungen verfolgend, empfahl er ihr, eine zweite aus seiner Toilettentasche zu nehmen. Woran der alles gedacht hat … Eingewickelt in ein Badetuch trat sie barfuß vorsichtig in Richtung Bett.

„Willst du nicht duschen?"

Aha …

„Nein, ich bade gleich im Meer."

Was hatte er gesagt? Wenn sie so weitermachte, tut er ihr nichts? Die Bettdecke bis ans Kinn gezogen, ihn überhaupt nicht ansehend, verkündete sie dass sie hoffe, er würde nicht schnarchen. Das saß. Er stöhnte gepeinigt und drehte sich zur Wand. Geschafft.

Gegen Mittag fanden sich alle Pärchen allmählich am Strand ein. Das Spiel, das in der vergangenen Nacht gespielt werden sollte, war ihr ja nun klar, nur wie konnte sie es dem Rest der Clique ohne Worte beibringen, dass sie Siegerin war? Hierüber hatte sie sich die ewig langen Morgenstunden erfolgreich den Kopf zerbrochen. Jetzt lag sie als Erste, für Langschläfer nicht übersehbar, mit unverändertem Gesichtsstyling und nicht zerzauster Frisur, genau wie am Abend zuvor, im Sand im Bikini, offensichtlich schon im Wasser gewesen, wohlgemerkt nur bis zum Hals. Es funktionierte. Die Jungs feixten, sie begegneten Xenia mit sichtlicher Bewunderung und Chris brachten sie fast zur Raserei, weil seine Absicht, für jeden erkennbar, gescheitert war. Doch er beherrschte sich gekonnt.

Es stellte sich heraus, dass die Clique sich auf ein dreitätiges Strandfest eingestimmt hatte. Tatsächlich bemühte sich Chris sehr um Freundlichkeit, wer will schon seinen Ruf verspielen. Aber er hatte gewettet. Er hatte gewettet, dass er derjenige sein würde, der in dieser Silvesternacht die Jungfrau verführt … Er spielte auf ihrer Seite Volley, legte sich neben ihr auf das Badetuch, brachte ihr Erfrischungen und gedachte eindeutig, sich nicht noch mehr zu blamieren. Sie spürte genau, dass er sein Vorhaben nicht aufgeben würde. Er hatte entschieden, diese drei Tage mit ihr durchzuziehen. Das äußerte er zwar nicht, aber sie wusste es ganz genau. Es gab damals keine Bahnverbindung entlang der Küste. Es gab lediglich diese eine Küstenstraße, die Great Ocean Road, aber weder besaß Xenia einen Führerschein noch ein Auto. Sie war auf diesen liebenswerten, leider viel zu dreisten Gockel angewiesen.

„Mein Vater“, fing sie an, „wird dich verprügeln, wenn ich heute nicht zuhause bin.“

Entsetzt sah er sie an, nicht wegen der in Aussicht gestellten Prügel, sondern wegen der Idee, sie jetzt, und zwar sofort, heimfahren zu müssen.

„Das wirst du jetzt tun, sofort.“

Niemand mischte sich ein, es war ja so spannend. Seine Niederlage war nicht mehr zu verheimlichen, zu retten war nur noch der Rest seiner Ehre.

„Ich dachte immer, du seist ein Gentleman", tönte sie vernehmlich. Sie sah auf ihn hinunter, im Bikini, mit falschen Wimpern und in unmissverständlicher Erwartung.

„Das du so nerven kannst, hätte ich dir nie zugetraut."

Irgendwo tankte er. Das Eis, das er ihr in die Hand drückte, tropfte auf den Ledersitz und sie tat provokant nichts, um das zu verhindern. Sie dachte nicht daran, es zu schlecken, aber auch nicht daran, es zu entfernen.

„Wenn du es nicht isst, dann schmeiß es hinaus."

Xenia war stocksauer und je wütender sie wurde, desto schneller raste er die leere Ocean Road entlang. Über der Gangschaltung schmolz das Vanilleeis …

„Du bringst mich bitte nach Hause zu meinen Eltern."

Sie ahnte schon, dass er sie stattdessen in ihr Flat fahren wollte. Strafe musste sein. Befriedigt nahm sie wahr, dass er jetzt derjenige war, der nervös wurde. Himmel, der Vater einer Deutschen, musste er denken. Pünktlich am 1. Januar erwarteten ihre Eltern sie. Es war bereits Abend, aber immerhin. Genüsslich nahm sie sein deutliches Unbehagen zur Kenntnis. Ihr Ziehvater sah stark und kräftig aus und als Rex, ihr imposanter Schäferhund, zum Wagen geprescht kam, zuckte Chris merklich zurück. Vater begrüße ihn freundlich und bat ihn höflich ins Haus, aber der lehnte ebenso freundlich ab, als er Mamas scharfsinnige Bemerkung vernahm:

„Warum kommt ihr so spät, wir haben dich heute zum Neujahrsfrühstück erwartet!"

Die Entscheidung

Im Herbst gab es den großen Maskenball. Alle aus der Clique nahmen teil. Es war also einer dieser Prestigebälle. Hunderte verkleidete Menschen, ähnlich, wie beim Pferderennen. Begleitet wurde Xenia von Sammy, einem netten Verehrer, jedenfalls nicht von Chris, er bekam einen Korb, weil sie ihm nicht mehr traute. Und Ken versuchte neuerdings lästige Pettingangriffe. Sie nahm die äußere Erscheinung von Audrey Hepburn an, mit gigantischem, schwarzem Hut, langer Zigarettenspitze und hoch geschlossenem schwarzem Abendkleid. Sehr mondän. Das Star-Mannequin zeigte sich in zartrosa, als französische Rokoko-Lady, prall blond gelockt, prall dekolletiert und endlos umschwärmt, natürlich an der Seite ihres künftigen Ehemannes, der ausschließlich mit ihr tanzte. Seine Tanzaufforderung hätte Xenia in diesem Kreis sowieso abgelehnt, aber es gab ihr den Rest. Sammy, der sie heimbrachte, war hübsch und sehr lieb. Sie erinnerte sich, er hatte öfter versucht, sie einzuladen, aber stets ohne Erfolg. Jetzt hatte er vielleicht etwas erwartet. Im Garten verabschiedete sie ihn, nahm den nicht mehr nötigen Hut vom Kopf und bedankte sich. Enttäuscht über ihr Verhalten, denn es gab nicht einmal das übliche Abschiedsküsschen, sagte er zu ihrer Verblüffung, es täte ihm so unendlich leid, dass dieser Abend für sie wegen Big John vereitelt war.

„Wir wissen doch alle, dass da etwas zwischen euch ist. Der macht sowas sonst nie."

Was sollte sie sagen? Sie sah betreten an ihm vorbei. John würde heiraten. Im Juli. Jeder wusste es, es stand ja in den Zeitungen.

Mit Ken, zusammen mit Rose, besuchte sie dann und wann die Frachter im Hafen, einige von Kens Freunden waren auf diesen Schiffen Offiziere oder Kadetten. Gleich beim ersten Besuch hatte sich Rose in den Ersten Offizier verliebt. Die Geschichte beruhte auf Gegenseitigkeit. Xenia allerdings hätte sich nie darauf eingelassen. Wer ist er? Was macht er, wenn man ihn monatelang nicht sieht? Solche Fragen stellte sie sich. Aber für Rose war das kein Kriterium, sie trank ab sofort nur noch Becks Bier und Xenia musste die Liebesbriefe übersetzen, so rum und anders rum. Ken liebte sie, das wusste sie schon, bevor sie selbst dieses Gefühl kennenlernte und vielleicht, weil sie dieses Gefühl jetzt kannte, konnte sie ihn besser verstehen. Er wusste von John. Dieses Wissen beinhaltete jedoch auch die Aussichtslosigkeit dieser Sache. Er erwähnte es nur einmal. Ken war, wie John, auch Ende Zwanzig, er war schlau und sehr geschäftstüchtig. Nachdem sie den ersten seiner Heiratsanträge abgelehnt hatte, sah sie ihn wochenlang nicht, bis er dann eines Tages frisch und fröhlich wieder auftauchte und meinte, er sei ein Esel. Man könne doch gut Freund sein, es mache doch so viel Spaß, gemeinsam Dinge zu unternehmen. Womit er Recht hatte. Er nahm sie mit zum Skifahren. Morgens um zwei Uhr begaben sie sich dann auf den Weg. Neun Stunden bis Thredbow. Ein Ski Dorf, wie in Europa! Xenia war immer begeistert, wenn sie dort ankamen, nicht nur vom Schnee, sondern von der Optik dieses

Dorfes, es sah aus wie ein alpines Skiresort entweder in der Schweiz oder in Österreich. Auf jeden Fall genauso wie daheim. Das Einzige, was sie als äußerst belustigend empfand, war der Kontrast, waren die bunten Papageien, in den die Abfahrten einsäumenden Eukalyptusbäumen sitzend und je nach Laune die Skifahrer umschwirrend. Dann zeigte er ihr Australien. Ayers Rock und zurück, sie besuchten Farmer im Outback, alles seine Freunde. Es waren immer ganze Wochenenden, die in Lodges oder Motels verbracht wurden und immer hatte sie ein Zimmer für sich allein. Wie und wo sie sich kennengelernt hatten, daran konnte sie sich nicht mehr erinnern. Sie erinnerte sich jedoch, dass er an jenem Abend mit ihr in den Stadtpark gefahren war, dicht an das Flussufer. Dort hatte er geparkt, sie plauderten, und als er persönlicher werden wollte, wies sie ihn zurück. Trotzdem, oder vielleicht gerade deshalb, blieb er ihr treu ergeben.

Roses Liebhaber war also endlich wieder da. Es war schon unaussprechlich romantisch und Xenia fühlte mit ihr, wenn sie erwartungsvoll den Quai hinunterliefen, um endlich zum Schiff zu kommen. Nach der Wiedersehensfreude saßen sie zusammen in einer der Offizierskabinen, schwatzten über die Neuigkeiten aus der Heimat und so, wie Roses Sehnsucht geschürt wurde, so empfand Xenia wachsend das Bedürfnis, Australien zu verlassen. Heimweh und erste Liebe in Benediktiner Likör ersäufend, schlürfte Xenia das grüne Zeug aus einer Champagnerschale, bis sich just die Scheinwerfer an Deck zu überdimensionalen Monden verwandelten und sie austreten musste. Etwas dergleichen widerfuhr ihr niemals mehr.

Ganz unglaublich. Sie dachte, so ist es, wenn man scheintot ist. Sie saß auf der Toilette, fühlte sich pudelwohl, aber sie konnte sich nicht mehr erheben. Ihr Hirn funktionierte völlig klar, aber ihr Körper gehorchte ihr nicht. Dem physikalischen Gesetz folgend, rutschte sie hinunter auf die Fliesen. Was sollte sie nur tun? Ihr langes Fernbleiben bewirkte, dass einer der Offiziere nach ihr sah. Klopfen an der Tür.

„Bist Du in Ordnung?"

„Ich weiß nicht, ich kann mich nicht bewegen."

Er rief Ken und Ken durfte herein. Sie nestelte an sich herum, bis sie beiden gestattete, sie hinauszuführen. Vorsichtig hinauf in die Koje gehievt fragten sie, ob ihr schlecht sei.

„Nein. Ich kann mich nur überhaupt nicht rühren."

Ken blieb bei ihr. Er legte ihr kühle Umschläge auf die Stirn, streichelte besorgt ihre Hände und wartete, bis sie eingeschlafen war. Als sie wieder aufwachte, lag er angezogen neben ihr. Sie konnte sich wieder bewegen, nestelte wieder an sich herum, alles war in Ordnung. „Warum hast du das gemacht?"

„Ich konnte dich doch nicht allein lassen, du wärst aus der Koje gefallen."

So war er. Beiläufig fragte sie die Offiziere, was so eine Überfahrt nach Deutschland auf diesem Frachter kosten würde. Eine beträchtliche Summe. Knapp, aber sie hatte sie.

„Das Problem wird nur sein, dass du noch nicht volljährig bist, du wirst die Einwilligung deiner Eltern benötigen. Willst du nicht warten, bis du 21 bist?"

„Nein, das will ich nicht. Vor Juli will ich weg sein."

Abschied, Flucht …

Wieder saßen sie drinnen. Er, Prinz Judah Ben Hur, auf der kleinen Couch. Draußen regnete es. Es war Winter geworden. Sie scherzten, sie führte ihm ihre Yogakünste vor und er klatschte entzückt. Dass Xenia von Galgenhumor erfüllt war, ahnte er nicht. Sie wertete die Zeit, die er mit ihr verbrachte, als unschätzbare Kostbarkeit. Er schenkte sich ihr in dieser Zeit, in der sie allein waren und nichts anderes taten, als sich gegenseitig völlig zu absorbieren. Was würde ich tun, wenn er mich jetzt verführen wollte, fragte sie sich.

„Noch eine Tasse Kaffee?“ Er lachte.

„Wir haben doch schon so viel davon getrunken.“

Die Gefühle, die sie vor seinen Verabschiedungen beschlichen, waren ihr inzwischen vertraut. Er würde gehen und irgendwann wiederkommen. Wie würde es sein, wenn er verheiratet ist? Nichts als Leere in ihrem Kopf. Gut, dass ich gebucht habe, dachte sie noch, dann drehte er sich unvermittelt zu ihr … So nah war er ihr seit ihrem ersten und bis dahin einzigen Kuss nicht mehr. Es war dasselbe betörende Prozedere wie damals an den Jasmin Büschen, nur trug sie keinen Lippenstift mehr, nicht, wenn sie sich sahen. Wieder lag ihr Kopf wie eine Muschel in seinen Händen. Diesmal küsste er sie ungestüm und endlos, endlos lange. Xenia öffnete die Augen, ihre Finger glitten zärtlich durch sein Haar, tasteten sanft und langsam über sein unvergessliches Gesicht und Tränen verschleierten ihren Blick, der ihm sagte, sie würden sich nie wiedersehen. Seine Hände tasteten so vorsichtig an ihr hinunter, als sei sie aus Porzellan, er hielt sie eine Armeslänge von sich, speicherte jeden Quadratmillimeter ihres Gesichtes.

„Ich muss jetzt gehen." Richtig. Er musste gehen. Wenige Tage später würde sie auf hoher See sein, wenige Tage vor seiner spektakulären Hochzeit. Dass sie Australien jetzt verlassen würde, sagte sie ihm nicht …

Die Passage war auf dem Frachter gebucht, das Billett beim Zahlmeister bezahlt, nur die Einwilligung der Eltern fehlte. Vater sagte kategorisch nein. Mama sagte kategorisch nein und Xenia sagte kategorisch nein.

„Wenn ihr nicht einwilligt, komme ich nie wieder nachhause."

Erpressung. Sie verließ das elterliche Haus in leidenschaftlichem Protest. Zwei Tage später, in der Frühe des Tages, stand ihre Mama im Türrahmen des Manor House. Noch nie zuvor war sie dort gewesen. Sie hielt das unterschriebene Dokument in der Hand, gab es ihr und umarmte sie. Xenia war sehr glücklich, aber wie grausam … Nie werden Kinder begreifen, was sie ihren Eltern antun, indem sie sie dazu zwingen, ihnen die Freiheit zu gestatten. Jugend ist egoistisch. Manche sagen, dies sei ihr Recht. Aber so einfach ist das Ganze nicht. Der Abschied von Australien war fatal. Ziehvater war karg und spröde und Xenia enttäuscht wegen seines Unverständnisses. Mama begleitete sie zum Gartentor, sie streckte lange ihre winkenden Hände nach ihr aus, so, als wolle sie ihre Tochter noch einmal zurückhalten.

Eine traumatische Vision … Ins Dock zu kommen, um sie auf dem Schiff zu verabschieden, hätte beiden das Herz zerrissen.

Ken wollte unbedingt vor ihrer Abreise nach Europa heiraten oder sich wenigstens mit ihr verloben. Dies war verbunden mit seiner deutlichen Absicht, sich ihrer zu bemächtigen, sprich mit ihr zu schlafen. Sie machte ihm mit ihren Überredungskünsten klar, dass, würde sie ihn als entjungferte Verlobte verlassen, er nie nach ihrer Rückkehr würde beurteilen können, ob sie ihm treu gewesen war. Es wirkte. Er gab nach, aber arrangierte trotzdem eine Verlobungsfeier. Ein Solitär-Verlobungsring glänzte an ihrer Hand, den sie während ihrer letzten Modenschau stolz der Chefin unter die Nase hielt. Das Abschiedsessen in einem Nobelrestaurant, einem französischen, wurde insofern signifikant, weil es deutlich machte, dass nur ein großes Mädchen, von dem man wusste, dass es zu einem vermögenden Mann gehört, Wert hatte. Die Chefin überschlug sich geradezu in Sympathie für Xenia, was sie zuvor in dieser Intensität nie getan hatte. Xenia fühlte kalte Abscheu. Abscheu gegen alles, was mit Geld und Geltung zu tun hatte.

Der Kombifrachter erwartete sie mit unerwarteter Ehre. Woher wussten sie, dass sie an Bord kommen würde, sinnierte sie in unheilbarer Naivität. Aus sämtlichen Lautsprechern tönte ein bekannter Schlager, der auf sie gemünzt war. Sprachlos und eingeschüchtert betrat sie mit sieben großen, schwarzledernen Koffern, die ein Vermögen gekostet hatten, zusammen mit den anderen acht

Passagieren den Frachter. Die Offiziere und der Kapitän begrüßten sie und ihr wurde ihre Kabine zugewiesen. Ein Telegramm von der Chefin mit den besten Wünschen für eine gute Überfahrt erreichte sie, dann stand Ken in der Kabine. In Gefühle aufgelöst, umarmte er Xenia und beteuerte seine Liebe. Sie empfand sehr befremdliche Emotionen. Sie wollte nur weg. Zu lange hatte sie auf diesen Moment gewartet. Kalt bat sie ihn zu gehen, das Schiff würde gleich ablegen. Er ging, niedergeschlagen und gehorsam, und sie blieb zurück mit einem schlechten Gewissen, mit einem von Liebe zerrissenen Herz, das nicht weinen wollte, und mit todesmutiger Erwartung auf das, was kommen würde. Am Heck des Schiffes stehend und den schwindenden Hafen, den weiß-grünen, sich allmählich verkleinernden Küstenstreifen beobachtend, war sie entschieden, dieses Land nie wieder betreten zu wollen. Man hatte ihr die australische Staatsbürgerschaft angeboten, aber sie hatte abgelehnt. Jetzt besaß sie einen deutschen Pass, ausgestellt in Australien – es war ihr höchstes Gut. In einem Jahr bin ich wieder zurück, hatte sie versprochen. Mama hatte darauf bestanden. Ein Jahr. Sie rechtfertigte sich, indem sie sagte, dies sei so etwas wie eine Studienreise, mit der, zum Beispiel, australischen Studenten ihr Studium unterbrechen um auf den europäischen Kontinent zu reisen. Shirley, die Freundin, fliege ja auch nach Europa, nach England. Sie würden sich in England treffen.

Sie wusste nicht, was sie da draußen erwartete, aber sie wusste genau, was sie fort getrieben hatte. Zu viel. Zu viel. Zu viel. Niemand, nicht der Kapitän, nicht die Offiziere, nicht die anderen acht schon recht reifen Passagiere und noch viel weniger ihre Verwandtschaft in Deutschland, würde begreifen können, wie es angehen konnte, dass ein gerade zwanzigjähriges Mädchen allein, ohne beschützende Begleitung, auf einem Kombifrachter die halbe Welt umreist. In einem ihrer Koffer befand sich eine Zeichnung, die sie aus dem Gedächtnis von John angefertigt hatte. Diese zu betrachten, hielt sie nicht aus. Sie wollte kein Foto von ihm und die Zeichnung verschwand wieder auf dem Boden eines der Koffer, unter Pullovern und Nachthemden.

Das Wagnis

Die große Bucht vor Südaustralien war stürmisch. Genauso stürmisch, wie damals bei ihrer Ankunft vor zehn Jahren. Sie tigerte die Decks entlang, vor und zurück so, als hätte sie in ihrem Leben nichts anderes getan. Von Seekrankheit keine Spur. Die fantastische Seeluft, die wunderbare Weite des Ozeans, der Sturm und des Nachts der unbeschreibliche Himmel des Südens, durchlüfteten ihr Hirn. Der Kabelgattmatrose, der in Schicht die Nachtwache auf dem Peildeck zu verrichten hatte und der ganz zu Beginn in der Messe so schüchtern gewesen war und anders als die anderen, weil er nicht wetteiferte, als es darum ging, wer als erster nach diesem hübschen Schlager mit Tangorhythmus ‚Tanze mit mir in den Morgen' mit ihr tanzen durfte. Sie hatte die anderen stehen lassen und ihn aufgefordert … Es hatte ihn verwirrt, er war unsicher und doch stolz, das konnte sie sehen, er war sehr, sehr hübsch und besonders sympathisch. Mit ihm ging sie offiziell, trotz des Feixens der anderen Matrosen, gern hinauf auf das Peildeck und leistete ihm Gesellschaft bei seinen Nachtschichten. Es war immer wunderbar. Sie standen dort oben und schauten, an der Reling dicht nebeneinander stehend, meistens ohne ein einziges Wort miteinander zu sprechen, in den Nachthimmel. Er machte sie auf die doch tatsächlich vorhandenen Glühwürmchen, die zu Tausenden über das Wasser tanzten, aufmerksam. Er zeigte und erklärte ihr die Gestirne, und wenn sie nicht sprachen, war es auch in Ordnung, es war dann noch sehr viel reizvoller, weil sie beide dasselbe fühlten. Beide waren hoffnungslos romantisch, es verband sie eine Seelenverwandtschaft. Dieser Begriff war ihnen sicher damals gänzlich unbekannt, aber sie fühlten es und deshalb störte sie auch überhaupt nicht die provozierenden Bemerkungen der Mannschaft, die sich allerdings eine Menge origineller Provokationen einfallen ließen. Immerhin hatten sie nicht auf jeder Fahrt ein anscheinend verwöhntes Nestküken wie Xenia an Bord.

In Fremantle ging sie von Bord für einen Landspaziergang. Sie suchte einen Juwelier auf. Was niemand wusste und wonach sie auch keiner gefragt hatte, war, ob sie für dieses Abenteuer auch genügend Geld haben würde. Tatsache war, sie besaß nur noch wenige Pfund. Der Juwelier, der kein Halsabschneider, sondern ein freundlicher Mensch und wie ihr schien ein weiser, älterer Herr, erkannte sofort, welches Schicksal sie beherrschte. Er schätzte den Wert ihres schönen Solitärs und war sehr fair. Das Geld, das er gab, war mehr als sie für diese Passage bezahlt hatte. Diese mehrmonatige Seereise war ein Abenteuer, von dem die meisten jungen Menschen träumten. Es war die sorgloseste, anregende und insgesamt erlebnisreichste, ganz und gar unbefangenste Zeit in Xenias Leben. Den Späßen, die sich die Deckmannschaft und die Schiffsjungen am laufenden Band einfallen ließen, war sie zu deren Verblüffung immer gewachsen. Dass sie nichts zu befürchten hatte, wusste sie genau, denn immerhin stand sie unter dem Schutz des Kapitäns und außerdem betrug sie sich anständig, aber pfiffig – so wie die Matrosen. Wieder an Deck staunte sie. Die hinteren Ladeluken wurden gerade geschlossen und eine Anzahl von Handwerkern hämmerte und schleppte lange, flache Hölzer. Es sah aus, als wollten sie einen Verschlag für Vieh zimmern.

„Was machen die da?“

Sven, der älteste der Matrosen und deren Vormann, Maat nannte man ihn, erwiderte sehr sachlich:

„Wir bekommen eine Herde Wildpferde an Bord“.

„Wildpferde? Haben Sie einen Knall?!“ Empört blickte sie um sich.

„Sie können doch keine Wildpferde, und überhaupt Tiere, monatelang in der prallen Sonne auf dem Hinterdeck über den Ozean transportieren! Das ist verboten, weil Tierquälerei!“

Es ist bestimmt verboten, dachte sie, todsicher. Der Kapitän trat hinzu, offenbar hatte er ihren Ausbruch vernommen. An Sven gewandt, sagte er beiläufig:

„Doch nicht so naiv, wie Sie dachten, hm?“

„Doch“, erwiderte dieser unbeeindruckt, dem Kapitän eindeutig etwas beweisen wollend. „Sie werden es schon noch sehen.“

Völlig außer sich verließ Xenia das hintere Zwischendeck stundenlang nicht. Sie ließ nichts und niemanden aus den Augen. Wie ein Polizist promenierte sie auf und ab. Keine Ahnung, was ich machen werde, aber Pferde? Das glaube ich einfach nicht, dachte sie. Die Verschläge waren fertig und die Handwerker verließen das Schiff. Sven kam nach hinten.

„Sie sind ja immer noch hier.“

„Ja, und wo sind die Wildpferde?“

„Sie sollten sich zum Abendessen vorbereiten. Die Fracht wird während der Nacht geladen. Morgen früh werden sie hier sein.“

Klar, dass sie nichts essen konnte. Täglich speiste sie gemeinsam mit dem Ingenieur und einem Ehepaar am Tisch des Kapitäns. An den anderen Tischen im kleinen Speisesalon saßen jeweils der erste und der zweite Offizier, noch ein Ingenieur und jeweils ein weiteres Ehepaar. Der Kapitän nahm diplomatisch an ihrer Empörung teil. Er war eben kein Spielverderber … Manchmal glaubte sie einen zwinkernden Austausch zwischen ihm und den anderen Passagieren am Tisch zu bemerken, aber sie war zu sehr mit ihrer Vorstellung beschäftigt. Hungrig schlief sie in ihrer Kabine ein und erwartete die Wildpferde.

Noch vor Sonnenaufgang war sie hinten. Nichts. Einfach gar nichts. Weil sie sowieso nichts anderes zu tun hatte, setzte sie sich auf eine Ladeluke, ließ die Beine baumeln und wartete. Da! Es kam Bewegung in's Pier. Gigantische Container wurden nah ans Schiff herangefahren. Kräne trieben hydraulisch in unglaubliche Höhen. Ein ohrenbetäubender Lärm brach aus, es krachte und Hafenarbeiter schrien in den frühen, eigentlich so friedlichen Morgen. Die Kräne schwangen in Richtung Ladeluken. Sie hievten keine Wildpferde. Gott sei Dank. Das hätte sie nicht ausgehalten, sie wäre von Bord gegangen, das war sicher. Schweres, rostrotes Alteisen war die Fracht, die sie bis nach Marseille begleiten würde. Zufrieden blinzelte Xenia in die inzwischen aufgegangene, unvergleichlich rote australische Morgensonne. Er hat mich angeschmiert. Macht nichts. Hauptsache, keine Pferde an Bord, dachte sie. Weil auch sie keine Spielverderberin war, ging sie immer auf die schlau ausgedachten Herausforderungen ein.

Ihre Haare benötigten regelmäßig etwas Aufmerksamkeit. Der Schiffsfrisör platzierte Xenia auf das Zwischendeck über den zwei großen Ladeluken am Hinterdeck, mit dem Rücken zur See. Ein Handtuch um ihre Schultern gelegt, Schere in der Hand, war er bereit. Irgendwie war es stiller als sonst. Dann blickte er so seltsam an ihr vorbei. Sie drehte sich um und da saßen sie, aufgereiht wie die Orgelpfeifen. Entdeckt, begannen sie zu jubeln.

„Kürzer! Kürzer! Schneid' ihr 'ne Glatze, bis wir in Hamburg sind, sind sie wieder gewachsen!"

Sie zweifelte eine Sekunde. Das würde er nicht wagen, dieser Frisör. Wieder fingen sie an zu wetten. Sie wetteten immer, es war ihre Lieblingsbeschäftigung.

„Zwei Kästen Bier, wenn du sie abschneidest."

Mit stoischer Miene bearbeitete er ihr Haar. Sie beobachtete ihn und seine Handbewegungen scharf. Die Orgelpfeifen wurden lauter und lauter. Wenn die so weitermachen, kommt bestimmt ein Offizier. Am besten, ich bleibe ganz ruhig sitzen und sage gar nichts, das wird auch den Frisör beruhigen, dachte Xenia. Frisch gestutzt zog sie sich das Handtuch von den Schultern, erhob sich und wandte sich ihrem ausgelassenen Publikum zu.

„Die zwei Kästen Bier bekommt er", damit meinte sie natürlich den Frisör, „aber er bekommt sie von mir."

Ein stolzes Staunen leuchtete über sein Gesicht. Ihr anerkennend auf die Schulter klopfend als sie das Deck verließ, hörte sie ihn hinunterrufen: „Na, ihr Pfeifen?"

Aber sie hörten nie auf mit ihrem Unsinn. Sie hatten erkannt, dass das Mädel etwas drauf hatte, sie spielte gut und fair und sie wusste zu gewinnen, das beeindruckte die jungen Herren enorm, aber es forderte sie auch extrem heraus. Einer der Matrosen hatte sich in ihre Kabine gemogelt, das heißt, sie wurde ihm vom Steward frei gegeben. Erschrocken entdeckte sie ihn, als sie eintrat, hinter der Tür, mit einem dicken Verband um den Arm.

„Ich habe mich deinetwegen geprügelt. Du darfst mich jetzt nicht hinauswerfen. Wenn der Steward bemerkt, dass ich hier auf dem Passagierdeck in einer Passagierkabine bin, bin ich gefeuert."

„Dann musst du eben ganz schnell wieder verschwinden", entgegnete sie, die Absicht sofort durchschauend. Was für eine Bande. Die ließen keine Tricks aus. Und tatsächlich, es klopfte an der Tür, wie bestellt.

„Das ist der Steward", wimmerte der Matrose, „bitte, bitte verrate mich nicht."

Also gut. „Verschwinde ins Bad."

Wohin auch sonst? Es gab ja keine andere Ausweichmöglichkeit. Der Steward trat ein.

„Darf ich Ihnen neue Handtücher ins Bad legen?"

Das tat er noch nie mitten am Tag, das machte er doch immer, während man beim Essen war.

„Nein, danke, ich habe noch nicht geduscht und brauche daher keine neuen Handtücher". Das saß. Sie schob ihn einfach mit ihrem Blick hinaus. Der Bursche im Bad würde bestimmt einmal Schauspieler werden. Er kauerte am Boden und jammerte von Liebe. Behutsam, aber entschieden, manövrierte sie ihn hinaus.

„Die Luft ist rein, verschwinde!"

Wieder gewonnen. Es stand gut für sie. Während der Wochen auf dem Indischen Ozean schrieb sie in ihr

Reisetagebuch, auch nahm sie zur Kenntnis, dass man sie nicht für besonders voll nahm, weil sie eben erst Zwanzig war, was sie jedoch gelassen ertrug. Sie rätselte, ob es im Indischen Ozean immer so friedlich war, denn auch auf dieser Reise gab es keinen einzigen Sturm, nichts außer glitzernden Meeresweiten, endlos blauem Himmel, strahlender Sonne.

„Ist das Wetterleuchten?"

Am Abend lief man vor Aden ein. Vor Aden wurde geankert. Ziemlich weit entfernt vom Hafen. „Das ist kein Wetterleuchten", erklärte der Offizier, „das sind Geschosse hinter dem Bergmassiv."

„Geschosse?"

„Wissen Sie nicht, dass hier derzeit gekämpft wird?"

Woher sollte sie das wissen. Sie sah nur unzählige kleine Boote, die das Schiff zu stürmen schienen. Eine Invasion, stellte sie sich vor, so sieht eine Invasion aus. Jetzt fühlte sie sich wie auf einem Piratensegler, wie aufregend … Von allen Seiten enterten weiß gewandete Araber das Vorderdeck, auf dem sich die anderen Ladeluken befanden. Auf der Kommandobrücke schrie der erste Offizier:

„Xenia, Sie kommen auf der Stelle hoch!"

Leichter gesagt, als getan. Umringt von schwer konzentrierten Arabern, bemühte sie sich, nach backbord zu gelangen. Ihrer unheilbaren Neugierde folgend, war sie unten auf dem Vorderdeck, weil sie unbedingt nicht versäumen wollte, was diese sonderbar gewandeten Araber an Bord wollten. Dass sie Hafenarbeiter sein könnten, entzog sich ihrer Fantasie, weil Hafenarbeiter doch nicht in lange, weiße Roben gekleidet und mit Turbanen auf den Köpfen an Bord eines Frachters kommen, um Fracht zu löschen … Dass sie in ihren knappen Shorts und mit nackten Schultern allerhöchstes Aufsehen erregen würde, kam ihr zuerst nicht in den Sinn, aber jetzt. Ein paar Sekunden lang hatte sie den Verdacht, dass man sie einfangen wollte. Es waren plötzlich so viele. Alle standen sie um Xenia herum und breiteten die Arme aus. Nein, das würden sie sich nicht trauen, hier, auf dem Schiff. Na ja, denke daran, was du alles schon gelesen hast, Mädchenhandel und so … dafür schrecken sie vor nichts zurück. Denk' an die Frauen, die auf der Herreise nicht mehr wieder an Bord gekommen waren, obwohl das Schiff lange gewartet hatte, überlegte sie. Flink flutschte Xenia unter deren Armen hindurch in den schmalen Gang backbord und rannte so schnell sie konnte. Hierher folgen sie mir bestimmt nicht. Dies ist nicht zugelassenes Terrain für Hafenarbeiter, die dürfen nur an die Ladeluken. Auf der Kommandobrücke klammerte sie sich atemlos an einen Offizier.

„Die wollten doch nicht etwa …?"

„So, wie Sie aussehen, schon." Sie hatte das Gefühl, dass er hinzufügen wollte, „so eine wie Sie nehmen wir niemals wieder an Bord."

Durch das Rote Meer, gespenstisch still und brütend heiß, vorbei an archäologisch bedeutsamen Stätten, vorbei an freundlich winkenden Menschen, die an Land arbeiteten, fühlte sie sich gelähmt. Diese Stille! Sie stellte sich das Treffen zwischen Kleopatra und Antony vor. Es war sicher genauso still, genauso unbeweglich und spirituell. Die ganze Welt schien den Atem anzuhalten. Und dann, im Hafen von Suez … Es verließen zwei Paare und sie das Schiff, um durch die Wüste nach Kairo zu gelangen. Ein Abendteuer! Ihre Aufregung war nicht zu dämpfen. Durch die Sahara, vorbei an Beduinen, vielleicht gefangen in einem Sandsturm, so, wie sie es vor zehn Jahren in ‚Dolly erlebt die Welt' gelesen hatte … Das Beiboot erwartete sie unten am Schiff. Angstvoll hangelte sie sich vorsichtig am baumelnden Fallreep hinunter. Um Himmels Willen, bloß keinen Fehltritt. Im Boot zum Hafen, am Hafen in den Geländewagen, der die kleine Gruppe dann quer durch die Sahara nach Kairo transportierte. Abgesehen davon, dass es der einzige Jeep in der faszinierenden Wüstenlandschaft waren, gab es keine unangenehmen Zwischenfälle. Es gab überhaupt keine Zwischenfälle. Beduinen, auf Kamelen reitend, begegneten ihnen freundlich. Gelegentlich passierten sie Behausungen, die wie in den Sand gemauerte Bunker aussahen. Keine von Palmen geschmückte, romantische Oase, nur sich ewig bewegende Sanddünen unter einem bewölkten, weißgrauen Himmel. Sicher selten in den Sahara. Am Abend in Kairo angekommen, geleitete sie der Scout in eine maurische Architektur, vorwiegende weißblaue Mosaiken schmückten das Tausend-und-eine-Nacht-Gewölbe, unter dem sie schwarzen Mokka, dick wie Grießbrei, aus winzigen kleinen Tassen zu sich nahmen. Flankiert von Alten, fühlte sie sich sicher.

„Möchten sie keine Souvenirs kaufen?"

„Nein, aber Wassermelonen hätte ich gern, ich liebe Wassermelonen." Ihre Begeisterung sollte sie überzeugen. In Wahrheit wollte sie bis Genua mindestens drei Kilo weniger wiegen.

Tore zur Heimat

Genua, so empfand sie es, war das erste Tor zur Glückseligkeit. Die erste Tür zu europäischem Boden. Heimat. Nicht in Worte zu fassen, wie ihr zu Mute war. Im Fieber stand sie wieder einmal direkt am Bug, genau an der Spitze. Der Kapitän hatte ihr auf dieser Reise fast alles gestattet. Besuch bei den Matrosen in deren Kabinen, weil sie so anständig war. Sie hätte auch gar nicht gewusst, wie sie anders hätte sein sollen, und die Matrosen waren gut gedrillt, auch auf Anstand, mit Genehmigung zum Schabernack. Das Kabelgatt, das Peildeck, die Maschinenräume, die Messe und die Kombüse, nichts blieb von ihr unbetreten und wurde mit Memoiren versehen. Nur hinauf auf den Masten durfte sie unter gar keinen Umständen klettern, obgleich sie immer wieder inbrünstig darum bat, es wurde ihr strikt verweigert. Auch Sven, den sie deshalb bezirzte, hütete sich, gegen das Verbot zu verstoßen. Später, in der Biskaya, hatte sie sich mit Begeisterung an der Schiffssäuberung beteiligt. Planken schrubben auf sämtlichen Decksebenen. Der Kapitän wollte es ihr verbieten, aber sie ließ es sich nicht verbieten, sie wollte auf den Masten. Doch nur ein einziges Mal. Sie träumte davon, dort oben im Korb übers Meer, hin zur Küste zu schauen. Das wäre sicher so himmlisch gewesen, wie auf ihrem Baumplateau. Leider blieb ihr Bestechungseinsatz erfolglos. Sie musste sich also wieder auf die Spitze des Bugs beschränken, wenn sie in Häfen einliefen. Die

Matrosen hatten bereits auf dem Indischen Ozean Lose gezogen, wer sie in Europa an Land in die diversen Hafenstädtchen begleiten dürfte. Nun war es soweit. Genua.

Ein strahlender, sonnenheller Tag. Anker gelegt, die Passagiere gingen von Bord. Auch sie. Allein. Sie musste diesen Moment allein erleben. Es war ein vollkommen unbeschreiblicher Moment. Zehn Jahre lang hatte sie sich danach gesehnt. Zehn lange, sehnsuchtsvolle Jahre. Vor den Blumenläden stehend, hätte sie am liebsten alle Blumen gekauft, dabei gab es in Australien weitaus üppigere und sehr, sehr viel preiswerter. Das wollte sie sich gönnen. Rosen, unbedingt ein Strauß Rosen als Willkommensgruß, das wollte sie sich gönnen. Weil sie so sehr teuer waren, ging sie, um zu überlegen, erst in den kleinen Juwelierladen daneben. Italienischer Modeschmuck. Der allerdings wäre in Australien sündhaft teuer gewesen, hier jedoch erstaunlich günstig. Sie entschied sich für Ohrenschmuck. Zwei Paar. Xenia liebte exquisite Ohrringe. Diesen wunderschönen Ohrschmuck gab es nur in Italien. Nie wieder fand sie ähnliches. Clusters nannte man sie auf Englisch. Viele zart pastellfarbene Pailletten, eng aufgezogen mit winzigen Perlen, üppig groß und ganz einfach hinreißend. Auf jeder Modenschau wurde sie später darum beneidet. Vielleicht sah sie nicht mehr ganz europäisch aus. Braungebrannt, war nicht zu vermeiden, in einem marineblauen Hosenkostüm, das wieder passte, weil sie die Kilos entfernt hatte, entschloss sie sich die wunderbar duftenden Rosen zu kaufen. Der überaus charmante Genuese sprach sie auf Französisch an. Warum wohl? Siehe da, es klappte, ihr Schulfranzösisch trug

Früchte. Er war so sehr beeindruckt davon, sich mit einer blutjungen Australierin, deren Schiff im Hafen lag und die sogar etwas Französisch sprach, bekannt machen zu dürfen, dass er ihr einen ausgewählten, betörend duftenden Rosenstrauß schenkte. Sie war glücklich.

Für Genua hatte Sven, der Maat, das Los gezogen. Er genoss das Privileg, Xenia abends an Land ausführen zu dürfen. Mit Genehmigung des Kapitäns. Es war August, europäischer Hochsommer. Xenia freute sich wie eine Schneekönigin. In ihrem schönsten Cocktailkleid, naturbelassenes Seidenleinen mit naturbelassenen Florentiner Spitzenärmeln auf tiefbrauner Haut, geschmückt mit ihren italienischen Errungenschaften und begleitet von einem großen, blonden Deutschen, der überraschend elegant aussah und sogar Tango tanzen konnte, wurde sie auf das herrlichste Freilichttanzparkett geführt, das sie jemals erlebt hatte. Nie zuvor hatte sie derart schöne Frauen, eine verwirrender als die andere, gesehen. Gütiger Himmel! Diese raffinierte Eleganz! Tiefe Dekolletés, nackte Rücken, nackte Arme, jede mit langem Haar. Sie dachte: Ich habe mich viel zu bescheiden gekleidet, bedauerlich, aber zu spät. Ihre Haare würde sie sich nie wieder schneiden, das schwor sie sich. Diese Lebensfreude, ein Temperament, das in der ohnehin schon unwiderstehlich verführerischen Sommernacht wie Elektrizität knisterte. Ihr erster Tango in italienischer Nacht auf einer mit Spiegelplatten eingefassten, sich drehenden, runden Tanzfläche in Genua. Ob John vielleicht an mich denkt, wenn er irgendwann in Genua im August tanzt? Wehmut beschlich ihre Gedanken. Vergiss ihn, Gott hilf mir, bitte lass mich ihn vergessen.

Tage darauf liefen sie in Marseille ein. Für Marseille hatten sich die Jungs etwas sehr Besonderes ausgedacht. Bereits während ihres Aufenthaltes in Genua begannen sie Xenia zu hänseln.

„So eine Luxuspuppe kann doch nicht mehr, als nur gut auszusehen. Von Kochen und anderen alltäglichen Notwendigkeiten versteht die doch überhaupt nichts. Wetten?"

Also gut.

„Die erste Frühmesse bekoche ich."

Die Matrosen waren buchstäblich aus dem Häuschen.

„Xenia kocht Frühstück für die erste Messe!"

Nun umfasste aber die erste Messe nur die Hälfte der Deckmatrosen, was dazu führte, dass sich alle Deckmatrosen zu diesem einzigartigen Frühstück drängten. Der Obersmutje beriet sie. Eierpfannkuchen für mindestens zwanzig Personen für die erste Messe.

„Fein, für mich kein Problem. So und so viel Eier brauche ich", und so weiter.

„So viele Eier verwenden wir aber nie für Eierkuchen."

„Interessiert mich nicht. Wenn ich sie zubereite, nimmt man so viele Eier. Basta."

Der Clou an der Geschichte lag jedoch nicht allein im Beweis ihrer Kochkunst, die Herausforderung hing auch am Diktat der Zeit. Die erste Messe begann gegen fünf Uhr morgens. Das bedeutete, sie musste um drei Uhr morgens aufstehen … Vertieft in ihre Arbeit, unterstützt vom Chefsmutje, der ihr Publikum natürlich längst erfasst hatte, bemerkte sie dieses erst, als es in die Kombüse drang. Mit Baskenmützen uniformiert belegten die Hafenarbeiter Marseilles die Bullaugen vom Zwischendeck, sie standen in der Tür und behinderten ihre Bedienung in der Messe. Dort saßen vollzählig die Matrosen, auch jene, die noch nicht hätten aufzustehen brauchen.

„Wer ist sie?“

Die kleinen Franzosen platzten vor Neugierde. Einer fragte, „zu wem gehört sie?“

Unverschämte Frage, dachte Xenia. Aber siehe da, wie interessant war die Antwort. Jeder Matrose, der die Frage vernahm, erwiderte vernehmlich: „Zu mir!“

Erst war sie verärgert, aber dann durchlief es ihr Hirn. Wenn sie alle mir gehören, dann habe ich ja nichts zu befürchten. Von Smutje beschützt, quetschte sie sich an den fassungslosen Franzosen vorbei, bewirtete ihre Matrosen mit heißen Eierkuchen und genoss die Komplimente. Wenn ihr wüsstet … im Eierkuchenbacken bin ich Profi. Konnte ich schon mit sieben perfekt.

Am Abend geleiteten jene Matrosen, die mit Erfolg ihr Los gezogen hatten, inklusive Sven, sie in das Nachtleben von Marseille. Der verträumte Kabelgattmatrose nahm nie an den Verlosungen teil … Alle Matrosen sahen Schmuck aus. Nicht in Zivil, sondern in Uniform der Handelsmarine. Mitten drin sie im feinen Seidenstrickkleidchen, hoch geschlossen, wie sich das gehört. Abendessen und Tanzen war das Angebot.

„Ich kenne eine Abkürzung“, meinte einer.

Sie führten Xenia zu Fuß durch die abendliche Altstadt, so hatte sie es sich gewünscht. Sehr bemüht, mit ihren Pumps nicht allzu oft zwischen die Pflastersteine zu geraten, bestaunte sie entzückt die morbiden Fassaden. Historie pur. Französische Historie. Hier in Marseille war ihr berühmter Urgroßvater geboren worden. Hier hatte sein revolutionäres, von literarischem sowie politischem Erfolg gekröntes Leben begonnen. Verklärt tänzelte sie von einem Pflasterstein auf den anderen, bestaunte an den Hauswänden die grün bemalten schmalen hohen Fensterläden, die sich allmählich alle nacheinander öffneten. Über den oberen Etagen hingen von einer Front quer hinüber zur anderen Wäsche. Typisch, dachte sie, aber wie malerisch. Schöne Frauen erschienen an den Fenstern und schauten herab. Sie schaute hinauf und winkte freundlich. Sven sagte, „Lass das“ und Xenia fragte, „Warum?“

Wie ein aufziehendes Gewitter wurde es zunehmend lauter. Die Schönheiten verwandelten sich zu Hetären. Sven und ein anderer Matrose klemmten Xenia unter ihre Arme, hoben sie von den Pflastersteinen und sausten mit ihr, gedeckt von den restlichen Matrosen, aus der Gasse hinaus. Derweil prasselten Büchsen nieder, das gesamte Sortiment tropischen Gemüses, Kartoffeln und Eier. Das Ende der Gasse erreicht, wieder am Kai, der glitzernde Hafen vor ihnen, ließen die Burschen ordentlich Dampf ab.

„Das war ja lebensgefährlich.“

„Du Knalltüte hättest wissen müssen, dass die Mädels durchdrehen, wenn wir mit unserem Püppchen aufkreuzen.“

„Was meint er?“ Ohne Xenias Frage zu beantworten, legte Sven seinen Arm um sie, sie sah, wie er den anderen in die Seite boxte, während er ihre Aufmerksamkeit auf die im Hafen liegenden, hell erleuchteten Schiffe mit Flaggen aus allen Herrenländern lenkte. Bestimmt lag der Sache eine Mogelei zugrunde, aber wieder hatte Sven das große Los gezogen. Am Mittag des nächsten Tages begleitete er sie hinein nach Marseille, im archaischen Aufzug am Felsen hinauf zur Petit Notre Dame. Verliebt, frech, fast das Schiff verpasst und Ärger mit dem Kapitän, weil, der Maat war Teil des Ankerlichtens. Verliebt war er und sie frech, tapfer und trotzdem diplomatisch ihren Standpunkt vertretend. Der Blick von ganz dort oben auf dem Felsplateau über Marseille, dessen Wahrzeichen die sogenannte Kleine Notre Dame ist, die den vom Meer her einfahrenden Schiffen vor allem des Nachts entgegenstrahlte, verzauberte sie. Sven führte sie durch Zypressen, schmale Pfade höher hinauf in jede Menge altertümlicher Gemäuer. Er hatte ein wenig den Verstand verloren, vor allem sein Gefühl für Pflicht und Zeit. Wieder nach unten in die Stadt zu gelangen war kein Problem, jedoch war es unmöglich ein Taxi zu bekommen. Sie liefen in Richtung Hafen, aber verliefen sich. Immer öfter blickte er zunehmend nervös auf seine Armbanduhr. Weit überzogen. Das würde Ärger geben. Endlich ein Taxi. Am Kai hatte ihr Frachter gerade abgelegt. Die Matrosen winkten ihnen entgegen und das Fallreep baumelte bereits einladend die Schiffswand herunter. Sie glaubte, wenn sie nicht dabei gewesen wäre, hätte der Kapitän seinen Maat hinüber schwimmen lassen. Ganz sicher. So drehte er bei, gerade knapp genug, damit Sven ans Fallreep springen konnte, das hatte er ja schließlich gelernt, diese Übungen konnte sie auf der Reise oft genug bewundern. Mit ausgestrecktem Arm fasste er nach ihrer Hand.

„Komm, spring!“

„Wohin? Sie versperren mir ja die Leiter.“

„Auf die Sprosse unter mir, keine Angst, ich halte Sie fest."

Kaum hatten sie Xenia über die Reling an Bord gehoben, war Sven auch schon verschwunden.

„Wir haben uns verlaufen und weit und breit kein Taxi", stotterte Xenia verlegen unter den unverhohlenen Blicken der beiden hanseatischen Offiziere.

Nun ging es nonstop durch die Straße von Gibraltar, wieder an Tanger vorbei, durch die Biskaya, die auch diesmal nicht friedlich war, nach Rotterdam. In Hamburg, so die Passage, würde Xenia das Schiff verlassen und mit dem Zug zu ihren Großeltern fahren. Inzwischen war ihre Ungeduld jedoch nicht mehr zu zähmen. Jeder Tag erschien ihr mindestens doppelt so lang. Öfter und länger besuchte sie ihren Freund in seinem Kabelgatt. Er war ein seltsamer Schüchterner. Man sah ihn kaum irgendwo anders als dort vorn unter der äußersten Spitze des Schiffes, sorgsam seine Seile und Knoten sortierend.

„Versteh' mich nicht falsch, aber wenn du von Bord gehst, werde ich nicht oben sein. Ich verabschiede mich vorher von dir."

Sie spürte, dass ihr Abschied ihm das Herz brechen würde.

„Ich weiß ja nicht, aber vielleicht komme ich wieder, ich muss in einem Jahr ja wieder zurück, dann werde ich erfragen, auf welchem Schiff du bist."

Ein vages Versprechen. Zaghaft umarmte Xenia ihn, beide tauschten einen traurigen Blick, denn es war klar, dass sie sich nie wiedersehen würden.

Sven bot an, ihr von Hamburg aus das schöne Germany zu zeigen.

„Ein Mädchen allein kann doch nicht durch Deutschland reisen.“ Guter Gott. Wo hatte er sein Begriffsvermögen? Soeben bin ich allein um die halbe Welt gereist, dachte sie.

„Ich zeige dir Deutschland, den Rhein, die Donau, die Städte und die Seen. Wir werden eine schöne Zeit haben und dann bringe ich dich zu deiner Familie.“

Bravo, dachte sie weiter, was der sich so alles ausmalt. Sein Landurlaub beginnt in Hamburg, dann wäre er unausweichlich an meiner Seite …

Mit dem Zahlmeister machte sie einen kleinen Handel. „Wenn ich in Rotterdam von Bord gehe, erhalte ich dann etwas von meiner faire zurück?“

„Sicher.“

„Fein. Dann machen wir das.“

Es war entschieden. Jeder wusste es, Xenia ging in Rotterdam von Bord. Alle verabschiedeten Xenia herzlich mit hundert guten Wünschen und der Kapitän verewigte sich mit einer Wilhelm-Busch-Widmung in ihrem Tagebuch. Es stimmt, Gefühle machen blind. Man sieht weder Gefahren noch Fallen, noch sonstige Hindernisse. Natürlich begleitete sie niemand. Sven war nicht anwesend, um sich zu verabschieden, weil er sich durchschaut fühlte. Er hatte eben ein Abenteuer geplant, Landurlaub mit vorgewärmtem Inhalt. Diese List hatte sie auch mit Zwanzig schon kapiert. Ihr Freund, der Kabelgattmatrose jedoch blieb ihr im Herzen, aber was konnte sie tun?

Sehnsucht erfüllt

Mit sieben schwarzen Lederkoffern und einem Plüsch-Koala im Arm gelangte sie zum Bahnhof. Der Fahrer, vom Kapitän bestellt, arrangierte die Zugreise, einen Schnellzug über Brüssel, dann durchgehend. Gepäck verstaut und sie war allein. In Brüssel hatte sie etwas Zeit. Durch die Stadt schlendernd, die beeindruckenden Gebäude bestaunend, die so völlig andere Architektur, alles, wovon sie so lange geträumt hatte. Plötzlich fragte sie sich das erste Mal: Was macht Eine wie ich hier, wenn sie existieren will? Ein verschwommener neuer Gedanke. Er stahl sich in ihr Hirn, zwickte einen Nerv und versank wieder.

Es war ein gepflegtes Abteil, in dem sie rechts einen Fensterplatz belegte. Eine sichtlich noch unmündige junge Dame mit einer Handtasche und einem Plüsch Koala im Arm. Vis á vis saß ein älterer, beleibter Herr mit Brille, der sie freundlicherweise nicht ansprach, aber seine Blicke nicht von ihr ließ. Es war, als hätte die Schiffsreise gar nicht stattgefunden. Gebannt hingen ihre Augen am Fenster. Landschaften ratterten an ihr vorbei. Sie wurden ihr immer vertrauter. Was sie nicht kannte, faszinierte sie. Alte Windmühlen. Flache, grüne Weiten. Das Gefühl der Erwartung steigerte sich ins Unerträgliche. Wann bin ich endlich da? Hauptbahnhof. Knapp vor Mitternacht.

„Tut uns leid, aber ein Zug fährt erst wieder morgen früh."

„Erst morgen früh? Das dauert zu lange. Ich komme gerade aus Australien und muss unbedingt sofort weiter."

Der Schaffner dachte zweifellos, die Kleine spinnt. „Es fährt nur noch ein Bus."

„Gut, dann nehme ich den Bus."

„Aber das wird eine beschwerliche Reise. Der Bus fährt durch jedes Dorf, dauert bestimmt länger, als vier Stunden."

Lieber vier Stunden im Bus, dachte sie, als im Hotel bis morgen früh die Zeit zu verplempern. Total übermüdet, aber sich nicht eine Sekunde Schlaf gestattend, absorbierte sie jedes Bild, jede Unebenheit. Endlich war sie wieder daheim in Europa ... Der Bus holperte über Landstraßen, durch ihr so sehr vertraute, alte, kleine Dörfer, die sich nicht verändert hatten, durch die schmalen Sträßchen, unmittelbar flankiert von Hausmauern. Die kleinen, niederen Haustüren mit ihren Steintreppen. Alle im Schlaf liegend, keine Menschenseele, nicht einmal eine Katze war zu sehen. Nun, es waren die sehr frühen Morgenstunden. Durch die Busfenster strömte ein Duft, ihr wurde fast schwindlig. Dieser vertraute Geruch! Es roch nach Kuhmist, nach deutschem Kuhmist, nach Landwirtschaft, nach Heu und reifen Äpfeln. Morgens um vier Uhr angekommen, geleitete sie der Busfahrer an die Haustür des Hauses der Großeltern, ein vierstöckiges Haus ohne Fahrstuhl, mit sehr breiten Holztreppen, die sie regelmäßig gegen ein Taschengeld für die Großmutter mit Stahlwolle geschrubbt und anschließend eingewachst hatte. Nachdem der Busfahrer für sie geklingelt hatte, dauerte es einige Minuten, bevor sich oben ein Fenster öffnete und Großpapa hinunter rief:

„Wer ist da?“

„Ich bin es, Opa!“

„Xenia! Gott behüte, Kind, bist du endlich da? Warte, wir kommen gleich hinunter!“ Angerufen hatte Xenia nicht, weil sie keine Telefonnummer hatte, sie schrieb jedoch von jedem Hafen aus Postkarten, auch hatten die Eltern die Großeltern informiert, sie wussten jedoch auch nicht genau, wann sie ankommen würde, und so hatten die Großeltern nur eine ungefähre Ahnung. Tränenüberströmt schnupfte Oma in ihr Taschentuch, als sie mit Großvater die Haustür öffnete und Xenia in die Arme schloss. Xenia wollte dem Busfahrer ein Trinkgeld geben, aber dieser lehnte es gerührt ab.

Ihre tapfere Oma … Immer hatte Xenia in Australien dann an sie gedacht, wenn sie die großzügigen Gaben der jüdischen Brüder entgegennehmen durfte und immer dachte sie, während sie von diesen warmherzigen Männern Zuwendung erfuhr, das kann nur der vielfache, göttliche Dank für Omas damalige rettende Taten sein. Denn während der gesamten Kriegszeit und der damals grausam praktizierten, jedermann bekannten Judenverfolgung, versteckte sie, deren Ehemann dekorierter Offizier in der Wehrmacht war, ein jüdisches Ehepaar im obersten Dachgeschoss eines leeren Hauses, das ihr gehörte. Niemand erfuhr davon. Großmutter verpflegte das Ehepaar jahrelang, versorgte es mit allem Notwenigen und war in jener Horrorzeit Hebamme bei zwei Geburten. Sie war sich der entsetzlichen Gefahr vollends bewusst; ihre Familie, die Kinder, ihr Gatte … sie wusste es. Noch Jahre nach Kriegsende weilte diese jüdische

Familie im Dachgeschoss, sie trauten sich nicht ins Freie. Als Großvater aus russischer Gefangenschaft, wie durch ein Wunder körperlich unversehrt, zurückkehrte, eröffnete seine Frau ihm ihre Heldentat.

Xenia erinnerte sich, wie die Großeltern sich dem Abrisshaus genähert hatten. Bar jeder Ahnung von Krieg, Angst, Gräuel und Schrecken, aber weil nun alle so gespannt waren, presste auch sie ihre kleine Nase gegen das Fenster, und nie mehr vergaß sie den Anblick, der sich ihr in ihren jüngsten Jahren in diesem Moment bot …

… aus dem Haustor, oben auf die verwitterten Steinstufen, traten, nachdem Oma und Opa sozusagen als schützende Vorhut wieder aus dem Haus herauskamen, vier Menschen. In der Mitte zwei Kinder, ein scheues, kleines Mädchen und ein etwas älterer Bub, fest an den Händen gehalten von ihren Eltern. Der Vater, ein hochgewachsener Mann, blass, im Anzug, mit vollem, grauem Haar, hatte jahrelang keine Sonne gesehen, stattdessen Tag und Nacht in würgender Furcht gelebt. Und dann die Frau, die das andere Kind an der Hand hielt! Damals glaubte die kleine Xenia, diese Frau sei eine Fee aus einer verzauberten Märchenwelt … Die Haare dieser zierlichen Gestalt fielen schneeweiß hinab über ihre Hüften, sie war so blass wie der Mann. Nie wieder sah Xenia eine vergleichbare Erscheinung! Um die Köpfe der beiden Kinder, die noch nie das frische Tageslicht vorher gesehen hatten, ringelten sich dicke, dunkle Locken. Stumm und ungläubig standen sie eine Weile auf der obersten, verwitterten Steinstufe, aus Xenias späterer Erkenntnis eindeutig kaum glauben könnend, dass sie der Vernichtung entkommen waren – dank Xenias bescheidener, umsichtig trotzender Großmutter.

Sie waren es gewesen, mit denen Xenias Eltern, weil sie sich so gut mit ihnen verstanden, nach Kalifornien hatten auswandern wollen. Aber damals hatten jüdische Auswanderer den Vorzug. Schnell war deren Überseereise genehmigt und, wie Mama in Australien mit einem schadenfrohen, hochachtungsvollen Zwinkern erzählte, nicht ohne zuvor die Behörden an der Nase herumgeführt zu haben. Denn der hochgewachsene, schöne Mann, jahrelang von Großmutter betreut und wachsam versteckt, war ein kluger Kaufmann, dessen gewitzter Schachzug sich als sprichwörtlich erwies, und als der Streich aufflog, befanden er und seine Familie sich bereits auf hoher See! Offenbar mehrsprachig verkaufte er an die Alliierten, als angeblicher Besitzer, ohne Papiere sehr viel Wald rund ums Städtchen. Aber wer wagte es zu jener Zeit, kurz nach dem schrecklichsten aller Kriege, an einem rechtschaffenen, den Qualen der Verfolgung entkommenem Juden zu zweifeln?

Innerhalb von Sekunden lief dieser Film in Xenias Hirn ab. Würde man heute glauben, wie heroisch einst diese brave Frau gehandelt hatte?

„Das glaubt mir niemand, dass ich heute Nacht ein Mädchen aus Australien hierher transportiert habe", lachte der Busfahrer, grüßte die Großeltern und Xenia herzlich und bestieg wieder seinen Bus.

„Wo ist Dein Gepäck?"

„Es kommt morgen mit dem Zug."

Selbst Großvater, ein kriegsgeprüfter, disziplinierter Militärmann, konnte seine Rührung nicht zurückhalten.

„Mädel, du bist müde, leg dich schlafen, dein Zimmer ist hergerichtet, morgen haben wir uns viel zu erzählen."

Alle waren außer sich, die Tanten und das halbe Städtchen. Die Tanten holten ihre Koffer am Bahnhof ab und Xenia fragte sich, worüber sie nun mehr staunten, über ihre Reise oder über ihre sieben Koffer … Es drängte sie, ihren geliebten Lehrer zu besuchen. Doch nachdem sie sich zu Fuß auf den Weg gemacht hatte, kehrte sie plötzlich um. So kann ich unmöglich bei Maxe Beer auftauchen, mit falschen Wimpern … Diese an Land morgendliche Prozedur war sie so sehr gewöhnt, dass es ihr am Morgen nicht bewusst geworden war. Ihr ehemaliger Lehrer fiel aus allen Wolken. Er unterbrach seinen Unterricht, gab den Schülern frei und bestaunte seinen unerwarteten Besuch. Fragen über Fragen.

„Ich will hierbleiben, aber was soll ich tun, ich müsste ja auch Geld verdienen?"

„Nein. Du musst dich weiterbilden. Wir finden heraus, was dir liegt und ich bringe dich an die Uni."

„Das kann ich mir nicht leisten."

„Mach dir keine Gedanken, ich werde das regeln. Übrigens, deine Briefe habe ich jedes Mal den Klassen vorgelesen, du kannst dir nicht vorstellen, wie fasziniert die Kinder davon waren, ich habe dir ja immer gesagt, dass du Schriftstellerin werden sollst."

Er lächelte sein verschmitztes Lächeln, das ihr so sehr vertraut war. Xenia durfte den Klassen Vorträge halten und staunte besonders darüber, wieviel Freude ihr dies bereitete. Na ja, es war eben alles wieder wie gewohnt, so, als wäre die Zeit stehen geblieben. Während der Wochen bei den Großeltern äußerte sie den Wunsch, ihren Vater zu finden. Großvaters Gesicht verfinsterte sich.

„Es war abgemacht, dass dein Vater an uns seinen Unterhalt für dich bezahlt und wir das Geld für dich bereithalten, aber er hat nie bezahlt, wir wissen nicht, wo er sich aufhält." Lange sah er sie schweigend an.

„Du solltest ihn nicht besuchen wollen, du solltest das Jugendamt aufsuchen oder einen Anwalt beauftragen, jetzt, wo du wieder hier bist. Zehn Jahre sind sehr viel Geld, das dein Vater dir vorenthalten hat, Geld, das du jetzt brauchst."

Xenia folgte ihrem Großvater nicht. Zu sehr war sie beseelt von der Sehnsucht, die sie zehn Jahre lang bewegt hatte. Erst sehr viel später begriff sie diese Niederträchtigkeit, sie hätte ihn zu jeder Zeit belangen können, wäre sie berechnend gewesen, aber wer kennt sie nicht, die Geschichten von Vaterliebe oder die Geschichten von der lieben Familie …

Entzaubert

Xenias Mama hatte viele Geschwister. Nach einigen Wochen bei ihren Großeltern und in ihrer Schule, wurde sie von ihrem Lieblingsonkel abgeholt und zur Tante gebracht, die noch schöner war, als Mama, aber diese hatte so etwas an sich, das ihre Schönheit mit der von Mama nicht vergleichbar werden ließ. Mit ihrer Hilfe, so hoffte sie, würde sie ihren Vater finden. Nachdem diese Tante ihn ausfindig gemacht hatte, fuhren sie zu ihm. Xenia war sehr aufgeregt. Sie standen vor einem romantischen Haus, umwachsen von Spätsommerblüten. Eine Frau öffnete und führte sie nach oben. Sie klingelten an der Tür mit seinem Namensschild. Nach geraumer Zeit öffnete sich die Tür und Xenia blieb fast das Herz stehen: Da stand er, ihr Vater.

Bildschön und mit blendender Ausstrahlung. Hoch, blond, blauäugig und gewandet in einen burgundergestreiften, seidenen Hausmantel. Es war bereits nach zwei Uhr nachmittags … Ihre Tante erkannte er sofort, obgleich sie sich angeblich seit zwanzig Jahren nicht gesehen hatten. Dann blickte er auf Xenia, und weil sie der Abklatsch ihrer Mama war, wusste er, dass seine einzige Tochter vor ihm stand. Seine gefasste Reaktion ließ sich mit Worten kaum wiedergeben. Das beherrscht nur ein Könner. Nicht die Spur von Bestürztheit, dachte Xenia und hörte ihn sagen:

„Ich wusste, dass du kommen würdest, dass du bald hier sein würdest, ich habe es erst vor kurzem geträumt."

Spontan dachte sie, er lügt. Er bat sie hinein in dieses Zimmer und es war, als würde wie im Zeitraffer alles, was sie von Tante Mirja über ihren Vater erzählt bekommen hatte, in Sekundenschnelle an ihr vorbeirasen. Zur Linken sah sie gerade noch den Rockzipfel und den blonden Schopf eines weiblichen Wesens, welches hinter einer Tür verschwand. Es war nicht seine zweite Ehefrau, denn diese war dunkelhaarig, daran erinnerte sie sich. Außerdem ist sie eine berufstätige Akademikerin, schloss Xenia ihre Wahrnehmung. Er ist also doch der Schürzenjäger, so wie ihn Tante Mirja geschildert hatte, was auch der Grund für Mamas Scheidungsbegehren gewesen war. Trotzdem, er war ihr Vater und sie liebte das Bild, das sie von ihm bewahrt hatte. Er wird sich um mich kümmern. Er wird sich um mich sorgen und mir meine Universitätsausbildung ermöglichen, so hoffte sie. Sie war ebenso blind wie glücklich, obgleich sie nun wusste, dass er niemals Unterhalt für sie zahlte. Nur das Glücksgefühl, endlich bei ihrem Vater zu sein, beseelte sie.

„Ich werde dich deiner Großmutter vorstellen“, sagte er. Von ihr hatte Mama einiges erzählt, zum Beispiel, dass sie adelig sei und stets sehr fein. Aus diesem Grund drillte sie Mama auf feine Manieren, die dann ja professionell perfektioniert wurden. Wieder fand sie sich vor von Efeu überwachsenen, alten Mauern in strahlender Sonne, vor heimeligen, antiken Möbeln, weißen Spitzendecken, auf denen in feinem Porzellan Tee serviert wurde. Eine elegante, ältere Dame, ihr weiß-graues Haupt von einem zartgrauen Spitzenschal bedeckt, empfing sie. Xenia spürte physisch, wie scharf sie von ihr betrachtet wurde. Das ausgefragt werden über Australien war sie inzwischen gewöhnt, dass sie jedoch den Fragen, die sie jetzt zu hören bekam, überhaupt gewachsen war, überraschte sie. Ihre Schlagfertigkeit hatte sie zweifellos ihrer Mama zu verdanken, diese wäre in jenem Moment besonders stolz auf ihre Tochter gewesen. Hätte sie Mäuschen spielen können, nein, wäre sie Mäuschen gewesen, sie hätte sich zu einer Ratte und den fein gedeckten Teetisch in ein Chaos verwandelt … Diese Großmutter sprach nur in dritter Person mit Xenia, immer an ihren Sohn gewandt.

„Von wem mag sie diese exzellenten Manieren haben, was meinst du?“

Um Mama Ehre zu erweisen, verzehrte sie tunlichst tonlos das servierte Gebäck, benutzte vorschriftsmäßig das Besteck, ließ den silbernen Teelöffel nicht klirren und presste ordnungsgemäß die Zitronenstücke mit der zierlichen Kuchengabel. Nach jedem Bissen führte sie die feine, weiße Stoffserviette an den Mund und war gesittet schweigsam bis sie etwas gefragt wurde. Keiner merkte, wie es in ihr brodelte. Mama wäre schmunzelnd zufrieden gewesen. Irgendwie, so ganz weit entfernt, ahnte sie, was diese Großmutter wirklich wissen wollte mit ihren sonderbaren Fragen. Eigentlich fragte sie nichts anderes, als wer diese formidable Erziehung ermöglicht hatte. Dann die unverschämte Konstatierung. „Das hast du dir doch sicher selbst beigebracht.“

Ihr Geist war noch nicht genügend geschult für Provokation, trotzdem parierte sie erstaunlich gut. Sie hörte sich sagen: „Meine Eltern ermöglichten mir die beste Finishing School in Australien für Höhere Töchter.“

Peng. Das saß. Beide blickten sich stark irritiert an. Dies war also Xenias noble Großmutter, die sie als Säugling so lange schreien ließ, bis ihr der Bauchnabel aus dem Gehöft sprang. Ich könnte sofort wieder genauso schreien, durchfuhr es ihr Hirn. Kälte um sie herum, obwohl es ein heißer Herbsttag war. Nichts von dem, was sie in inbrünstiger Erwartung gespeichert hatte, wurde erfüllt. Dann traute sie ihren Augen nicht. Vater küsste seiner Mutter die Hand, verneigte sich tief und sie verabschiedeten sich. Keinen Kuss auf Xenias Wange, keine Berührung, keine Umarmung. Außerhalb der romantischen Mauern, auf dem Weg zu seinem Sportwagen, vernahm Xenia Großmutters Ruf: „Bitte, mein Sohn, denke daran, deine Zeit ist sehr kostbar!"

Sie erstarrte. Seine Zeit ist kostbar? Was soll das heißen? Im Wagen fragte sie.

„Was sollte das heißen?"

Sie erhielt keine Antwort, aber sie würde es bald erfahren ...

Dass sie ein erfahrenes Mannequin war, daran zweifelte er angesichts ihrer Erscheinung und ihres Auftretens nicht, aber es lief alles gründlich anders, als sie es erträumt hatte. Keine liebevolle Geste, kein Auffangen oder Schutz. Er fuhr sie in eine der Edelagenturen für internationale Models. Er benahm sich, als sei er ihr Manager, verhandelte mit diesen Leuten. Sie hörte, wie sie wie Sauerbier angepriesen wurde für Engagements, hörte ihn Dinge sagen über Geld und Vermarktung, sodass ihr Blut zu Eis wurde. Brüsk erhob sie sich. „Vergessen Sie es. Ich bin nicht interessiert." 100.000,– dahin.

Im Wagen hagelte es Vorwürfe.

„Was habe ich für dich getan, was hätte das für ein Erfolg für uns werden können!"

„Für uns...?"

Unvermittelt war sie nicht mehr in romantischer Tochterstimmung. Mirja hatte recht gehabt und Mama hatte sie getäuscht, indem sie immer spaßig, wohlwollend, sie aufbauend, von ihm gesprochen hatte, obwohl ihr Tante Mirja dabei stets ins Wort gefallen war. Jetzt verstand sie auch, was sie meinte, wenn sie zur Mama sagte: „Erzähle ihr nicht diese Märchen, er war und bleibt ein Taugenichts." Xenia fragte sich, wofür ihr Vater sie hielt. Jedenfalls hielt er alle zwei Stunden während dieser Autobahnfahrt an, um etwas zu essen. Das Atemberaubende daran war, dass er voraussetzte, dass sie bezahlte. Das weitere Atemberaubende war seine Erklärung dafür:

„Ich opfere meine Zeit und Intelligenz für dich, damit du in Deutschland auf die Beine kommst, und vernachlässige dafür meine eigenen Angelegenheiten." Wörtlich. Sie hörte sich während der Fahrt seine schlüpfrigen Geschichten an, wie sensationell er mit Menschen umzugehen verstand, speziell mit Frauen. Die Schlüpfrigkeit ging so weit, dass sie darauf hinwies, nicht zu verstehen wovon er sprach, zumal sie derlei Erfahrungen nicht habe. Nun verstummte er. Ungläubig sah er sie von der Seite an. Wie am ersten Abend, schlief sie auf der Couch seines Wohnzimmers. Sehr früh morgens setzte sie sich nach dem Duschen auf die Fensterbank, sie konnte es nicht ändern, sie trug ein schwarzes Unterkleid mit Spitze. Sie tuschte ihre Wimpern, als er hereintrat, auf sie zukam und ihr völlig fremde, abstoßende Komplimente machte. Entsprechend reagierte sie. Es war das erste Mal in ihrem jungen Leben, dass sie es wagte, einem Erwachsenen

Paroli zu bieten, nein, vielmehr jene Meinung zu sagen, die aus den Eingeweiden kommt. Verblüfft trat er einen Schritt zurück.

„Du bist genau wie Deine Mutter."

„Gott sei Dank." Dabei sah sie ihm gnadenlos in die Augen.

Schnell war sie angezogen, hatte ihre Sachen in ihrer Tasche verstaut und lief kommentarlos aus dem Haus. An der Haustür begegnete ihr die Hauswirtin, die sie verständnisvoll ansah.

„Wo kann ich telefonieren?"

„Die Straße hinunter, links."

Sie rief den Studenten, den sie bei ihrer Tante kennengelernt hatte, an, er würde sie abholen. Nicht wirklich fassen könnend, was ihr widerfahren war, saß sie auf der Bank vor dem Postamt und wartete. Der Student kam in seinem kleinen Auto und brachte sie zurück zu ihrer Tante. Tatsächlich tauchte ihr Vater bei ihrer Tante auf, nicht wegen seiner Tochter, sondern wegen der Tante, die verführerisch schön war. Er schämte sich nicht. Er übernachtete bei ihr, ungeachtet der Gegenwart Xenias. Sie hatte zwar ein eigenes Zimmer, aber am nächsten Morgen wäre sie am liebsten in den Boden versunken. Er stand, wieder dachte sie an Tante Mirja, wie ein geölter Schönling in der Küche und wurde von der Tante raffiniert behandelt. Sie konnte das. Xenia war zutiefst betroffen. Ihr Stiefvater hätte sich nie so verhalten. Nie.

Abends besuchten sie eine Disco zusammen mit dem Studenten, ihren Kusinen, der Tante und ihrem Vater. Wohin hätte sie bloß ausreißen können? Udo Jürgens sang sein „Siebzehn Jahr, blondes Haar“, ihr Vater forderte sie zum Tanz auf. Offensichtlich war er stolz. Leider sagte er:

„Die Leute denken alle, dass du meine junge Geliebte bist …“

Jener kurze Moment befleckte Xenias Unschuldsträume, wie ein Tintenfleck, der nicht mehr zu entfernen war. Der Begriff ‚Geliebte‘ nistete sich als Unwort in ihr System, denn tatsächlich, alle starrten auf sie. Sie stemmte ihren Arm gegen ihn und distanzierte sich auf diese Weise. Ich kann ihn doch nicht einfach auf der Tanzfläche stehen lassen, immerhin ist er mein Vater, dachte sie. In ihrem Kopf wirbelte es. Vater? Benimmt sich so ein Vater? Alles, was sie wusste, alles, was ihr vertraut war und was sie kannte, wusste und kannte sie von ihren Eltern, aus guten Büchern und es war immer einfach richtig. Verletzungen von Würde waren ihr bis dato unbekannt, im Geiste zwar per Literatur registriert, jedoch mangels eigener Erfahrung unbekannt.

Bei ihrer Tante hatte Xenia den Studenten auf einem kleinen Fest kennengelernt. Wie immer war sie der Mittelpunkt gewesen, das lag an Australien. Auch an Australien lag, dass dieser Student ein wenig so aussah wie John und belegte die gleiche Fakultät. Sie trafen heftig, die Pfeile Amors, so, wie es sein muss. Entrückt ging sie hinunter zum Fluss, aufgelöst von der Süße versanken ihre Gedanken im Rauschen des Wassers. Sie fühlte die Tränen auf ihrem Gesicht und plötzlich auch die Hand, die über ihr Haar strich. Hinter sich hörte sie eine weiche Stimme.

„Es wird alles gut.“ Sonderbar, dass er das sagt, dachte sie.

Ihr Vater konfrontierte ihn mit der unverschämten Frage, „Was können sie meiner Tochter bieten? Sie müssen erst erwachsen werden, junger Mann!“

Xenia traute ihren Ohren nicht. Dieser Mann, der sich weder jetzt um sie kümmerte, noch je einen Pfennig für seine Tochter bezahlt hatte, erlaubte sich einen solchen Auftritt? Die beiden Männer standen sich gegenüber, wie Kampfhähne. Xenia zeigte Flagge, nahm den Studenten am Arm und ließ ihren Vater stehen, einfach so.

Es wurde Winter und sie wusste, sie musste eine Entscheidung treffen. Reise ich wieder nachhause? Nachhause? Wo ist es, mein Zuhause? Sie wusste es nicht mehr. Ihr Schuhwerk war für Schnee und ihre Mäntel für diese Kälte nicht geschaffen und zu ihrem sprachlosen Erstaunen erklärte ihr der Student, dass seine Eltern noch keine Liaison erlaubten, es würde sein Studium beeinflussen. Mit dieser Eröffnung konnte sie nichts anfangen. Er besorgte ihr wenige Tage vor Weihnachten, denn sie hatte ihre Tante spontan verlassen, ein Zimmer. Wie gesagt, wenige Tage vor Weihnachten, dem ersten Heiligen Abend auf deutschem Boden, den sie sich so sehnlichst herbeigeträumt hatte. Endlich wieder im Kreise der Familie zu sein, unter dem gigantischen, mit Lichtern, duftenden Süßigkeiten und schillernden Weihnachtskugeln geschmückten Christbaum, darunter die Weihnachtspringerle, gebacken von der anderen, guten Großmutter, den vielen mit Schleifen verzierten Päckchen, die auf ihre Empfänger warteten. Dann die gemeinsam gesungenen Weihnachtslieder, begleitet von den Instrumenten, die die Onkel spielten. Nichts davon wurde wahr, Xenia war entfernt von den Großeltern, dem Kern ihrer Familie und Maxe Beer, die nicht wussten, wo sie sich aufhielt. Sie schämte sich anzurufen und zu melden, dass sie gestrandet war, und Vater kümmerte sich nicht um sie, zumal sie sich für den Studenten entschieden hatte. Es war die Uhrmacherehefrau, die Xenia gütig und warmherzig aufnahm. Sie war voller Anteilnahme hinsichtlich ihrer Geschichte. Ergriffen von der Weihnachtsstimmung, von der Xenia so lange geträumt hatte, übersah sie jetzt alles Hässliche.

Am Heiligen Abend, die gütige Frau lud sie zum Familienfest ein, es gab dasselbe köstliche Gebäck wie daheim, ein kleines Geschenk für sie und so, dass es ihr Mann nicht sah, steckte sie Xenia einen Geldschein in die Tasche.

„Ich möchte sehr gern in die Mitternachtsmesse und auf den Kirchturm."

Die Frau wies ihr den Weg. Alle Glocken des Städtchens fingen an zu läuten und Tränen überfluteten Xenias Gesicht. Sie stapfte durch den Schnee in Richtung Kirche. Noch andere Menschen hatten das Bedürfnis. Sie würde also den Weg nicht verfehlen. Allesamt stiegen sie die schmale Stiege zur Kirchspitze empor. Dort erwarteten sie die Posaunenbläser, die das Ave Maria zur Christmesse bliesen. Eine gewaltige Emotion. Sie hatte alles für diesen Moment gegeben. Weltentrückt blickte sie von dort oben auf die verschneite kleine Stadt, erleuchtet im weihnachtlichen Glanz, in eine nächtliche Winterlandschaft erfüllt von himmlischen Klängen, so, wie es nur in der Heimat sein kann. Einer ihrer Kindheitsträume hatte sich erfüllt. Ihr Herz blutete noch nicht, weil der Student sie verleugnet hatte, auch nicht wegen ihres gleichgültigen Vaters, auch nicht wegen der Familie, die sich nicht kümmern wollte. Durch den tiefen Schnee stapfte sie zurück und wurde in einem Haus voll festlicher Freundlichkeit empfangen. Von Fremden.

Gute und böse Geister

Ihre neue Tätigkeit war die einer fremdsprachigen Hoteltelefonistin. Es gab noch eine Schwedin, eine Deutsche und eine Italienerin. Auch wurde ihr eine ausgezeichnete Unterkunft zugewiesen im Villenviertel der Stadt. Ein herrschaftliches Haus, das einem Professor gehörte. Sie erhielt ein großes, bezauberndes Zimmer mit großem Bad, einem Erker, sehr viel kultivierter Atmosphäre und liebvoller Anteilnahme.

„Von Australien kommen Sie, wie interessant, dann machen Sie es sich gemütlich und fühlen Sie sich wie zuhause." Das tat sie. Sie duschte lange und genüsslich jeden Morgen und jeden Abend. Es war Sommer geworden und sie liebte die morgendliche Stimmung, wenn sie die unzähligen Treppen in die Stadt hinuntertänzelte, begleitet von Vogelgezwitscher, von blühenden Magnolienbäumen und dem emsigen Treiben, das eine kleine Großstadt am frühen Morgen zu bieten hatte, wenn allmählich alle kleinen Krämerläden öffneten und ihre Ware feilboten. Die Telefonarbeit war ein Vergnügen. Es gab Menschen aus aller Welt, die irgendetwas per Telefon verlangten. Sie lernte etwas Schwedisch und Italienisch und befreundete sich mit den Mädchen. Und weil sie von dem Künstlerdienst, bei dem ihr Vater sie verhökern wollte, dann und wann auch Modevorführaufträge erhielt, war sie schon ein ganz klein wenig etwas Besonderes. Etwas ganz Besonderes wurde sie, als sie das sensationelle Angebot dieser

Agentur, nämlich für ein namhaftes Unternehmen an einer Welttournee u. a. durch Australien teilzunehmen, annahm, wofür man ihr ein kleines Vermögen angeboten hatte. Das Größte aber ist die Liebe …

„Wenn du mich für Geld eintauschen willst, bitte", meinte der Student beleidigt. Es gab für sie kein Zögern. Sie blieb in ihrer Telefonzelle.

Der Hoteldirektor war rührend um sie besorgt und verzieh ihr sämtliche Patzer. Zum Beispiel begehrte ein amerikanischer Gast, der ihr eine echte fünf Dollar John F. Kennedy Münze schenkte, einen Screwdriver, daraufhin er vom Pagen an seiner Zimmertür auf einem Silbertablett serviert, einen nagelneuen, deutschen Schraubenzieher erhielt. Alle, auch der Gast, lachten Tränen. Im Hotel wurde sie völlig überraschend und ohne Voranmeldung vom Bruder ihres Vaters besucht. Xenia fragte sich, woher dieser wusste, wo sie arbeitete. Hatte etwa ihr Vater den Studenten befragt? Diese Frage blieb allzeit unbeantwortet. Dieser Onkel hatte eine Vogelscheuche zur Ehefrau, keine Kinder und war Kameramann bei irgendeinem Fernsehsender. Er sah genauso aus, wie Mama ihn geschildert hatte, verkniffen und leidenschaftslos intellektuell. Mit Brille. Die beiden waren füreinander geschaffen. Xenia wurde taxiert, dann meinte er, er könne etwas für sie tun. Zu dem Termin sollte sie pünktlich erscheinen.

„Nimm den Zug, dann den Bus und sei pünktlich. Wir erwarten dich im Sender."

„Was soll ich dort?"

„Du wirst vorsprechen, dich vorstellen und wenn du Glück hast, machen wir eine Sendung mit dir, unser deutsches Mannequin aus Australien."

„Ich bin ein australisches Mannequin, das in Australien ausgebildet wurde“, korrigierte Xenia.

Graue Gefühle beschlichen sie. Der Tag rückte näher und dann war er da. Sie stand am Bahngleis mit dem Ticket in der Hand, das man sie selbst kaufen ließ, und wartete, bis der Zug abgefahren war. So. Das wäre erledigt. Beflissen kehrte sie an ihren Platz in der Telefonzentrale zurück. Am darauffolgenden Sonntagnachmittag klopfte es an die Glasscheibe ihrer Telefonzelle. Onkels intellektueller Kopf leuchtete ihr blass entgegen, neben ihm unheilvoll die Vogelscheuche. Sie verfrachteten Xenia fast tonlos in ihre gelbe Ente. So ein Auto hatte sie noch nie gesehen, die Türen gingen nach hinten auf und kaum vier Hühner hatten darin Platz.

„Was hast du dir dabei gedacht?“ Die Standpauke hatte begonnen. „Bist Du festgenagelt worden?“

„Festgenagelt?“, fragte sie verwundert. Diese Redewendung war ihr nicht geläufig.

„Weißt du nicht, was festgenagelt heißt?“

„Nein.“

Seine Grimasse war so eindeutig, dass sie sofort begriff. Sie war empört.

„Du hast das gesamte Team und vor allem mich wie Idioten aussehen lassen“, brüllte er. „Alles war für dich vorbereitet!“

„Was war für mich vorbereitet?“

„Die Bühne, die Kameras, das Kostüm und der Moderator.“

„Was für ein Kostüm?“

„Nun, das Känguru.“

„Das Känguru …?“ Es stockte ihr der Atem. „Das Känguru?“, wiederholte sie.

„Ja, wir hätten dich als Känguru auftreten lassen, dann wärst du aus dem Känguru herausgetreten und der Moderator hätte dich vorgestellt."

„Mich zu fragen, ob ich mit diesem Schwachsinn einverstanden wäre, kam euch nicht in den Sinn!"

Die Ente musste wegen Rot halten und sie stieg mutig, den Verschlag nach hinten öffnend, flink und wortlos aus, rannte schnell über die belebte Straße, die Ampel war inzwischen wieder grün und Onkel musste Gas geben. Xenias Glück. In dieser Nacht verfolgten sie im Traum Kängurus. Wie wunderbar, dass ich den Zug habe fahren lassen, ohne einzusteigen…

Der Professor meinte, sein Freund sei Fotograf und könne sie sicher fördern. In dessen Atelier erschien Xenia und sie machten einige Fotos für die üblichen Dossiers. Dann führte er sie in die hinteren Räume, öffnete eine Tür und empfahl, dass sie sich dort für die Kamera bereitstelle. Mit einem einzigen Blick erkannte sie, dass sie dort nicht sein wollte. Sie rührte sich nicht vom Fleck.

„Was haben Sie?"

Während sie ihn ansah, erkannte sie auf einmal seine verlebten Gesichtszüge. Er war alt, vielleicht fünfzig oder sechzig. Er sah gepflegt aus, doch die Züge in seinem Gesicht stießen sie plötzlich ab. Geschwind packte sie ihre Habseligkeiten und trat hinaus auf die so herrlich sommerliche, belebte Straße.

Schon seit Wochen bemerkte sie eine schmerzliche Veränderung in sich. Sie war sehr dünn geworden und konnte die Schmerzen fast nicht mehr aushalten. Eine faustgroße Geschwulst trat aus ihrem Unterleib hervor und brachte sie fast zur Ohnmacht. Einen Arzt aufzusuchen, das kam ihr zwar in den Sinn, aber das konnte sie sich nicht leisten, das kostete Unmengen Geld. Das wusste sie von Australien. Der Weg blieb ihr jedoch nicht erspart. Sie studierte die Telefonseiten und entschied sich für eine Ärztin.

„Sie müssen sofort operiert werden." Ein Tumor. Im Eileiter.

„Bei einer jungen Frau von 21 Jahren nehmen wir keine Totaloperation vor", bestimmte der Chefarzt entgegen des Vorschlages seines Oberarztes. Resultat war, dass sie Monate in dieser Klinik verbringen musste. Bestrahlungen, Fangopackungen, Massagen. An ihrem Krankenbett standen sie nun. Böse Gespenster. Woher wissen die, dass ich hier bin? fragte Xenia sich wieder. Wäre sie in einem Konvent gewesen, so hätte sie mit Bestimmtheit gewusst, dass nur eine Äbtissin diesen Blick haben kann.

„Was hast du dir denn da nur geleistet?", tadelte die Vogelscheuche.

„Wie meinst du das?"

„Das kommt davon."

„Was kommt wovon?"

„Von einem unzüchtigen Lebenswandel."

Heiliger Himmel, habe ich das nötig? fragte sich Xenia. Diese Vogelscheuche sollte einmal den täglichen Hergang auf dieser Station erleben. Die Frau gegenüber ist inzwischen die zehnte, die wegen eines Aborts in diesem Bett liegt. Die Vogelscheuche und ihr Gerüst sind doch nur gekommen, um ihrer fragwürdigen Fantasie ein

Ventil zu verschaffen, woher haben sie bloß meinen Aufenthalt? Ah, jetzt fiel es ihr ein. Natürlich vom Hotel. Es erfüllte sie mörderische Wut. Sie rief die Schwester und bat diese im Beisein der beiden, die Herrschaften doch bitte hinauszuführen.

„Sie haben gehört, Sie müssen bitte gehen."

Verdattert, ohne sich zu verabschieden, verließen sie das Krankenzimmer. Dann schüttelten Xenia Weinkrämpfe, sodass sie unter die Bettdecke kroch. Der Assistenzarzt streichelte ihr übers Haar, die Schwester kam dazu und fragte: „Was hat sie?" Sanft meinte er:

„Lassen Sie sie ruhig, sie hat nur eine seelische Menstruation."

Meine arme Seele, wärst du doch lieber mit mir nach Australien gereist, anstatt hier auf mich zu warten …

Gleich danach legten sie Xenia in ein anderes Zimmer. Ein sehr viel schöneres, das schon am frühen Morgen sonnendurchflutet war, sodass sie sich sogar keck in der Wärme sonnen konnte. Nur zwei Betten standen darin und ihre Nachbarin war eine sehr freundliche Frau. Auf der Station war sie inzwischen bekannt. Sie machte die Damen schön, indem sie sie schminkte und ihnen die Haare herrichtete, das gefiel allen, und manchmal zeichnete sie auch die eine oder andere. Sie brachten ihr Fotos.

„Hier, zeichnen Sie doch bitte meinen Mann, oder hier, die ganze Familie …"

Tja. Aber weder ihre schöne Tante noch ihre restliche Familie besuchten sie, man hätte es ja schließlich herausfinden können, wo sie war … Ihr Trost war, dass sie jeden Tag viele Seiten Liebesbriefe vom Studenten, der jetzt in Berlin studierte, erhielt. Er berichtete, er habe eine kuschelige Wohnung für sie gefunden. Die freundliche Frau neben ihr und ihr überaus charmanter Ehemann nahmen sich ihrer an, als sei sie ihre Tochter. Als sie von ihrem Vorhaben, in die Hauptstadt zu fliegen, hörten, ermahnten sie zur Vorsicht.

„Wollen Sie nicht ein Rückflugticket kaufen?"

Wozu? Wohin sollte sie zurückfliegen, dachte sie, aber sie sagte das natürlich nicht. Diese Zeit im Krankenhaus war nun vorbei. Der Tumor war eingetrocknet.

„Ganz klein ist der Tumor jetzt, so klein wie eine Haselnuss. Jetzt können Sie Kinder gebären, aber Sie müssen sich beeilen", so der sehr engagierte Chefarzt.

Das reizende Ehepaar ließ es sich nicht nehmen, Xenia zum Flughafen zu begleiten. Die sorgenvolle Anteilnahme, mit der sie sich verabschiedeten, berührte Xenia tief. Sie sah Mama am Gartentor mit ihren ausgestreckten Armen …

Blinde Liebe

Es war ihr erster Flug. Was konnte aufregender sein für eine junge Frau, als in freudiger Erwartung zum allerersten Mal in den Lüften ins Ungewisse zu fliegen, lediglich von der einen Gewissheit erfüllt, vom geliebten Mann ebenso sehnsüchtig erwartet zu werden. Das erste Mal sah sie die Welt von oben, von ganz weit oben. Es war noch aufregender als Tanger. Ein bunt glitzerndes, millionenfaches Lichtermeer unter ihr. Man sah die Straßenzüge, in denen sich hurtig viele andere Lichter bewegten, fast wie die Glühwürmchen, die sie zusammen mit ihrem Freund vom Peildeck aus des Nachts bestaunt hatte. Das war sie also, Berlin, die Stadt, in der sich ihre Eltern kennengelernt hatten, dort, wo Mama in ihrem kleinen Boot auf dem See paddelte, an dem sie später wohnen sollte – aber das wusste sie natürlich noch nicht – Mama im Kranzler zum Tanztee ging und unter den Linden flanierte. Die große Stadt. Der Duft der weiten Welt würde sie erwarten. Oh ja …

Nachdem sie sich stürmisch umarmt hatten, wurde sie vom Studenten hineingeführt in diese Stadt. Hinunter den glanzvollen Kurfürstendamm. Sie aßen und schlenderten an den Schaufenstern entlang, Xenia verwirrt von überschäumenden Gefühlen und geblendet vom Licht und den visuellen Reizen. Aber nun wollte sie das kuschelige Zuhause sehen. Gespannt saß sie neben ihm, während er durch die Nacht fuhr. Todmüde hielt sie sich wieder einmal tapfer wach, schließlich wollte sie nichts versäumen. Die Straßen verloren ihren Glanz. Es wurde zunehmend dunkler. Wie müde ich bin, dachte sie. Er schloss ein riesiges Portal auf, führte sie durch den einen Hof, dann hinein in einen anderen, links hinein in eine kleine Tür, die ausgetretene Holztreppe hinunter. Hinunter, dachte Xenia, das geht doch nicht, wir waren doch schon Parterre. Rechts, der Gang wurde noch schmaler, noch eine niedere Tür.

„Hier sind wir."

Ich sollte doch besser schlafen. Morgen früh sieht alles ganz anders aus, beruhigte sie sich.

Den Pioniergeist hatte sie zweifellos von Mama. Déjà-vu. Kannte sie das nicht? Das Lager, nur schlimmer. Souterrain nannte man das in Berlin. Man sagte dazu auch schlicht und einfach Kellergeschoss. Ein Glück, dass Mama dies nicht sah. Aber was wollte sie mehr? Es war wie in den Büchern. Verliebt in Armut. Der Student und seine Prinzessin. Zumindest glaubte er, Xenia sei eine. Erst viel später begriff sie, dass er angenommen hatte, ihre Eltern seien in Australien reiche Farmer geworden. Erzählt hatte sie solche Märchen nie, jedoch verleitete offenbar seine prätentiöse Fantasie ihn zu jener Annahme, sowie die angenehme Tatsache, dass sie eben immer über finanzielle Mittel verfügte, deren Quelle er nicht kannte. „Ich habe doch so lange hier gar nicht gearbeitet", wandte sie ein, als sie unerwartet über ein hübsches Sümmchen verfügen konnte. In seinem Büro sich von dem Hoteldirektor verabschiedend, drückte er ihr liebevoll die Hand.

„Es ist völlig in Ordnung, es ist das Krankengeld, das Ihnen zusteht."

Wundervoll. Hier kann man sich also ins Krankenhaus legen, wird gepflegt und bekommt noch etwas dafür bezahlt, dachte Xenia.

Innerhalb von zwei Tagen hatte sie den Kellerraum in ein romantisches Liebesnest verwandelt. Einen Kühlschrank hatte sie besorgt, die Kellerfenster mit Vorhängen geschmückt, verzweifelt bemühte sie sich, ihre Garderobe unterzubringen, und gewöhnte sich, sie war ja so verliebt, sogar an die Außentoilette, genau fünf Schritte quer über dem Hof. Hoffentlich fall' ich hier nicht hinein, Tante Mirja wird nicht zugegen sein, um mich diesmal herauszufischen. Das Quartier – wenn es wenigstens in Paris gewesen wäre – hieß Kreuzberg. Liebe erträgt alles, weil der entrückte Geist zur Vervollständigung des Glücks die Realität nicht wirklich wahrnimmt. In der Markthalle begegneten ihr sämtliche Gerüche und Laute des Orients. Es wurde gehandelt wie in den Einwanderergettos in Australien. Kein Unterschied. Oft stöberte Xenia in Buchläden und kaufte endlos Bücher, deutsche Bücher.

Sie hatte viel nachzuholen. Der Künstlerdienst. Sie blätterte im Telefonbuch, fand die Nummer, meldete sich an und fuhr mit dem Bus nach Zehlendorf. Das sah in diesem Viertel schon ganz anders aus. Warum hat er mich noch nie hierher gefahren, fragte sie sich. Und noch mehr, warum hat er hier keine Wohnung genommen? Der Künstlerdienst war sichtlich begeistert. Sofort erhielt sie mehrere Angebote von Couturiers am Kurfürstendamm. Auch die waren begeistert. Die Inhaberin, für die sich

Xenia entschied, war entzückt von ihrem Figürchen und von der Tatsache, dass sie ein Mannequin aus Australien vorstellen durfte. „Was wünschen Sie, einen Saisonvertrag oder eine feste Anstellung als Hausmannequin?" Xenia ließ sich den Unterschied erklären und entschied sich für Hausmannequin, erstens kannte sie das schon und zweitens war es sicherer.

Die Verschlagenheit ihres Liebsten gipfelte darin, dass sie sich eines Abends, zurückgekehrt und todmüde vom Modeglamour, in ihrem Kellernest buchstäblich verpfändet vorfand. Das Nest war leer. Auf dem Tisch ein Zettel, auf dem stand, dass er zum Skifahren gefahren sei. „Da mir das Geld fehlte, habe ich deine Sachen beim Pfandbüro abgegeben, du kannst sie dort mit den Pfandscheinen einlösen."

Versteinert hielt sie den Zettel in der Hand. War so etwas möglich? In jener Nacht hatte sie schwere Halluzinationen. Gelähmt lag sie auf dem Bett und hörte, sie konnte schwören, Kettengerassel vor den Fenstern. Sie atmete nicht und wagte es nicht, sich zu bewegen. Sie hätte auch schwören können, dass sie überdimensionale, grün funkelnde Katzenaugen am Fenster sah. Es war die Hölle. Am nächsten Morgen stellte sie fest, dass sie wahrhaftig nichts mehr anzuziehen hatte. Grenzenlose, ungekannte Wut befiel sie. Der Chef und Ehemann der Inhaberin der Modefirma entschied sich für eine Anzeige.

„Er wird nicht mehr unbehelligt nach West-Berlin hereinkommen. Einverstanden?"

„Einverstanden."

„Sie beziehen eine unserer Wohnungen gleich hier um die Ecke am Ku'Damm."

So geschah es. Vier lange Wochen. Was würde die Polizei mit ihm machen? Dann sein Anruf.

„Das kannst du mir nicht antun, wir müssen uns sehen."

„Tun Sie das nicht, Xenia."

Der Chef warnte sie. Sie tat es doch. Dort saß er und ihr Herz schmolz dahin. So hatte sie ihn noch nie gesehen. Ihr sonst strahlender Sonnyboy blickte aus unrasiertem, trüben und sehr blassen Gesicht, offenbar kann die Polizei einem sofort die Winterbräune rauben, herzzerbrechend zu ihr auf.

„Weißt du, was geschieht, wenn du diese Anzeige nicht zurücknimmst? Du zerstörst mein Leben, ich werde mein Studium nicht vollenden können und ich werde mein Leben lang als straffällig registriert sein."

Sie war versucht zu sagen, das bist Du ja auch, aber sie brachte es nicht übers Herz. Tausend Entschuldigungen, tausend Erklärungen, gekrönt von verlockenden Versprechungen, denen sie nur zu gerne folgte. Sie bezogen sodann eine sehr große, bildschöne Wohnung, aber ihre Mutter und Tante Mirja hätten ihr den Kopf gewaschen … Jetzt wohnten sie in einem feinen Stadtviertel und heirateten. Ein komplettes Jugendstil Esszimmer hatte sie in einem Trödelkeller erstanden, so etwas ist nur in Berlin möglich, und es wochenlang vor der Hochzeit eigenhändig abgebeizt, mit Sandpapier geschliffen und mit Honigwachs veredelt. Eigenhändig. Als die Herrlichkeit nach drei Wochen perfekt war, war sie am Ende. Vor der Trauung benötigte sie Aufbauspritzen, sonst hätte sie den Termin versäumt. Telegramme erreichten sie mit herzlichen Glückwünschen von den jüdischen Brüdern, der Chefin, den Eltern, insbesondere Mama, die sehr traurig schrieb: Liebele, wir wären zu gerne bei dir, aber wir können uns die Reise nicht leisten. Es betrübte Xenia, weil auch sie das Geld nicht hatte, um den Eltern einen Hin-und Rückflug bezahlen zu können. Zu jener Zeit waren Flüge von und nach Australien, einem Land, von dem ohnehin damals jeder annahm, dass der Kontinent hinter dem Mond sei, sehr teuer. Ihr wunderbarer Lehrer, Maxe Beer rief an „Mädel, ich wünsche dir viel Glück, aber versäume nicht deine Ausbildung, mein Angebot bleibt immer gültig für dich."

Was für ein lieber Mensch, dachte Xenia. Ich werde daran denken.

Rose schrieb: Xenia, ich hoffe, dass du deinen jetzigen Ehemann wirklich liebst. John und Ken sitzen hier und können nicht fassen, dass du für immer in Europa bleiben willst. Sie sagte zwar stets, was sie dachte, was sie Xenia jedoch nie mitteilte, war, dass Johns Hochzeit nicht stattfand, er hatte sie kurzfristig abgesagt. Dies sollte Xenia aber erst sehr, sehr viel später erfahren ... Shirley lud sie nach London ein, Oma und Opa beglückwünschten sie, kamen aber nicht. Wir sind zu alt für die Reise, Kind, und dann liegt Berlin ja hinter dem Ural..., das war grundsätzlich Opas ablehnende Reaktion auf Berlin. Die Familie, nämlich Mamas Geschwister, blieben stumm und fern, trotz Einladung.

Weil ihr Ehemann die Laufstegarbeit mit Nobelprostitution verglich, und weil sie eine so unerhört brav erzogene Person war, die gelernt hatte, andere nicht zu verletzen, gab sie seinem Begehren nach. Sie wurde eingestellt. Als was? Xenia hatte keine Ahnung von den Pflichten, die sie erwarteten, aber man hatte sie eingestellt als Fremdsprachensekretärin. Da saß sie nun gemeinsam mit ihrem Chef, der ebenfalls überaus nachsichtig war, in dessen Büro. Ihr Ehemann war zufrieden. Seine Frau, so dachte er, ist ihm endlich untertan. Er war jetzt diplomiert und voll beschäftigt in einem namhaften Unternehmen. Der Inbegriff eines Souveräns, fast zwei Meter groß und sehr gebildet, fiel Xenia bald auf. Sie hatten viel gemeinsam, denn sie kannten etwas mehr von der Welt und manchmal die gleichen Schriftsteller. Dabei fiel ihr allmählich auf, dass ihre geistigen Bedürfnisse zu kurz kamen, sie erkannte, dass mit ihrem Ehemann nie eine bildungsorientierte Unterhaltung stattfand und vermutlich auch nie stattfinden würde. Allmählich, jedoch sehr, sehr langsam, kam sie zu sich. Und dann war da der andere beeindruckende Mitarbeiter, Alex. Auch er fast zwei Meter hoch, deutlich reifer als Xenias Gatte, obgleich gleichaltrig, jedoch sehr viel ernster. Er erzählte, dass er schrieb, gerne musizierte und Volkswirtschaft studiert hatte.

„Schreiben Sie dann über Volkswirtschaft?" Sie dachte, das wird ganz schön trocken sein.

„Nein, nein."

„Worüber dann?"

„Theaterstücke, über Gefühle und Musik."

Na, das war was. Er führte sie heran an antike und zeitgenössische Philosophen und die ganze Skala deutscher Schriftsteller. Um etwas gesellschaftliches Leben in ihre junge Ehe einzuführen, lud sie gelegentlich Gäste ein und demonstrierte ihre Kochkünste. Leider hatte ihr Gatte dafür keine Anerkennung, er zeigte sich zwar stolz, jedoch spürte sie eine Schwingung, die sie noch nicht definieren konnte. Alex dagegen war ein Provokant. Ein geistiger Eroberer.

„Was halten Sie davon, gelegentlich zu mir zu kommen, wir könnten gemeinsam lesen, Musik hören und ich möchte Ihnen gern einige meiner Manuskripte zeigen."

„Das kann ich nicht machen", kam es wie aus der Pistole geschossen, aus ihrem Mund.

„Weshalb nicht?"

„Nun, ich bin verheiratet." Noch nie zuvor wurde sie derart mitleidig, Xenia glaubte sogar spöttisch, angesehen.

„Verbietet Ihnen Ihre Ehe den Umgang mit anderen Menschen?"

Was für eine Frage! Aber die Frage bewegte sie. Er hatte genau ins Schwarze getroffen. Nachdem sie die Frage verdaut hatte, setzte sich einiges in ihrem Hirn in Bewegung. Wenn ich meinem Gatten erkläre, dass ich einen Mann besuchen will, um mit ihm Literatur zu lesen, zeigt er mir einen Vogel, das war ihr klar. Aber sie wollte mit diesem Mann Literatur lesen, und dass sie genau dies tun würden, bezweifelte sie nicht den Bruchteil einer Sekunde. Zu den neuen Bewegungen in ihrem Hirn gehörte unter anderem auf einmal die Überlegung, weshalb sie noch nicht schwanger war. Jener freundliche Chefarzt, der sie monatelang behandelte, hatte ausdrücklich betont, dass sie jetzt Kinder bekommen könne, sie sich jedoch beeilen sollte, bevor der eingetrocknete Tumor eventuell wieder größer wird. Warum also bin ich noch nicht schwanger, wir schlafen rund um die Uhr miteinander, weshalb bin ich dann nicht schon längst schwanger? Den Arzt, der ihr vom Klinikchefarzt empfohlen worden war, suchte sie umgehend auf, denn die Frage beschäftigte sie sehr. „Kindchen, da bist du ja wieder! Gute Nachrichten?“

Der sympathische väterliche Gynäkologe lachte Xenia liebevoll an.

„Eben nicht. Deswegen bin ich hier. Sagen Sie mir bitte, warum ich noch nicht schwanger bin.“

„Läuft alles normal“?

„Ich weiß nicht, was Sie meinen, aber im Allgemeinen schon.“

Seine ebenso sympathische Ehefrau kam hinzu, begrüßte Xenia freundlich und assistierte ihrem Mann, der sie nach seiner Untersuchung vorsichtig und taktvoll, jedoch zielgerichtet ausfragte. Xenia war es heiß geworden.

„Schau her, Kindchen, du nimmst keine Pille, das weiß ich, dass dein Mann nicht verhütet, weiß ich jetzt auch. Gesund bist du und kannst empfangen, ihr seid eifrig zusammen, aber ohne das gewünschte Resultat. Demzufolge gibt es nur eine Erklärung, nämlich dass dein Gatte unterbricht.“

„Bitte was? Was unterbricht …?“ Verständnislos blickte Xenia ihn an.

„Coitus interruptus. Du hattest doch Latein.“

„Er unterbricht also unseren Geschlechtsverkehr …?“ Brav übersetzend.

„So ist es. Auf jeden Fall anhand deines Zyklus, den er mit Sicherheit kennt. Alle einigermaßen gebildeten Männer kennen die Zyklen ihrer Frauen.“

„Ich kenne ihn nicht, ich weiß, wann ich zu menstruieren habe, wozu muss ich meinen Zyklus wissen?“

„Du nicht, aber dein Mann, sofern er bestimmen will, ob und wann er Kinder möchte.“

Nachdenklich und ziemlich perplex stierte Xenia kurze Zeit vor sich hin.

„Und wie kann ich das vermeiden?“

„Nach Adam Riese jetzt nicht mehr. Du musst mit ihm reden und die Angelegenheit klären. Am besten wäre, du schickst den jungen Mann zu mir.“

„Er wird nie kommen, das weiß ich mit Bestimmtheit.“

„Dann hast du ein Problem, Kindchen. Rede mit ihm Klartext. Es sind deine Wünsche und es ist dein Leben, rede mit ihm!“

Der Tisch war, wie immer, wenn er kochte, zauberhaft und perfekt gedeckt, um Xenia bei ihrer Ankunft zuhause zu überraschen. Ein Blumengesteck in der Mitte des Tisches, Kerzenlicht, leise Lieblingsmusik. Ihre Schuhe ausziehend, ignorierte sie ihn das erste Mal, sehr zu seiner Befremdung, komplett. Tasche, Jacke und Kleider abgelegt, verschwand sie im Bad, duschte, zog ein Hauskleid über und stand herausfordernd vor ihm, den gedeckten Tisch mit keinem Blick würdigend.

„Spatz, was ist mit dir, wo warst du?“

„Keine Sorge, ich war nicht bei meinem Literaturfreund“, seine Eifersucht kennend. „Ich suchte meinen Gynäkologen auf.“

„Komm’, setzen wir uns doch“, er rückte für sie einen Esszimmerstuhl zurecht. Von mir aus, dachte Xenia und setzte sich.

„Darf ich jetzt servieren?“ Von mir aus, dachte sie wieder.

„Warum isst du nichts? Xenia, was ist los?“

Über den Tisch hinweg sah sie ihn eisig an.

„Du hast mich betrogen!“

Fast fiel ihm das Besteck aus den Fingern. „Ich? Dich betrogen?! Wer erzählt denn so eine Frechheit?“ Empörung pur.

„Coitus interruptus.“

Die zwei Worte schwebten über dem Blumengesteck und dem Kerzenlicht. Sie sah, dass er blass wurde, und wenn er besonders erregt war hatte er im Handumdrehen dunkle Ringe unter den Augen, so wie jetzt. Xenia rührte keinen Bissen des Essens an. Sie bemühte sich um Beherrschung, aber ihr Zorn darüber, wie sehr er sie für dumm verkauft hatte, lief über. „Wer hat es dir beigebracht? Sage, war es dein Vater oder war es deine erste Hure?“ Vollkommen geplättet wusste er keine Antwort.

„Du hast mich belogen, meine Gefühle benutzt, mein Vertrauen missbraucht, mir scheinheilig täglich und nächtlich deine angebliche Liebe geheuchelt. Du weißt, dass ich eine Familie, dass ich Kinder will und trotzdem warst du fähig, berechnend mit mir zu schlafen!“ Wie aus einem Koma erwachend sah er Xenia hilfesuchend an.

„Xenia, ich habe nicht geheuchelt, ich will nur jetzt noch keine Kinder, es ist zu früh. Ich will erst beruflich gefestigt sein.“

„Darüber mit mir zu reden kam dir nicht in den Sinn. Wann wird aus deinem Ich endlich ein Wir? Meinst du etwa, es geht alles nur nach deinem Willen? Was glaubst du denn, wieviel Lust ich noch dazu habe, mich dir wieder hinzugeben, im Wissen darum, dass du währenddessen rechnest? Du weißt genau, dass ich im Zugzwang bin und in einigen Jahren möglicherweise keine Kinder mehr gebären kann, ich hatte es dir gesagt, aber offensichtlich interessieren dich meine Bedürfnisse überhaupt nicht!“

Auch nichts mehr essen könnend, sagte er das Einzige, das ihn noch rettete.

„Xenia, ich gebe dir alles, wozu ich in der Lage bin, bitte vergib mir. Es war mir nicht bewusst, wie wichtig es für dich ist. Ich mache es nicht mehr, ich schwöre!"

Alex' Wohnung war herrlich hell, ziemlich chaotisch aber irgendwie ordentlich und wunderbar anregend. Es roch nach Rauchstäbchen. Überall lagen auf dem Boden Körbe mit Obst und seine Küche war ein Paradies der Genüsse. Sie sprudelten sich förmlich an. Was sie wusste und zu erzählen hatte, faszinierte ihn unendlich, und was er zu sagen hatte, hielt sie in Atem. Auf dem Parkettboden sitzend, zwischen Dutzenden Kissen, eingehüllt in Panflötenmusik, stöberten sie in seinen Manuskripten, in dicken Büchern und vergaßen die Zeit. Mit schlechtem Gewissen kaufte sie auf dem Heimweg Lebensmittel und begab sich nachhause, dort empfing sie ihr todeifersüchtiger Ehemann.

„Wo warst du?!"

„Das habe ich dir doch gesagt, ich habe den Nachmittag mit Literaturlesen bei Alex verbracht."

„Du lügst! Ich glaube dir kein Wort, du hast mit ihm geschlafen!"

Ehe sich Xenia versah, so schnell konnte sie gar nicht in Deckung, hagelte es Lebensmitteldosen in ihre Richtung. Mit beiden Armen schützte sie ihren Kopf und kauerte auf dem Boden vor dem Küchenschrank, dann sah sie, wie er heulend ins nächste Zimmer lief. Sie sammelte die verbeulten Dosen auf. Körperlich verletzt war sie nicht, aber ihre Entscheidung war gefallen. Was sie in der kurzen Zeit ihres Zusammenseins verdrängt hatte, schwappte unversehens über. Es war der Anfang vom Ende. Aber ganz so einfach war es nicht. Aus- und umgezogen in eine kleine Wohnung erklärte sie:

„Ich fliege zurück zu meinen Eltern."

„Xenia", er entschuldigte sich tausend Mal für sein Verhalten.

„Xenia, nimm mich mit, ich komme mit dir nach Australien, wir werden dort ein neues Leben beginnen, bitte!"

Nur zu gern gab sie nach, er war ihr Ehemann, sich scheiden zu lassen entsprach noch nicht ihrem Vorstellungsvermögen. Von der australischen Botschaft erhielt sie umgehend alle notwendigen Papiere für eine gemeinsame Auswanderung, immerhin konnte sie beweisen, dass sie lange dort gelebt hatte, ihre Eltern dort wohnten und australische Staatsbürger waren, und dass sie dort ausgebildet worden war. Zu jener Zeit war es sehr viel leichter nach Australien auszuwandern und Australien begrüßte junge Einwanderer. Bestückt mit allen Dokumenten fuhr sie am Abend zu ihm ohne vorher anzurufen, davon überzeugt, dass er sich diebisch freuen würde … Ihre vormals gemeinsame Wohnung wurde von einer sonderbaren Schöpfung geöffnet, die Xenia nicht mit der Kneifzange angefasst hätte. Kleinwüchsig, 20 cm hoch toupiertes Haar, spitze, hohe Stöckelschuhe mit Pfennigabsätzen – und so etwas auf ihrem Parkett – dazu bemalt wie an Fasching.

Dorian Gray, fast Mord und mehr

„Darf ich eintreten? Ich möchte meinen Mann sprechen." Diese Person war ebenso konsterniert wie Xenia und ließ sie eintreten. Dort saß er … Xenia eröffnete den Grund ihres Kommens und zeigte ihm die Einwanderungspapiere.

„Es ist alles arrangiert, schau her, jetzt können wir reisen."

Sie zeigte ihm die Dokumente. Die Frau stand zwischen ihnen, hörte erstaunt und aufmerksam zu. Mit einem abstoßend verzerrten Gesicht sah er Xenia an, noch nie hatte sie ihn so gesehen.

„Ich weiß nicht, wovon du redest."

Entgeistert antwortete Xenia: „Aber du hast mich doch gebeten, unsere gemeinsame Einreise nach Australien zu arrangieren?!"

Er erhob sich noch nicht einmal aus seinem Sessel. Selbstgefällig lehnte er sich zurück, blickte diese sonderbare Erscheinung vielsagend an und erlaubte sich zu sagen:

„Belästige mich nicht länger mit deinen Hirngespinsten und höre auf, mich ständig anonym anzurufen!"

„Ich? Ich habe dich noch nie anonym angerufen!"

Entrüstet verteidigte sich Xenia, nicht fassen könnend, was ihr hier widerfuhr. Noch einmal sah sie in sein entstelltes Gesicht, das plötzlich zur Fratze geworden war. Allmählich erkannte sie die Wirklichkeit. Das Tuch vor dem Spiegel war gehoben. Das Bildnis des Dorian Gray, fuhr es ihr durch den Kopf … Die Frau wandte sich ihr zu und bat sie streng, ihre eigene Wohnung zu verlassen. Sich am Treppengeländer festhaltend, dachte Xenia, meine Beine werden mich nicht mehr tragen, aber bis zum Bus muss ich es noch schaffen. An der Haltestelle aus dem Bus ausgestiegen, die Nacht war bereits angebrochen, schaffte sie es noch über den Damm in die Straße, die zu ihrer Wohnung führte, als ihre Kräfte sie völlig verließen. Unfähig länger aufrecht zu gehen, versuchte sie sich zunächst an den Büschen, die die Straße säumten, festzuhalten, um dann, einer Ohnmacht nah, auf ihre Knie zu fallen. So kroch sie auf allen Vieren die Straße entlang, bar der Würde, jeden Stolzes. Weil frühe Nacht, waren nur noch wenige Passanten unterwegs, es blieb jedoch kein einziger stehen, um sie zu fragen, was ihr fehlte. Einige drehten sich um, in der überzeugten Erkenntnis, dass das doch sicher nur eine Kiffer Braut oder sonst so ein Junkie sein konnte. Warum hilft mir keiner, verzweifelte Xenia, während ihre Tränen unaufhaltsam den Asphalt benetzten und ihre geschundenen Knie bereits Blutspuren hinterließen, warum ruft keiner die Polizei oder die Ambulanz? Sind so die Menschen in diesem Land? Ein Glück, dachte sie weiter, dass es Nacht ist, während sie sich am Geländer die Stufen zu ihrer Haustür emporzog. In ihrer Wohnung saß sie wie gelähmt eine Ewigkeit auf ihrem Bett, maßlos gedemütigt, die Rasierklinge in der Hand. Ich kann das nicht, es tut so weh, die Haut ist zu dick, man muss ja wirklich fest schneiden, um überhaupt an die Ader zu kommen. Nein, das tue ich mir nicht an. Nichts mehr denken könnend, erschöpft sich mechanisch ihrer Kleider entledigend, schlief sie ein.

Ein Geräusch weckte sie. Der Raum war stockdunkel, aber sie fühlte, dass jemand neben ihrem Bett stand. Sie hörte Münzen klirren und schon lag ein Mann auf ihr, legte ein Messer an ihre Kehle, sie spürte die Schärfe der Klinge, und sagte in Englisch:

„Wenn du schreist, schneide ich dir die Kehle durch!“

Ist ja gut, dachte Xenia hellwach geworden in die Dunkelheit starrend, wenn nicht die Pulsadern, dann eben die Kehle, passt. Ich will sowieso nicht mehr, er bringt mich eh um, vergewaltigt oder nicht. Das dachte sie, aber sie redete wieder, wie damals in Australien nach dem Debütanten Ball, jetzt allerdings denkend, ich habe ja nichts mehr zu verlieren, von Ehre, Anstand, Ehefrau und Kindern, Mutter, Großmutter, Urgroßmutter, Brüdern und Schwestern, was diese wohl alle von ihm denken würden, wenn sie ihn so sähen, eine Frau vergewaltigend und ermordend. Hinzu fügte sie:

„Ich bin verheiratet, mein Mann kommt jeden Moment“, und dachte kurz, wie kam der denn bloß herein?

„... deswegen waren die Türen offen“, sagte sie als logische Folgerung ihrer Fantasie, und das in dieser mörderischen Situation.

„Du hast eine Mutter und Großmutter, ganz sicher hast du auch eine Ehefrau und Kinder, hast du das hier nötig, schämst du dich nicht?!“

Nichts sehen könnend im tief dunklen Raum, die Fenster waren mit schweren Vorhängen verhangen, spürte sie, wie das Messer von ihrer Kehle glitt. Ihr leidenschaftsloser Vortrag bewirkte zum einen sein Erstaunen darüber, dass sie fließend Englisch sprach, zum anderen, dass es ihm unmöglich geworden war zu penetrieren.

Ohne Erektion no penetration, das musste er zwangsläufig hinnehmen. Er rutschte von ihr, sie hörte wieder diese Münzen klingeln, er deckte sie tatsächlich mit der Bettdecke zu, drohte aber, wiederzukommen, wenn sie innerhalb der nächsten Stunde um Hilfe schreien würde, und verließ die Wohnung. Wie ist der bloß herein gekommen? Xenia setzte sich auf, machte Licht, ging zur Wohnungstür, die offen stand. Meine Güte, ich vergaß, die Haustür sowie die Wohnungstür abzuschließen. Sie rannte zur Haustür, die ebenfalls offen stand, verschloss diese und klingelte Sturm beim Nachbarn, es war irgendeine Zeit in der Nacht. Die Nachbarsfamilie waren freundliche, sehr hilfsbereite Amerikaner, der Ehemann Offizier, oft spielte Xenia Babysitter, wenn sie im Ausgang waren. Jetzt öffnete er sichtlich verschreckt, jedoch gefasst, seine Wohnungstür.

„Xenia, was ist?!“

„Darf ich eintreten?“

Sie schilderte das Vorgefallene und der Offizier war entsetzt. „Xenia, da er American slang sprach, ist er eindeutig ein US Bürger, möglicherweise ein GI. Ich melde es sofort der MP.“ Gesagt, getan, morgens, um wer weiß welche Zeit.

„Er muss Sie lange beobachtet haben“, wurde konstatiert.

„Sie haben wirklich großes Glück gehabt. Wie kam es, dass er von Ihnen abließ?“

„Ich weiß es nicht, ich redete halt wie ein Wasserfall von Anstand, Ehre und Familie, keineswegs ein gutes Ende erwartend, aber offensichtlich redete ich ihn Schach matt.“

Ihre Wohnung wurde nach Hinweisen durchsucht, aber es gab keine, auch keine Münzen, die sie klingen hörte.

„Sie sind unverletzt?"

Xenia musste sich untersuchen lassen. „Hören Sie", sie weigerte sich, „ich wurde nicht verletzt", aber sie musste es über sich ergehen lassen.

„Was ist mit Ihren Knien passiert?", fragte der untersuchende Arzt. Geistesgegenwärtig schwindelte Xenia, sie habe auf dem Heimweg ihre Handtasche verloren und suchte, auf den Knien rutschend, im dichten Gebüsch entlang der Straße, leider ohne Erfolg. Die Tasche war wirklich verloren gegangen … Er untersuchte daraufhin auch ihre Knie eingehend, sorgfältig desinfizierte er und verband sie. Man unterstellte ihr keine Hirngespinste, aber sie spürte, man zweifelte …

Im Büro, neben ihrem Chef sitzend und Matrizen bearbeitend, trat ein GI ein. Kaum hatte dieser das Gespräch mit ihrem Chef eröffnet, wandte sich Xenia abrupt ab, hin zum Fenster, sodass man lediglich ihren Rücken sehen konnte. Sie hörte seine Stimme und das Klirren von Münzen … Sofort, als dieser GI das Büro verlassen hatte, wandte Xenia sich zu ihrem Chef. „Das ist er."

„Wer?"

Längst hatte der Chef besagten Vorfall vergessen.

„Derjenige, der mich überfallen hat."

Jetzt dämmerte es ihm und er kontaktierte auf der Stelle die MP. Nun war klar, wer dieser Mann ist. Er wurde festgenommen und gestand auch andere junge Frauen belästigt bis vergewaltigt zu haben. Keine dieser Frauen hatte die Ereignisse gemeldet, aus Angst vor US-Militär und aus Scham. Es stellte sich auch heraus, dass dieser Mensch tatsächlich verheiratet und Familienvater war … Auf diese Weise ernüchtert und der Realität wieder ein Stück näher gerückt, reichte Xenia die unausweichliche Scheidung ein. Sie gedachte wieder des Bildnisses von Dorian Gray. Genauso wie sie letztendlich ihren Ehemann gesehen hatte, muss es Oscar Wilde empfunden haben, genauso …

Alex

Ihr Literaturfreund kommentierte ihren Ehemann ganz einfach nicht. Er fragte nichts, er wusste Bescheid.

„Bitte zieh' zu mir", bat er, als sie endlich mit ihrer Scheidung herausrückte.

„Das kann ich nicht", sie sah, dass sie ihn verletze.

„Ich kann nicht von einem Bett in das andere wechseln, das ist unmoralisch."

Wieder traf sie sein mitleidiger Blick. In dieser kurzen Zeit, im Land ihrer Träume, hatte sie schon heftiges ertragen müssen. Wie gut, dass Mama nichts davon wusste. Wer kann je beschreiben, wie sich ein verlorener Vogel fühlt, der sein Nest nicht mehr findet. Angst vor der Verlassenheit schnürte Xenia die Kehle zu. Alex mühte sich mit dem Abbau ihrer bescheidenen Habe und baute sie wieder beflissen in ihrer neuen Behausung auf. Sie fuhren nun täglich von ihrem gemeinsamen Büro aus entweder zu ihm oder in ihre neue Wohnung, diskutierten Literatur, Musik und werkelten in der Küche. Irgendwann hatte sie kokett geäußert:

„Wenn du willst, dass ich mit dir schlafe, musst du ein neues Bett, ein ganz neues, funkelnagelneues Bett, herstellen."

Wieder in seiner Wohnung, in der Küche hantierte er fleißig, während sie sich überall ausbreitete. Das Schlafzimmer. Zögernd sah sie hinein. Dann ein verhaltener, schriller Schrei. Es war ihrer. Bestürzt hielt sie ihre Hand vor ihren Mund, starrte auf das Bett. Es war ein ganz funkelnagelneues mit einer üppigen Daunendecke darüber und mit rotweiß karierten Bettbezügen. Entzückt lief sie in die Küche.

„Warum rotweiß?"

Todernst lachte er. „Elementare Bettwäsche ist immer rotweiß."

Es klingelte Sturm an seiner Wohnungstür. Verwundert öffnete er und sie hörte die Stimme ihres Ex-Gatten. „Wo ist meine Frau!?"

„Ihre Frau…?"

„Ja, meine Frau."

Xenia betrat schweigend den Flur und blickte ihren Ex-Ehemann deutlich abweisend an. Alex schien völlig unbeteiligt. Stille, dann,

„Willst du mit ihm gehen?" Er sah sie an, sie drehte sich um, zog die Korridortür hinter sich zu, die beiden sich überlassend und betrat den Balkon, frische Luft … Alex schloss kommentarlos die Wohnungstür vor der Nase ihres Ex-Gatten und folgte ihr stumm. Der Ausdruck seines Gesichts sprach Bände, die sie verstand.

Engel und der kleine Flitzer

Endlich machte sie ihren Führerschein und kaufte sich das kleinste, gebrauchte Auto auf dem Markt! Der freundliche Verkäufer versicherte, zum Üben sei es der ideale kleine Flitzer. Xenia sauste begeistert über Berlins Stadtautobahnen, den Kurfürstendamm hinunter und wieder hinauf, Max bellte vergnügt auf dem Sitz neben ihr. Xenia genoss in vollen Zügen diese herrliche Unabhängigkeit. Berlin erforschen, ran an den Check Point Charly, ran an die Siegessäule, durch den Tiergarten, die Straße des 17. Juni hinunter zum Brandenburger Tor. Ran an die Philharmonie, raus zu den Seen, der große sowie der keine Wannsee, der Nikolassee … Dann, an einem hellen Sommernachmittag auf der Stadtautobahn nach Tegel, blieb der Flitzer prompt stehen, wie ein bockender Esel. Xenia drückte das Gaspedal, aber nichts bewegte sich. Dumm war, dass sie mitten auf der Fahrbahn stand … Ausgestiegen, ziemlich zornig gestikulierend, am liebsten hätte sie die Karre mit ihren Füßen gestoßen, näherte sich ihr ein Fahrer, der seinen Wagen rechts ran fuhr und parkte.

„Junge Frau, wo ist das Problem?"

„Die Karre fährt einfach nicht mehr", konstatierte Xenia böse.

„Darf ich?", der freundliche Fahrer nahm ihr die Autoschlüssel aus der Hand, setzte sich hinters Steuer, zündete und lachte. „Wie lange haben sie schon den Führerschein?"

„Noch nicht so lange, dies ist mein erstes Auto."

Wieder lachte der Fahrer erheitert. „Hat man Ihnen vorenthalten, dass ein Auto Sprit, sprich Benzin, braucht?"

„Klar weiß ich das, aber wie soll ich wissen, dass der Tank leer ist?"

Der Fahrer sah sich, weiterhin in guter Laune, Xenia an und dachte sich seinen Teil, wahrscheinlich dachte er, Hübsch aber doof. Er öffnete den Tankverschluss, holte aus seinem Wagen das Ersatzbenzin und füllte Xenias Tank.

„Das sollte reichen bis zur nächsten Tankstelle, merken Sie sich, junge Frau, wenn das kleine Lämpchen an der Tankuhr rechts rot aufleuchtet, sollten Sie schleunigst tanken, eigentlich sollten sie schon tanken, wenn der Zeiger auf dreiviertel leer steht. Nicht vergessen, es kommt nicht immer ein helfender Engel wie ich daher!"

Er grinste breit, verabschiedete sich und bestieg sein Auto. Künftig fuhr Xenia moderater, mit ständig kontrollierendem Blick zu den Armaturen. Aber es geschah trotzdem wieder, und wieder auf der Stadtautobahn. Fluchend betrachtete sie die Tachouhren, alles voll, Benzin im Tank, Wasser für Scheibenwischer, Reifen prall mit Luft, alles da, warum läuft die Karre schon wieder nicht? Ein Engel hielt wieder an.

„Wo ist das Problem?"

„Ich habe keine Ahnung, Benzin, Wasser, Reifendruck, alles ok, aber er blieb einfach so stehen, jetzt schon das zweite Mal", sehr vorwurfsvoll ihr Ton und Gesichtsausdruck.

„Bitte, geben Sie mir den Autoschlüssel."

Er setzte sich, zündete und man hörte ein grausames Krächzen. Den Schlüssel abziehend, sich im Sitz zurücklehnend, meint er lakonisch: „Kolbenfresser."

„Was für ein Fresser?"

Sie sah, dass er sich das Lachen verkniff. Ernst, sehr ernst, eröffnete er ihr, dass dem Auto Öl fehle und ein Kolbenfresser nicht zu reparieren sei. Auto adieu.

„Und jetzt? Was mache ich jetzt?"

Der Engel löste die Bremse und Gangschaltung und schob das Wägelchen neben die rechte Fahrbahn.

„Es muss abgeschleppt werden, kommen Sie, ich fahre Sie in die Stadt. Wo wohnen Sie?"

„Nein, ich meine ja", Xenia war völlig durcheinander, „bringen Sie mich bitte zum Autohaus in der City, ich zeige es Ihnen."

Im Autohaus sagte sie:

„Phillip…", Xenia hatte einige Male Phillips Einladung zum abendlichen Ausgang angenommen, „Phillip, ich bin sicher das blödeste Weib in dieser Stadt! Stell' dir vor, mein Auto muss von der Autobahn abgeschleppt werden, ich besitze es noch nicht einmal zwei Monate, es hat einen, wie heißt das noch mal…? Irgendeinen Fresser…"

Phillip lachte Tränen.

„Warum lachst du denn so unverschämt?!"

„Xenia, du bist köstlich. Mach' dir keine Sorgen, ich lasse das Auto abschleppen. Es war Lehrgeld. Jetzt weißt du, wie man ein Auto zu unterhalten hat", wieder kämpfte er mit seinen Lachtränen, „ein Auto benötigt nicht nur Lackpflege, es braucht auch Futter, Benzin, Öl, vor allem anderen. Es transportiert dich, es ist dein Diener, daher musst du es pflegen, als sei es dein Liebstes."

Hm…, dachte Xenia, er hat Recht. Meine Güte, bin ich dumm, blöd, doof, ich sollte mich schämen!

„Komm", meine Liebe, ich zeige dir ein Auto, etwas größer als das vorherige. Du hast nun Wichtiges gelernt und ganz sicher gespeichert, vergleichbares wird demzufolge nicht mehr passieren."

Xenia beäugte das Gefährt.

„Meine Güte, ist das Ding lang, da vergehen ja Lichtjahre bis ich über den Kühler hinweggesehen habe!"

Philip äußerte mit Funken in seinen Augen:

„Dich als Ehefrau und man braucht nicht mehr ins Cabaret. Das Ding, Xenia, ist ein ganz normales Auto, wie alle anderen, dein kleiner Flitzer ist ein kleines Stadtwägelchen, mit diesem hier kannst du auch, wenn du Lust hast, längere Strecken, zum Beispiel nach Westdeutschland, zurücklegen, du wirst sehen, du fühlst dich darin gut. Lass' uns jetzt essen gehen, du musst hungrig sein nach dieser Aufregung. Was wünschen Madame, italienisch oder Französisch?"

Alex und die Moral

Der Künstlerdienst bot ihr eine Tournee an. Schweiz, Österreich, Frankreich. Alex war merklich verletzt. Diesmal machte sie den gleichen Fehler nicht noch einmal, sie erinnerte sich gut, aber es ist immer anders, die Muster sind nie gleich. Kaum war sie auf dieser Tournee, heiratete er. Nachdem sie nach Monaten wieder im Lande war, sagte er:

„Sie war die Beste, die mir über den Weg lief, aber als ich dann sicher sein konnte, dass du zurückkommst, ließ ich mich scheiden."

Ihre Verwirrung über so viel Kaltblütigkeit teilte sie ihm mit.

„Das war nichts. Du hast keine Vorstellung davon, wie sehr ich darunter litt, von dir verlassen worden zu sein."

„Also hast du dich gerächt, wie und an wem, war dir egal."

Befremdet betrachtete sie ihn. Hatte er über ihre Gefühle nachgedacht? Da er nun geschieden war, erwartete er, dass Xenia ihn heiratete. Sie lehnte nicht ab, blieb aber verwirrt. Xenia, werde endlich erwachsen, er ist ein Traummann, aber er geht über Leichen, wenn sein Feuer nicht mehr brennt, dachte sie.

Privileg, Magie, Drama …

Nach dieser Tournee fand sie die zauberhafteste Gartenwohnung am See – es war der See, auf dem ihre Mama einst im Bötchen gepaddelt war. Wohnzimmer mit offenem Kamin, quasi in der Mitte der Stadt. Die Hausbesitzerin hatte Xenia ad hoc in ihr Herz geschlossen. Ein großer, parkähnlicher Garten bis hinunter zum See, ein Bootssteg mit Boot und Paddel, sowie stolze Schwäne auf dem Wasser und munter vom See her über den Rasen herauf watschelnde Erpel und Enten, die Terrasse neugierig inspizierend, „quack, quack, phüp, phüp“, einfach malerisch. Flankiert war das Grundstück von noblen Besitzern, welche sehr privat lebten, etwas, was Xenia über alles schätzte. Ungläubig stand sie auf der breiten Terrasse und schaute glücklich den Park hinunter, in dem eine wundervolle, in den Himmel ragende, alte Robinie regierte, dies alles jetzt ihr Reich. Tatsächlich war sie geneigt, sich ernsthaft zu überlegen, ob es vielleicht nicht doch ganz vernünftig wäre, Phillips Heiratsantrag anzunehmen. Phillip war Aristokrat, etwas langweilig, unglaublich gutmütig, großzügig, enorm hilfsbereit zu beinahe jedermann, oder sagen wir lieber, zu jeder Frau. Er besaß Manieren, immer die besten, aber rastete komplett aus, wenn die von ihm gönnerisch überlassenen Haus- und Wohnungsschlüssel desinteressiert liegen gelassen wurden. Aber kleine Fehler haben wir schließlich alle. Geschmack besaß er auch und nicht den schlechtesten, wie man an Xenia sah. Immer war er elegant, sogar smart, seine Autos waren die feinsten, manchmal etwas amerikanisch, aber fein, und er war ein perfekter Hausmann, besonders ein superber Diätkoch. Auch vom Feinsten. Sein Umgang ließ, bis auf den Butler mit Adelstitel, etwas zu wünschen übrig, aber immerhin war er Mitglied seit Jahrzehnten, sozusagen als Erbe, im feinsten Club der Stadt. Hier saßen sie nun, im feinsten Club, im ernsten Schweigen. Sie spürte deutlich, es sollte ernst werden. Seine liebevollen Zurechtweisungen hinsichtlich ihres, wie er meinte, verträumten Lebensstils, waren nicht zu überhören. Eine Gruppe reiferer Strohwitwen gesellte sich zu ihnen. Phillip war bekannt und im Augenblick noch das einzige männliche Wesen im Clubraum, außerdem, dies sollte erwähnt sein, ein charmanter Gesellschafter. Kästners Kümmerer. Die Damen waren entzückt. Man gruppierte sich um ihre Tafel, die Runde wurde sehr lebendig und Xenia ihrer Entscheidung zumindest vorübergehend enthoben. Sie war, wie immer, das Küken unter den Hennen. Sie hörte die Baronin ihre Sexualprobleme schildern.

„Immer, wenn ich nach dem Abschminken aus dem Bad komme, schläft er schon."

Wer auch immer. Vielleicht eine Vorsichtsmaßnahme, dachte Xenia belustigt. Laut meinte sie, „Die Mühe kann man sich doch hinterher machen."

Die Baronin hatte kein Selbstvertrauen, sie wusste, sie würde durchschlafen, und das mit Schminke, und dann der Schock am Morgen … Tja, dachte Xenia, so traurig wird das mit Vierzig sein, da schlafen die Herren während der weiblichen Badetoilette bereits ein und am nächsten Morgen bist du mit oder ohne indiskutabel. Schöne Aussichten.

„Man kann doch auch“, meinte sie dann, „bevor er einschläft, mit Tusche … und danach ins Bad. Nun ja, die Mühe des Aufstehens bevor er aufwacht muss man dann eben in Kauf nehmen.“

Xenia hatte ja keine Ahnung, wie das mit Vierzig sein würde. Die Damen beneideten sie. Hinten in der Ecke, das bemerkte sie erst jetzt, wurde Skat gespielt. Sehr unauffällig. Außer ihrem ausgelassenen Gelächter und Phillips genüsslicher Wortführung, eine friedliche, freundliche Atmosphäre. Selbst Xenias irrer Rauhaardackel Max lag zufrieden unterm Tisch. Für die Strohwitwen war es einer der üblichen netten, nichtssagenden, zeitvertreibenden Abende im Club. Für drei der Runde wurde es ein denkwürdiger, entscheidender Abend. Der Dritte stand einfach plötzlich im Raum. Kubikmeter Volumen. Hoch. Schwarz. Blass und kalt. Ihn kannte man auch. Die Damen begrüßten ihn mit lachendem Hallo und luden ihn ein. Die Tafel war lang und bis zur Mitte von der illustren Runde belegt. Dieser Mensch lächelte sie alle vertraut an und begrüßte Phillip reserviert. Merklich reserviert. Xenia erstach er mit einem Blick. Er platzierte sich an den Kopf der Tafel. Am Ende der nicht besetzten Hälfte. Dort thronte er, überlegen lächelnd und hörte den Albernheiten zu. Die unbeschreibliche Arroganz, mit welcher er, bevor er sich setzte, noch einmal um die Tafel herumging, her bis zu Xenias Höhe und wie hypnotisiert ihr Gesicht mit einem undefinierbaren, gefährlichen Gesichtsausdruck ansah, blieb ihr unvergesslich. Diese Eiseskälte berührte sie wie Mord. Was ist das für ein furchtauslösender Mensch … Ein Pokergesicht, wie aus Metro-Goldwyn-Meyer.

Alle alberten munter weiter, bis er die Runde gekonnt und entschieden aufhob, indem er zu einem nächtlichen Umtrunk in einer Künstlerkneipe einlud. Seine Stimme war nasal, etwas verlegen, aber bestimmend. Man war begeistert, Phillip und die Damen, nur Xenia war gelähmt, voller Abwehr. Sie wich ihm aus, hielt sich an ihren kostbaren, harmlosen Phillip. Alle verteilten sich in die Wagen. Max machte noch seine Pfütze und wurde von diesem Menschen in sein Auto gesetzt. Xenia nahm es zur Kenntnis. Die Absicht war klar. Das war kein Spaß. Und schon gar kein netter Flirt. Dieser, das fühlte sie, macht grundsätzlich keine Späße. Die Mühe, die du dir machst, dachte sie, wird verdammt vergeblich sein. Er machte sich die Mühe. Er bezechte die Runde. Er wusste genau, dass Xenia das Zeug nicht mochte. Herren seines Kalibers riechen förmlich die Neigungen der Damen… Die Damen blätterten allmählich, aber sicher, dahin. Phillip erwischte es schneller, als sie dachte. Sie musste austreten und fürchtete sich, denn zur Damentoilette führte ein langer, unterirdischer Gang, ein Betongewölbe. Auf ihrem Weg zurück kam er ihr entgegen. Bedrohlich. Hoch. Kalt und schwarz. Sie würdigte ihn keines Blickes und ging mit hoch erhobenem Haupt an ihm vorbei. Er sagte kein Wort. Kein Lächeln.

Die Spannung oben am Tisch war für sie kaum noch zu ertragen. Phillip hatte sich verabschiedet. Er musste ein Taxi frequentieren. Die bezechten Frauen waren voll in Form. Zum ersten Mal richtete dieser Mensch das Wort an Xenia, indem er ihr ins Gesicht griff, er fasste ungeniert nach ihrer rosaroten Deko Brille mit der berechtigt ironischen Frage, ob sie diese stets des Nachts trage. Er zog sie ihr von der Nase und lächelte in ihre Augen. Sie nahm ihm die Brille aus der Hand, setzte sie wieder auf und wollte gehen. Wieder lächelte er. „Natürlich, aber Sie haben kein Auto, ich werde Sie fahren."

„Danke, ich nehme ein Taxi."

Wieder lächelt er. Wenn er noch einmal so überheblich lächelt, dachte sie, ohrfeige ich ihn.

„Darf ich Sie zur Straße begleiten?"

Ihre Bemühungen um ein Taxi beobachtend, natürlich dachte er nicht daran eines zu bestellen, und ihr kam es gänzlich nicht in den Sinn, eines telefonisch zu ordern, konstatierte er plötzlich sanft: „Sie haben etwas vergessen."

„Was?"

„Ihren Hund."

Also, der Schnaps ist doch nicht ganz ohne Wirkung geblieben. Der Hund. Natürlich. Nicht zu fassen, da hätte sie doch wirklich ihren geliebten, verrückten Dackel vergessen, und sie hatte auch vergessen, wo er war. Doch dies beruhte nicht auf der Wirkung des Schnapses. Daran war nur dieser Mensch schuld. Er versetzte sie langsam aber sicher in Wut. Wieder lächelte er amüsiert.

„Beruhigen Sie sich, Ihr Hund ist in meinem Wagen. Kommen Sie, steigen Sie ein, ich bringe Sie nach Hause."

„Hören Sie, bringen Sie mich zum nächsten Taxistand, das reicht."

Max freute sich wie ein Irrer, der war er auch. Er beleckte diesen Menschen, er hatte ihm seinen Sitz vorgewärmt und lag jetzt mit scheelem Blick hin zu Frauchen unterm Lenkrad auf dessen Schoss. Es war früh morgens gegen vier Uhr. Der Ku'damm menschenleer. Kein Auto auf dem Damm. Die Taxis standen an den Ständen, warteten auf einen Fahrgast, wie Xenia, aber er, er hielt nirgends an. Er fuhr. Er fuhr, ohne zu wissen, wohin, ohne sie zu fragen, ob ihr das recht sei oder ob sie dort oben oder irgendwo anders wohne. Es könnte ja sein, dachte sie, dass ich in die entgegengesetzte Richtung gehöre. Es hätte doch wirklich sein können. Aber nein. Er fuhr zielsicher hinein in den Grunewald. Kein Wort bis jetzt. Ihr war es inzwischen auch zu dumm, ihm den Gefallen der Widerrede zu erweisen. Sie dachte, lass ihn fahren, mal sehen. Er fährt ja in die richtige Richtung.

„Wo wohnen Sie?" Kurz und karg.

„Rechts unten, am See."

Langsam wurde es hell. Die Nacht war gewichen. Morgenstille. Wunderschön. Sie stieg aus. Der Hund flitzte zum Haus, die Treppe zur Haustür hoch. Dieser Mensch sprang aus seinem Wagen, herum um die Karosse. Völlig überflüssig. Xenia war bereits ausgestiegen.

„Darf ich Sie noch bis zur Haustür begleiten?"

Warum der noch fragt, das möchte ich gerne wissen. Sie öffnete die Haustür, er hielt sie auf, Xenia wollte sich verabschieden und sich höflich bedanken.

„Darf ich Sie noch hinein begleiten?"

Sie passte. Der hat vielleicht Nerven... Er folgte ihr bis zur Terrassentür, hinaus in den Garten. Septembergeruch. Taufrisches Gras. Leichter Nebel auf dem See. Max fetzte hinunter zum Wasser. Sie nahm ihre Deko Brille von der Nase, streifte ihren rot-weiß gestreiften Turban vom Kopf, schüttelte ihr Haar und atmete tief diese betäubende Luft ein während sie sich rasch ihrer leichten

Kleidung entledigte, dann hinunterlief zur Robinie, um sich das kühlende Nass der Baumdusche über den Körper rieseln zu lassen, provoziert von der unerträglichen Hybris dieses Menschen. Nur einen einzigen klaren Gedanken wollte sie fassen nach dieser Nacht, als ihr auch schon der gesamte Verstand geraubt wurde. Dieser Mensch stand vor ihr, sah sie an.

„Du machst mich verrückt."

Schwarz ist verbrannt zu sein. Schwarz ist Ohnmacht. Schwarz ist nichts gesehen zu haben. Schwarz ist Magie. Unvermittelt sprang er auf, rannte ins Bad, band sich ein großes Badetuch um seine immerhin beachtliche Länge, lief wortlos aus dem Haus. Das Schauspiel war so unglaublich komisch, wie dieser Mensch, mit großen Barfüssen in ihr Badetuch gewickelt, wieder den Raum betrat, einen Ausdruck heiterer Verwunderung im Gesicht. Die Kälte darin war verschwunden. Mit unnachahmlicher Gelassenheit stellt er fest, dass sein Wagen nicht mehr am Platze stand. Natürlich, dachte Xenia, warum auch nicht das noch. Noch nie wurde vor meinem Haus ein Auto gestohlen. Peinlich. Was ist denn nun peinlicher, fragte sie sich, der Umstand, dass ich mit diesem Mann, dessen Namen ich noch nicht einmal kenne, soeben geschlafen habe, oder das verschwundene Auto? Oder die Tatsache, dass ich ihn mit der Polizei telefonieren höre mit der kurzen unterbrechenden Frage, einen Moment bitte, Entschuldigung, wo bin ich hier eigentlich?

Es war ein strahlender Herbstmorgen geworden. Flink saßen sie in ihrem Wagen und eilten zur Polizeistation. Die Prachtstraße Westberlins erwachte langsam, noch halb am Schlafen. Wenn man um diese frühe Morgenstunde die

Stadt hinunterblickte, war sie makellos schön. So zwischen Tag und Traum, wie alles, was entspannt ist. Erwartungsvoll der Polizist und sehr verschmitzt. Was sonst.

„Sie müssen es ja sehr eilig gehabt haben. Sie können froh sein, dass unsere Streife den Wagen entdeckte. Da steckten die Autoschlüssel, die Türen sperrangelweit offen, sogar das Licht brannte noch. Ach ja, darf ich Ihre Papiere sehen?"

Er zeigte sie und erhielt seinen Aktenkoffer.

„Bitte prüfen Sie den Inhalt." Unterschrift. Autoschlüssel.

„Besten Dank." Dieses Pokergesicht … Was für ein Segen, dachte sie, dass wenigstens die Kälte daraus gewichen ist. Inzwischen war es sieben Uhr. Für Xenia etwas früh für ein Frühstück. Aber war nicht alles komplett außer Kontrolle? Bedächtig parkte er, schloss seinen Wagen. Wortlos. Er hielt die Türen für Xenia auf.

„Gibt es hier Kaffee?"

„Sicher, in der Küche."

Er klapperte auf dem Terrassentisch mit Frühstücksgeschirr, während sie unter ihrer geliebten alten Robinie, mitten im Garten, ein morgendliches Duschbad nahm. Vielleicht würde sie zur Besinnung kommen. Aber sie kam nie wieder zur Besinnung. Fasziniert starrte er von der Terrasse hinunter zu ihr, die sie, splitternackt und nass an einem goldig erwachenden Herbstmorgen, galgenhumorig am Stamm eines alten Baumes stehend, sich berieseln ließ. Sie lachte. Natürlich, alltäglich ist das nicht, dachte sie, aber alltäglich ist es für mich, wenn ich Lust habe. Wenn ich Lust habe, an diesem Baum zu duschen, in meinem Garten, an meinem Baum, unter meiner Sonne. Erleichtert stellte sie fest, dass ihr unbekannter, namenloser Gast nicht mehr wie ein Mörder aussah. Eher etwas linkisch, oder etwa verlegen? Nass ging sie übers Gras auf die Terrasse. Sie wollte ein Badetuch. Das hätte ich mir auch vorher überlegen können, dachte sie. Er ließ sie nicht vorbei, griff sie an den Schultern. Sie dachte, so läuft man auch nicht herum, wenn man Gäste hat. Gäste…? Sie wickelte sich in ein Badetuch, ihm in der Morgensonne gegenübersitzend. Er im dunklen Seidenanzug. Sie tranken den Kaffee und sagten nichts. Irgendwie gab es nichts zu sagen. Ihr fiel auch nichts ein, besser, sie wollte einfach nichts sagen. Als er ging, sagte er lediglich:

„Ich melde mich."

Dies wurden die zuverlässigsten Worte ihres Lebens. Weg war er. Etwa wieder eine Fata Morgana? Oder etwa eine Fledermaus? Aber er war ja gar nicht schwarz. Es war nur dieser Anzug und diese Länge. Sie dachte, ein Panther ist auch schwarz, schlank und lang und trägt schwarze Seide. Ein Panther hat auch Augen wie Bernstein. Seine Augen sind Bernstein … So eine Großstadt hatte doch eine Menge zu bieten. Wer da sagte, man solle den Tag nicht vor dem Abend loben, hatte so eine Nacht nie erlebt. Gemessen an der Zweifelhaftigkeit der Ereignisse, stimmte sie ihre Attitüde noch bedenklicher. Sollte sie nicht betrübt sein? Man überrumpelte sie. Man hat sie respektlos verführt. Vernascht, heißt das. Man hat mich noch nicht einmal gefragt, wer ich bin. Wer bin ich eigentlich? Sie blinzelte in die Sonne.

„Meine liebe Freundin, ich habe eine höchst dubiose Nacht hinter mir, also werde bitte nicht zu strapaziös."

Also, wer bist du? Ein namenloses Geschöpf für einen namenlosen Dämon. Dämon? Nicht übertreiben. Ein dreistes Nachtschattengewächs mit viel Glück im Mitternachtszenit trifft sicher eher diese impertinente Person. Es half nichts, selbst ihre vernichtende Interpretation der Verhaltensweise dieses Menschen änderte ihre beschwingte, luftige Heiterkeit nicht.

„Liebe Sonne, hier sitzt ein leichtfertiges Produkt dieser Stadt. Ich bin wohlerzogen, anständig, zurückhaltend und wählerisch. Um ein Härchen hätte ich gestern einen hochkarätigen Heiratsantrag angenommen und ich würde nie mit einem Fremden schlafen, ohne vorher zu wissen, wie er heißt.“ Wie bitte…?

„Ach, liebe Sonne, wo warst du gestern Nacht?“

Telefonklingeln. Trocken, spröde, wie bandagiertes Holz.

„Grüß’ dich, Thum, wie geht es dir?“

„Thum…?“

Eine Ahnung befiel sie. Und Trotz. „Ich bedauere, kenne ich nicht.“

Wieder dieses verhaltene Lachen. Dieses feine, leise Lachen, welches ihre ganze miese Meinung über diesen Typen ad absurdum führte.

„Höre, ich weiß, es ist ein bisschen verrückt und ich vergaß mich vorzustellen. Ich bin Jon Thum, 34 Jahre alt, ledig, kinderlos, Architekt mit eigenem Unternehmen, und ich möchte dich heute Abend wiedersehen. Bist du da?“

Bin ich da…? Sie wusste wirklich nicht mehr, wo ihr Verstand steckte. Bin ich da?

„Nein, ich bin nicht da, ich habe einen Termin.“

„Einen Termin? Dauert das lange?“

Ihr Kreuz wurde breit und ihre Wirbel ganz gerade. „Das dauert immer seeeehr lange."

„Na gut, dann melde ich mich wieder."

Thuuuuum, immerhin ein Name. Und bemühen kann er sich, meine Telefonnummer hat er schnell herausgefunden. Kunststück. Immerhin hat er sich bemüht. Hm…, aber woher weiß er, wer ich bin, wie ich heiße? Habe ich heute einen Termin? Ich glaube nicht. Während sie noch so überlegte, klingelte es an der Haustür.

„Ich sah deinen Wagen stehen."

Kommentar überflüssig. Da stand er, wie ein Magnet. So nah würden sie sich immer sein. Von Beginn an war es überflüssig, etwas zu sagen. Es war sogar überflüssig, zu denken. Nie verabredeten sie sich. Nie fragte sie, wann er da sein würde. Nie. Er war fortan immer da. Er ging morgens und kam abends. Tag für Tag. Woche für Woche. Monatelang. Niemals mehr fragte er, ob sie da sein würde. Niemals blieb sie fort. Sie erledigte ihre Arbeit, wie in Trance. Er stellte keinen Anspruch, seine Haltung tat es. Sie kannte niemanden, der nur Kraft seiner Haltung gewünschte Reaktionen auslöste. Und das bei Xenia. Sie gehorchte nicht immer. Nur wenn sie es wollte. Selbst Max robbte rückwärts zum Kamin, veranlasst durch seinen Blick, und es war nie ein böser Blick. Xenia war schon immer eigensinnig und manchmal unsicher, doch je unsicherer sie wurde, desto hoffärtiger. Beunruhigender als jede Examina empfand sie seine Prüfungen. Unausgesprochen. Manchmal amüsierte es sie, manchmal versetzte es sie in Zorn. In allen gesellschaftlichen Instanzen stellte er sie auf den Prüfstein, bis hin zum Staatsexamen. Sein 35. Geburtstag. Wieder er am Kopf der Tafel. Nach dem Motto, wo ich bin, ist nicht die Mitte, wo ich bin, ist oben. Amen. Ehrenvoll zu seiner Rechten Xenia. Zu dieser Zeit hatte sie längst hinter sich, sie wusste nicht mehr wie viele internationale Auftritte auf den großen Laufstegen vor verwöhntem, elitärem Publikum. Mit Zwanzig hatte sie allein eine lange Seereise um die halbe Welt gemeistert, hatte als Nesthäkchen eine Schiffsbesatzung in Schach gehalten und derzeit war sie täglich in leistungsfordernden Interviews engagiert. Doch hier thronte sie nun neben ihm und wurde nach stundenlangem Gelage weiterhin auf Haltung und Etikette geprüft.

„Meine Liebe, ich habe dir deswegen zugetrunken, damit du deinen rechten Ellbogen von der Tischkante entfernst, und was tust du? Du greifst dein Glas mit der Linken."

Also kein Magna cum laude. Dies war der erste Anlass für ihre erste Meinungsverschiedenheit. Ellbogen auf der Tischkante. In der sechsten Stunde ist alles erlaubt.

„Höre, Jon", verteidigte sie sich, „eine Festtafel für kultivierte Gäste dauert keine sechs und mehr Stunden, sondern maximal drei Stunden, im allerhöchsten Extremfall vier Stunden. Noch nie habe ich mich in einer Gesellschaft so sehr gelangweilt wie heute Abend! Die Damen parlierten nur geistlosen Blödsinn, ihre Männer sprachen von ich weiß nicht was, während du nichts anderes getan hast als zu beobachten und freundlich zuzulächeln. Keine Rede, keine Ansprache, und dies innerhalb sechs Stunden … Geschweige, dass du mich den Herrschaften vorgestellt hast. Ich kam mir vor wie bestellt und nicht abgeholt. Wie kann man sechs Stunden an einer abgedeckten Tafel sitzen bleiben, banales daherreden und sich lediglich bezechen? Die einzige Bewegung lag darin, dass der eine und andere austreten musste. Warum hast du nicht alle Gäste in eine Künstlerkneipe eingeladen, wie du es ja schon einmal tun konntest...? Dann wäre zumindest etwas Farbe im Abend gewesen."

Von ihrer Kritik beeindruckt, lenkte er ernsthaft ein.

„Du hast Recht, auch ich langweilte mich. Das Gerede ging mir genauso auf die Nerven, aber was soll man machen, wenn sich alle anscheinend dabei wohlfühlen...? Vorgestellt habe ich dich deswegen nicht, weil die meisten dich ja schon mit mir zusammen gesehen hatten und dich daher kannten."

„Nun, etwas mehr Aufmerksamkeit hätte ich von dir durchaus erwartet, aber vielleicht wurde dir durch dieses Gelage zumindest der Horizont deiner sogenannten Freunde näher gebracht."

Trotzdem, er hatte es wirklich drauf. Sein Tadel blieb nachhaltig in Xenia haften. Nie wieder würde sie, auch nicht nach der sechsten Stunde, die im Übrigen nie mehr stattfand, den rechten Ellbogen auf der Tischkante haben.

Die Adventszeit stellte sich ein. Eine Zeit, die sie, wie vermutlich alle Menschen, besonders liebte, obgleich sie inzwischen bereits einige Adventszeiten erlebt hatte wie kein anderer Mensch auf dieser Welt, denn nach ihrer sehr kurzen Ehe lebte sie die zurückliegenden Jahre entfernt von den Eltern und einer Verwandtschaft, die sie ablehnte. Auch eine solche Entscheidung hatte sie sich mit Anfang Zwanzig erlaubt. Sie hatte schon früh das Gespür für einen für sie notwendigen Luxus, den sie stets teuer bezahlte, nämlich Brücken abzubauen, die nicht mehr trugen. Lieber frei und ungeschützt, als in einer trügerischen Geborgenheit.

„Fährst du Weihnachten zu deiner Familie?"

„Ich? Nein."

„Gut, dann nehme ich dich mit und stelle dich meiner Mutter vor."

„Zu Weihnachten?"

„Ja, natürlich. Ich kann dich doch nicht hier alleine lassen."

Xenias Angst, zu versagen nach der rechten Ellbogen Affäre, war abgrundtief. Und dann war da noch die Erinnerung an ihre ehemalige Schwiegermutter. Traumatisch. Diese Erinnerung verfolgte sie noch nach Jahren.

„So gleich, zum Fest? Ich weiß nicht recht. Ich hätte es besser gefunden, wenn wir uns vorher kennengelernt hätten. Das wäre sicher passender gewesen, aber nicht als Premiere zum Heiligen Abend."

Sie fühlte sich wie ein Findelkind. Alles Ausrede. Sie fühlte sich hundeelend. Ich kränke ihn so sehr, dachte sie. Du machst einen entscheidenden Fehler, dachte sie weiter. Tagelang bearbeitete er sie.

„Komm doch mit, bitte."

Ihre Ausreden waren so fadenscheinig. Sie wusste, dass sie feige war, sie traute sich einfach nicht. Sie konnte sich nicht erinnern, jemals etwas so sehr gewollt zu haben, etwas, wofür sie noch nicht einmal zu kämpfen brauchte. Es wurde ihr voller Liebe offeriert, nein, noch mehr, man bat sie leidenschaftlich. ‚Ich kann nicht', existierte nicht in ihrem Vokabular. Normalerweise nicht. Warum jetzt? Sich ihrem Willen beugen zu müssen empfand er immer als Niederlage. Wenn keiner von beiden sich beugte, litten einer wie der andere, doch keiner ließ es den anderen wissen. Sie hatten sich so klar erkannt, hatten jedoch beide keinen blassen Schimmer von der eigenen Identität. Die Frequenzen, die sie verband, empfanden sie in ihrer Außergewöhnlichkeit als selbstverständlich.

Erstmalig waren sie getrennt. Vorher brachte er einen bunt geschmückten, kleinen Weihnachtsbaum anstelle der regelmäßigen, zauberhaften Biedermeiersträuße. Seine Liebe zu ihr, über die er nie sprach, stand im Raum. Aber wenn er nicht von Liebe spricht, dann ist sie nicht, dachte sie. Wer A sagt, sagt auch B, das hatte sie gelernt. Eingebunden in ihren Gewissensnöten feierte sie mit A und sich das Fest. Während dieser Festtage erhielt sie täglich mehrere Anrufe, die die Zweifel an ihrer Entscheidung vertieften. Aber es war zu spät. Wie dumm ich bin, dachte sie. Plötzlich hatte sie den tiefen Sinn seines Begehrens begriffen. Wie oft hatte er sie in den Herbstwochen damit geneckt, dass es jetzt für ihn an der Zeit wäre, zu heiraten. In jenen Weihnachtstagen fühlte sie die Premiere, das sichere Gefühl, etwas Unwiederbringliches versäumt zu haben.

Silvester. Die Freundin seines Partners war unfreiwillig während der Festtage allein gelassen worden. Er wollte sie noch nicht seinen Eltern vorstellen, aus welchen Gründen auch immer. Jon dagegen, preußisch-liberal, ganz anders. Er hatte ja auch etwas Konkretes im Sinn. Petra beneidete Xenia. Ihre Langmütigkeit war hinreißend und für Xenia nicht nachvollziehbar. Ebenso wenig für sie

Xenias vermeintliche Capricen. Silvester im Herz der Berliner Gesellschaft. Das Herz, das Jon brauchte. Das Herz, von dessen Puls er abhing. Petras Freund erschien kurz vor Mitternacht. Eine familiäre Herzlichkeit, echtes Lachen, selbstgekochte Kartoffelsuppe, von der Gastgeberin zubereitet. Der Gastgeber parlierte, Petra beklagte ihren Status.

„Man müsste reich sein, damit man für diese Anlässe jeweils ein neues Kleid vorzeigen kann und nicht ständig mit dem gleichen in Verlegenheit kommt."

Ob ihr Langmut ihr damals schon die guten Zeiten vorzeigte? Der Freitagabend war fortgeschritten. Wie immer erwartete Xenia ihn. Er würde anrufen, um ihr mitzuteilen, wo er sich aufhält. Oder er würde, wie immer, einfach hier sein. Aber er kam nicht. Das erste Mal seit Beginn aller Zeiten. Die Nacht schleppte sich dahin. Im Morgengrauen begann sie, krank zu werden. Hätte sie deutlich gespürt, dass ihm etwas zugestoßen ist, hätte sie Petras Freund angerufen, doch sie fühlte, dass man sie vergessen hatte. Sie spürte es so heftig, dass sie Fieber bekam. Ihr Verstand signalisierte, dass sie die Fassung verlieren würde. Und sie verlor sie. Nicht vollständig, sonst hätte sie sich die Blöße gegeben, nach seinem Verbleib zu fragen. Aber immerhin … Sie rief ihn an, in seinem Büro, in seinem Haus. Nichts. Der neue Tag verging. Wieder der Abend und die Hoffnung. Vergebens. Sie konnte nicht mehr sagen, wie viele Namen es im Telefonbuch gab mit zwei bestimmten Buchstaben … Von Reinickendorf über Hermsdorf über Marienfelde nach Friedenau, in Charlottenburg und im Grunewald, die ganze Nacht ging drauf. Keine Adresse ließ sie aus.

Sie geisterte durch die Nacht bis zum Morgengrauen. Es war das erste Mal, die erste Nacht und das letzte Mal und die einzige Nacht, die erste Situation und die letzte in ihrem Leben, in der sich Xenia diesen Höllenqualen auslieferte. Sie wusste nicht mehr, wie sie ihren Wagen steuerte. Hätte man sie gefragt, ob es regnete, sie hätte geschworen, dass es geschüttet hat. So, wie sie bis zur Bewusstlosigkeit in seinen Armen brannte, so fühlte sie sich zur Leere ausgebrannt bei dem Gedanken, ihn verloren zu haben. Sie fand ihn. Frech stand sein Wagen, es schien ihr, mitten auf der Straße. Sie fühlte, wie jedes Gefüge in ihr zerbrach. Damals löste sie sich bewusst von ihrem Mutterbild. Damals begriff sie erstmalig, dass Menschen und deren Empfindungen nicht vergleichbar als Vorbilder dienen können. Ich bin nicht so wie du, Mama. Das kann ich nicht und mehr noch, das will ich nicht! Sie ließ sich fallen. Sie hatte sogar Max vergessen, der nun bittend um ihre Beine schlich und auf sein Fressen wartete. Irgendwie stand sie neben sich, irgendwie war sie fasziniert. So läuft das also. Der Typ braucht sich nur in Luft aufzulösen, eine unerwartete, unerfreuliche Handlung zu inszenieren, und schon verlierst du jede Gelassenheit. Gelassenheit? Ja, Gelassenheit. Sie höre sich lachen. Stimmt, warum denn eigentlich keine Gelassenheit? Worüber regst du dich nur so grenzenlos auf? Weil dir die Honneurs der vergangenen Monate in täglicher Regelmäßigkeit zugetragen, nun unerwartet vorenthalten wurden? Wieder die Zweifel. Vielleicht doch ein Unglück? Wieder hörte sie sich lachen. Sicher ein Unglück, doch gewiss keines, das ihn geschädigt hat. Sie fühlte es deutlich. Erschöpft fiel sie nach der nächtlichen Geisterfahrt, gelähmt von Schmerz, der Angst und dem Gefühl, ungenügend gewesen zu sein, in den Schlaf. Ungenügend. Genau, das ist es, dachte sie. Weil mein rechter Ellbogen die Tischkante zierte. Vielleicht, weil ich morgens erst nach dem Frühstück die Zähne putzte und Max, mein irrer Rauhaardackel, in seinem Büro einen wirklich unerhört großen Haufen gesetzt hat, und dann war da ja Weihnachten …

Januar. Einer jener trüben und matschigen Wintersonntage. Grau, nass und kalt. So fühlte sie sich und so sah sie aus. Grau, kahl und ausgehöhlt. Auch etwas, was sie in dieser unerträglichen Intensität das erste Mal an sich beobachtete. Sich so zu sehen, sich so zu erleben, widerte sie an. Aber es fehlte ihr jede Kraft, es zu ändern. Wofür soll ich mich schön machen? Er kommt ja ohnehin nicht mehr – oder soll ich mich hinlegen, wie ein siechendes Kalb? Sie lief im Kreis. Die Hände um sich geschlungen, immer am Telefon vorbei … „I will be the shadow of your dog, if it kept me by your side …“ Verdammt!! Nicht ich, nicht ich! Zwei Tage, zwei Nächte, kein Anruf. Hörte sie recht? Es hat geläutet. Sonntagabend. Grau und stumpf, von Abwehr beseelt, ganz und gar nicht wie Mama, die ihr strahlendes Lächeln aufgesetzt hätte, öffnete sie die Tür. Nicht zu fassen, da stand er in voller hoheitlicher Größe. Poliert. Rasiert. Und indigniert …

„Wie siehst du denn aus! Hast du vergessen, dass wir um 20 Uhr zum Essen eingeladen sind?“

Hatte sie nicht. Sie antwortete, hörte sich mit fremder Stimme sagen:

„Wo warst du?“

Gleichzeitig wurde ihr die Blödheit dieser Frage bewusst. Die Antwort blieb nicht aus. Begleitet von einer überlegenen, leicht verlegenen Geste, die einstudiert wirkte.

„Ich hatte einen Blackout."

„Einen, bitte was?" Das muss er wiederholen, dachte sie. Einen Blackout, zwei Tage und zwei Nächte lang? Toll. Dabei kann er doch gar kein Englisch. Sie spürte, sie hatte noch nicht die richtige Lust, um zu streiten. Er hatte sie wieder mit einer völlig neuen Situation konfrontiert, mit einer Situation, die sie niemals, mit egal wem, akzeptieren würde. Das wusste sie, er aber nicht…

Sie war nun landfein für das Dinner. Petras Freund hielt gerade einen Vortrag über ihre anlehnungsbedürftige Handschrift, den sie gefügig ertrug. Xenias Spannung resultierte aus dem Verdacht, dass die beiden über die letzten beiden Nächte und Jons wieder aufkommendem Kontakt zu Sonja Bescheid wussten und dies ließ sie fast zerspringen. Bei Tisch, ihren rechten Ellbogen gebührlich von der Tischkante entfernt, beobachtete sie die sich kreuzenden Blicke und es reichte ihr. Ganz plötzlich. Sie zog an ihrer Haarnadel und schüttelte, wie sie wohlweislich einzuschätzen vermochte zu Jons Entsetzen, am Tisch ihre lange Mähne um die Schultern, erhob sich, nahm Max an die Leine und verabschiedete sich mit den Worten:

„Ich bin sicher, Sonja wird den Abend gerne fortsetzen." Betretenes, aufschlussreiches Schweigen.

„Was ist? Komm, ich fahr' dich."

Natürlich fuhren sie zusammen. Immer würde es dieses Gefühl sein, dieses Gefühl, welches auch jetzt wieder in ihr aufstieg, die Verlogenheit. Ende. Dieser gefrorene

Boden, auf dem nichts mehr gedeiht. Schlecht war ihr. Im Fahrstuhl sah sie ihn an. Er war erregt. Er wird sich fragen, woher ich es weiß, dachte sie. Die Sprachlosigkeit, die Xenia befiel, war beachtlich. Er zündete im Kamin ein Feuer an. Er erzählt irgendetwas. Nein. Nicht irgendetwas. Sie hörte zwar den Inhalt seines Vortrages, doch gleichzeitig fühlte sie jene Abwehr, die sie bereits im ersten Augenblick ihrer Begegnung empfunden hatte.

„Geh."

Sie hörte sich das sagen, als wolle sie ein Gespenst davonschicken.

„Geh! Wenn dich eine alte Geschichte einholt und du dich hingezogen fühlst, dann kann ich das verstehen, denn dann hast du dich auch entschieden. Mehr geht nicht."

„Du treibst mich mit deiner Haltung ja geradezu in ihre Arme."

Treiben …? Ich …? Ihr Zorn, ihre Empörung, wurde wieder einmal zu Eis.

„Wie bitte? Welche Form der Verzeihung konveniert dir? Dass ich Verständnis für deinen hingebungsvollen Altruismus zeige und dich dafür beweihräuchere, oder dass du kurzfristig den Verstand verloren hast?"

Nebelhaft drängte sich die Erkenntnis einer unausweichlichen Falle in ihr Hirn.

„Sie bat mich und ich fühlte mich verpflichtet, sie hatte meinetwegen einen Suizid versucht."

„Ach, wirklich?"

Seltsam befremdet sah Xenia ihn an. Als höre er ihre unausgesprochene Frage.

„Sie wurde nicht damit fertig, dass ich sie verließ."

„Warum hast du sie verlassen?"

„Deinetwegen. Sie ist verheiratet. Seit dem Tag, an dem ich dich kennenlernte, wollte ich sie nicht mehr sehen, sie erfuhr von gemeinsamen Bekannten, dass ich bei dir bin. Ich war die ganze Zeit ständig nur bei dir. Damit wurde sie nicht fertig."

Ihn ironisch korrigierend, entgegnete sie:

„Du meinst seit der Nacht, in der du mich kennenlerntest ... und obgleich sie verheiratet ist, hast du mit ihr eine Affäre. Wenn sie nicht verheiratet wäre, hättest du sie dann auch meinetwegen verlassen oder kam dir etwa ihr ziviler Status gelegen?"

Ihre Fragerei nervte ihn. Aber sie hörte nicht auf.

„Du fühlst dich also schuldig ... oder nenne mir einen anderen Grund, weswegen du dich just jetzt ein Wochenende lang mit ihr so selbstlos vergnügt hast, obgleich ich hier bin, nur ein paar Straßen weiter auf dich wartete. Ich war dir noch nicht einmal einen Anruf, eine Lüge wert. Du hast mich schlicht ausradiert."

„Xenia! Wäre ich dann hier, wenn es so wäre?"

Sein Ton klang versöhnlich und herausfordernd zugleich.

„Du erfüllst eben deine gesellschaftlichen Pflichten verlässlich, immerhin waren du und ich, nicht du und diese Frau, eingeladen, sonst hättest du sicher das bereits gemeinsam genossene Wochenende süß ausklingen lassen. Geh' jetzt!"

Immer berührte es sie, wie Breugels Winterlandschaften, wenn sie an den Sonntagvormittagen diese herrlichen Spaziergänge unternahm. Hindurch durch die breiten Waldwege, auf denen sich immer sehr viele Menschen begegneten. Sie flanierten á la Paris, á la Bois du Bologne, zeigten sich der Jahreszeit und Mode angemessen, elegant. Je öfter man flanierte, desto freundlicher grüßte man sich, weil man sich zumindest vom Sehen her kannte. Wenn sich alles in makelloses Weiß gehüllt hatte, wenn nur der verwaiste, schlafende Wald, dessen majestätische Bäume kraftvoll auf ihren Ästen die himmlischen Lasten trugen, und nur Krähen, derer es tausende im Winter in Berlin gab, wenn diese Wintertage grau und von Schneewolken verhangen waren und die Seen im Grunewald, insbesondere der große Grunewald See, verzauberte, wenn atemlose Stille, nur hie und da vom Schrei eines Eichelhähers durchschnitten, ihr Bangen, ihre Sorgen und dann doch das daraus fließende, unendliche Freiheitsstreben ihre Seele bestimmte, dann, dies konnte sie mit Bestimmtheit sagen, dann fühlte sie die legendäre Magie dieser Stadt. Der Zauber ihres Sees, an dessen Ufer sie das Privileg des Residierens genießen durfte, ihrem kleinen Park, und wenn dieser See im Winter zugefroren war, dann wurden Träume wahr, dann lief man Schlittschuh morgens nach dem Frühstück, oder spazierte in Pelz und Kuschelwolle gehüllt über das Eis, oder es vereinten sich alle Ufernachbarn zu einem Eis Fest mit Klavierflügel, mitten auf dem zugefrorenen See. Jemand spielte dann Harlem Jazz, andere vergnügten sich mit Curling, während im verschneiten Garten ein Lamm oder Ferkel im offenen Feuer schmorte und heißer Glühwein die Gemüter erhitzte.

… oder die Augusttage, deren taufrische Morgenstunde um vier Uhr begann, wenn die Sonne in herrschsüchtigem Glanz schon um sechs Uhr die Stadt in ein klassisches Spree-Athen verwandelte und keinen Widerspruch zur Lebenslust duldete, wenn man zu dieser Stunde den Ku'damm hinunterblickte, ja, dann spürte man deutlich, jetzt, hier und heute ist alles möglich, ganz ohne Zweifel. Wie oft fuhr Xenia an solchen Tagen schon früh in die noch halb schlafende Stadt und ließ sich den Fahrtwind um die vorwitzige Nase wehen, dann trällerte sie mit überschäumender Eroberungslust, begleitet von Max' begeistertem Bellen: „Oh, what a beautiful morning, oh, what a beautiful day, oh, what a wonderful feeling, everthing's going my way!" Egal, was in dieser Stadt mit ihr geschah, es war immer dieser in der Luft liegende Reiz, der sie betörte, besonders wenn der Himmel so blau war wie über dem Mittelmeer oder an Weihnachten das Szenario wie aus einem Hollywood Film glänzte. Egal, wer sie in jener Zeit mit Füßen trat und egal, was und wer sie jahrelang allein sein ließ, es blieb ein Traum in ihr, ein Traum, den sie mit ihren Gefühlen, ihrem ihr gänzlich nicht bewussten, unbeirrbaren Glauben an die Liebe, an das Weiße, an das Schöne und das Gute, vergoldete. Es gab viel, gegen das sie sich zu wehren hatte. Keine Frage. Viel zu viel. Zum Beispiel gab es die Heiligen Abende, an denen sie mit Max vor ihrem Kamin saß und überlegte, wie sie aus dem, was sie besaß, mehr machen könnte. Das Potential war gering, es gab nur ihre goldenen, auf Eis gelegten Träume, sonst nichts. Niemand in Reichweite, der sie tröstete, ermunterte, sie streichelte und ganz zu schweigen davon, ihr hätte helfen wollen. Weit entfernt die Mama, ein nobler jedoch indiskutabler Vater, kein Ehemann, kein Freund, keine wirkliche Freundin.

Mit traumtänzerischem Optimismus bezirzte sie ihre Umwelt, ohne sich darüber im Klaren zu sein. Irgendwie kreierte sie ein Bild, das mit ihrer Seele nicht im Geringsten verwandt war. Nie sprach sie über Ängste und Nöte. Dass ihre Mutter starb, ohne dass sie sich noch einmal gesehen hatten, brach ihr das Herz. Gewissensnöte, weil sie es nicht mehr an ihr Sterbebett geschafft hatte, begleiteten sie. Kommentare von vermeintlichen Freunden wie:

„Jede Mutter stirbt einmal, fasse dich, so schlimm ist es ja nun auch nicht, es geht schon vorbei", waren die brutalste Kälte. Wen interessierte es schon, dass eine Mutter nicht mehr lebt. Weil das Schicksal so freundlich war, ereignete sich der Tod ihrer Mutter genau zu der Zeit, in der Jon ambivalent wurde. Was ein Mensch ertragen kann, glaubt jeder zu wissen. Die meisten haben wenigstens einen nahen Menschen um sich, der sich um sie sorgt, Xenia hatte das im Land ihrer Träume nie …, nur ihre Mama, Jahre lang zu weit entfernt und nun tot.

Wie eine Maschine funktionierte sie. Das hatte sie inzwischen gelernt und beherrschte es perfekt. Am Tage muss die Arbeit getan sein und was der Abend und die Nacht brachten, ging niemanden etwas an. Niemand hatte ihr von der kalten Realität des Lebens erzählt, einiges davon hatte sie ja nun erstaunlicherweise heil überlebt, doch auch diese Erfahrungen konnten ihre Ideale nicht verändern. Indem sie sich treu blieb, litt sie immer wieder aufs Neue. Immer wieder mit derselben Intensität und mit derselben verbissenen Überzeugung. Und wer hatte daran Schuld? Manchmal, versunken in ihrer Vergangenheit, erinnerte sie sich an Erzählungen ihrer Mutter, bestätigt von Tante Mirja.

„Klein warst du, ganz klein. Auf dem Hof watschelten die Mutter Gans und ihre goldgelben, flauschigen Winzlinge, die du unbedingt haschen wolltest. Du trugst ein sommerliches Trägerhöschen und gingst zielstrebig auf die kleinen Küken zu. Wenigstens eines wolltest du unter allen Umständen fangen. Aber die Gänsemama spielte dir stets einen Streich. Sie schnappte jedes Mal, sobald du zu nah an ihre Kinder kamst, stracks hinein in deinen kleinen Bauch. Du hast noch nicht einmal geschrien. Du gingst einfach zurück, um dann, ohne lange zu überlegen, das Manöver von neuem zu beginnen. Das hast du unentwegt so getan, ungeachtet der Gänseschnapper auf dein Bäuchlein. Hätten wir dich nicht endlich davongetragen, du würdest heute noch die kleinen Küken fangen wollen", lachte Tante Mirja.

Tja, dachte sie in solchen Momenten der Erinnerung, es hat sich nichts geändert an meiner Einstellung, leider ist nur jetzt keiner da, der mich davonträgt. So sammelten sich die seelischen Blutergüsse, die sie sich von Jon einhandelte. So lange, bis ihre Seele es nicht mehr ertrug.

Erhoffte Erlösung

Wie mit einem kostbaren Schatz bereichert, fuhr sie nach Mitternacht von der Freundin nach Hause. Flügel waren ihr gewachsen, sie fühlte sich beschwingt, erleichtert und voller Freude. In der Küche, sie war glücklich, als sie entdeckte, dass sie im Besitz eines Mörsers war, schüttete sie die ganze große Packung Valium, die die Freunde aus dem Urlaub kartonweise mitgebracht hatten und im Medizinschrank in deren Badezimmer verwahrt waren, in den Mörser. Nicht im Entferntesten hatte sie geplant, etwas derart Fatales zu unternehmen. Zwischenzeitlich war sie gänzlich allein. Max, ihr irrer kleiner Liebling, war nicht mehr bei ihr, er war von einem Laster überfahren worden. Die Bemühungen, ihn in der Tierklinik zu retten, waren vergeblich … Wie erleuchtet zermalmte sie in der Messingschale den Inhalt der Packungen. Ein weißes, tiefes Häufchen Pulver. Es gab keine Angst mehr. Jetzt würde alles gut werden. Kein Leid mehr. Keine Schmerzen. Keine Demütigungen mehr. Davon war sie überzeugt, sonst hätte sie es nicht getan. Erstaunlich war, wie schnell das Zeug wirkte. Kaum hatte sie es mit Cognac verflüssigt getrunken, nur wenige Schritte von der Küche zur Couch, war sie offensichtlich schon hinüber. Pech war, die Freunde erkannten die Lücke im Medizinschrank und schalteten …, sie alarmierten sofort die Ambulanz. Sie wussten um Xenias Leiden. Also fand sie sich auf der Intensivstation einer Klinik. Der Arzt stand an ihrem Bett.

„Gibt es jemand, den wir benachrichtigen sollen?"

Vielleicht ist es in einer derartigen Geistesverfassung die Seele, die das Sagen hat. Sie hörte, wie sie Jon nannte. Kurz darauf stand dieser im blauen Desinfektionsgewand im Raum.

„Warum hast du das getan? Ich hatte keine Ahnung, dass du dich so fühlst."

Er hatte keine Ahnung ..., der Vorfall war ihm unangenehm. Niemand musste ihr sagen, was kommen würde. Sie schlich des Nachts auf der Krankenstation herum und sammelte alles, was an Medikamenten auf den Tischchen vorbereitet war für die morgendlichen Verabreichungen, und schlich auf leisen Sohlen wieder zurück in ihr Bett. Es kam genau, wie sie es erwartete. Die Sensation. Einladungen zum Kaffeekränzchen, die sie nur einmal annahm. Der Spott, der Hohn, die Gefühllosigkeit, waren unerträglich. Wie mache ich es? Ich will es nicht noch einmal überleben, dachte sie. Telefonklingeln täglich.

„Wie geht es dir? Bist du in Ordnung?"

„Es geht mir glänzend, Erfolg in der Arbeit und Jon ist vergessen."

„Wirklich?"

„Aber sicher."

Nach dessen Besuch auf der Intensivstation hatte sie nichts mehr von ihm gehört. Eine derart unschöne Geschichte passte eben nicht in sein sauberes Leben. Wie soll man es auch erklären? Ich werde verreisen, das nahm sie sich einige Wochen danach vor, den Freundinnen zu sagen.

„Gut. Das tut dir gut, verreise ein paar Tage." Wohin sie reisen würde, fragten sie nicht. Zu jener Zeit hatte sie seit ihrer Reise aus Australien nicht eine einzige Woche Urlaub gehabt, mit Ausnahme des monatelangen Klinikaufenthaltes, aber Urlaub? Sie wusste überhaupt nicht mehr, was das ist. Leisten hätte sie sich solchen Luxus ohnehin nicht können, aber es interessierte ja niemand, weil Xenia eben ganz anders wirkte, als sie es tatsächlich war. Seekrank zu sein, von Heimweh, von unerfüllter Liebe gepeinigt, die Mutter verloren, einen präsenten, echten Vater nie gehabt, verraten, belogen, völlig schutzlos, gedemütigt, verhöhnt, mutterseelenallein…, sind Empfindungen, die nur der versteht, der es erlebt hat.

Alles, was sie zusammengesammelt hatte, schluckte sie. Jetzt muss es klappen, dachte sie, und wieder fand sie sich auf der Intensivstation. Der absolute Aberwitz war, dass es ausgerechnet Jon war, von dem sie seit seinem vorherigen Klinikbesuch nichts mehr, aber auch gar nichts mehr gehört hatte, der just im Moment ihres Abschiedes in ihre Wohnung kam, er hatte Schlüssel. Welche Macht im Universum hatte ihn dazu bewegt, in exakt den letzten Sekunden vor ihrem Dahinscheiden zu ihr kommen?

Ein freundlicher Professor fragte sie nach ihrem Befinden.

„Sie haben das jetzt zum zweiten Mal gemacht, warum?"

Sie dachte, er wird es nicht verstehen, sagte jedoch:

„Schauen Sie, ich suchte Hilfe bei einer Psychologin und wissen Sie, als ich soweit war, um ihr meine Sache zu schildern, sagte sie, die Zeit sei um. 45 Minuten genau.

Kommen Sie nächste Woche wieder. Was ist das für eine Hilfe?"

Sie erzählte ihm alles, was er wissen wollte. Zu ihrem Erstaunen erkannte sie aus seinem Verhalten, dass ihm Jon bekannt war. Sie erfuhr, dass Sonja hier auch gelegen hatte. Ja, das wusste sie bereits ...

Eine der sogenannten Freundinnen ereiferte sich.

„Du legst dich einfach in eine Klinik und ich soll deine Arbeit machen. Ich will mindestens fünfzig Prozent, wenn ich deine Arbeit für dich machen soll."

Xenia zerbrach wieder. „Weißt du", sagte diese Schlange, „meine Mutter war auch in so einer desolaten Verfassung, wir brachten sie in eine Privatklinik, wie ein Sanatorium, echt prima. Das wäre das Richtige für dich."

Naiv ließ Xenia sich einweisen. Xenia wurde in einen Raum geführt mit einem Bett, immerhin war sie Privatpatientin. Ihr System erstarrte augenblicklich zu Eis. Die Fenster waren vergittert, sie begriff auf der Stelle. Wie komme ich hier raus? Es war ihr primärer Gedanke. Sogenannte Freunde, die Verwandtschaft ohnehin, kannst du vergessen, stellte sie fest. In dieser Not fiel ihr ein lieber Verehrer, ein resoluter Herr in den Fünfzigern, ein. Er war entsetzt. Noch am selben Tag wurde sie, bedingt durch seine Unterschrift, entlassen. In ihrer unversehrten, märchenschönen Wohnung am See angekommen, stürzte sie sich sofort in ihre Arbeit. Am selben Tag. Das Telefon läutete unentwegt und sie hörte sich in völlig veränderter Form. Resultat, mit keinem dieser angeblichen Freunde gab es jemals wieder ein Wiedersehen. Niemals mehr. Xenia hatte Regeln begriffen, die ihre Mama ihr nie hätte beibringen können. Sie hatte verstanden, dass sie leben sollte. Da war sie nun, tief gefroren, entschieden, sich nie mehr Demütigungen und Hohn auszusetzen. Die falschen Freunde glaubten es nicht. Sie klingelten unaufhörlich. Wochenlang. Diese Judasse. Währenddessen konzentrierte sich ihr Horizont täglich auf jeweils 24 Stunden. 24 Stunden. Nicht mehr. Mehr schaffst du nicht. Jeden Tag aufs Neue. Langsam, nur jeden Tag als Konzept. Allein. Ihr Schreibtisch. Ihre Arbeit.

Und dann, dann kam da dieser Anruf. Jon.

„Wie geht es dir?"

Sie wusste, es war sinnlos zu glauben, dass sie sich ihm widersetzen könnte, also gab sie sich passiv. Er kam. Jeden Tag. Nachmittags von zwei bis vier, jeden Tag. Was dabei gänzlich ungewohnt war, er saß irgendwo, las Zeitungen und machte Konversation, ohne sich ihr zu nähern. In dieser Vorgehensweise ließ sie ihn gewähren. Er fühlte sich schuldig, er wusste um seinen Fehltritt, er hatte begriffen, etwas Kostbares zerstört zu haben, aber er konnte nicht aus seiner Haut, er war von der Gesellschaft regiert. Sich jetzt noch öffentlich mit ihr zu zeigen, geschweige seine Freunde zusammen mit ihr zu besuchen oder Einladungen gemeinsam mit ihr anzunehmen, ziemte sich anhand der Vorfälle nicht, nein, mehr noch, es war undenkbar für ihn.

„Ich fühle mich für dich verantwortlich", beantwortete er in jener Zeit ihre Frage, „Warum kommst du eigentlich noch"?

John's Replique

In dem Hochhaus, in dem sie ein Seminar gebucht hatte, begegnete sie, wie bestellt, jedes Mal, sobald sie dort zur Schulung ankam, diesem Mann, der exakt zur Extraklasse John/Australien gehörte. Wollte sie in den Fahrstuhl, stand er bereits dort, wollte sie ihn meiden und nahm die Treppe, kam er ihr entgegen. Ich will wahrhaftig nichts mit ihm zu tun haben, dachte sie sich. Sein Lächeln ignorierend, ihn überhaupt nicht ansehend, ging sie ihm monatelang so gut es ging aus dem Weg. Inzwischen kannte er ihren Besucherrhythmus im Haus, in dem er das Penthouse bewohnte, und wagte es eines Tages, nach dem Seminar auf dem Parkplatz neben ihrem Auto auf sie zu warten. Xenia fragte sich nichts mehr, sie wusste Bescheid, öffnete ihren Wagen, stieg ein, ließ die Fenster, weil es Sommer und heiß war, herunter und fuhr los. Tatsächlich erlaubte er es sich, das langsam anfahrende Fahrzeug mit seiner Hand am Fensterrahmen stoppen zu wollen, er richtete ein paar Worte an Xenia, aber Xenia ließ das Fenster hochfahren und gab Gas. Um ein Haar wäre seine Hand eingeklemmt worden. Typen, die mit einer solchen Physis gesegnet sind, bilden sich wohl überall auf der Welt ein, sich jede Frechheit erlauben zu dürfen. Kopfschüttelnd fuhr sie in ihre Märchenwelt am See und widmete sich ihrer Tätigkeit. Wissend, dass das Seminar nicht ewig dauerte, passte er sie einige Etagen höher ab, indem er in den Fahrstuhl trat, und sprach sie erstmalig direkt an. Sie waren allein im Fahrstuhl. Er stellte sich vor und verblüffte sie mit seinem Vortrag.

„Ich begegne Ihnen jetzt seit Monaten, kenne Ihr KFZ-Zeichen, weiß, wo sie im Grunewald wohnen, wie Sie heißen und kenne ihr Geburtsdatum. Weshalb weichen Sie mir aus? Sehe ich derart bedrohlich aus?"

Gefangen in diesem Fahrstuhl, der jetzt bis ganz nach oben fuhr, sah Xenia ihm emotionslos in sein Gesicht und erwiderte kühl:

„Ja. Männer wie Sie sind prinzipiell eine Bedrohung".

Der Fahrstuhl hielt, sie mussten aussteigen. Kein Mensch in Sicht. Sie ließ ihn einfach stehen und benutzte die Treppe, sie musste ja einige Etagen tiefer. Unten angekommen, saß er auf der untersten Treppenstufe und wartete auf sie.

„Hören Sie, bevor Sie da reingehen", und deutete auf die Seminartür, „möchte ich Ihnen sagen, dass ich noch nie einer Frau nachgelaufen bin, so, wie ich seit Monaten Ihnen hinterherlaufe und auch, dass ich noch nie eine Frau verletzt habe! Warum sagen Sie also so etwas wie soeben?"

Verdutzt blickte sie in sein markantes, aufregend schönes Gesicht und dachte, es ist zum Verrücktwerden, ich muss hier weg, unbedingt.

„Ich muss ins Seminar, ich habe mich bereits verspätet." Weg war sie. Er wartete wieder an ihrem Auto. Hat der denn nichts zu tun?, fragte sich Xenia verärgert.

„Haben Sie denn nichts zu tun? Warum stehen Sie schon wieder hier?"

„Ich werde so lange auf Ihrem Weg stehen, bis sie mir eine Chance zum Reden geben, was hindert Sie denn daran?“ Der gibt nicht auf, schoss es ihr durch den Kopf, lass’ ihn also reden, damit er endlich Platz macht.

Sie saßen in einem Restaurant und redeten, als ein Bekannter von Jon herein trat. Höchst erstaunt und neugierig kam er an ihren Tisch.

„Xenia, was machst du denn hier? Und du …“, auf ihren Gesprächspartner blickend, familiär seinen Namen nennend, „wie lange kennt ihr euch denn schon?“, wissend, dass Xenia Jons Drama war.

Gefasst, beide Hände auf dem Tisch, stieß Xenia unter dem Tisch ihr Knie an das Knie ihres Gesprächspartners, natürlich ohne Worte … Dieser verstand eindeutig sofort. Er schmunzelte: „Setz’ dich doch“, und zu Xenia gewandt, „wir kennen uns schon eine Ewigkeit“, seinen Arm genüsslich um ihre Schulter legend und diese leicht drückend. Jons Bekannter, Jons männliche Bekannte allgemein, waren ausschließlich Alphamänner…, betrachtete die beiden ungläubig.

„Euch habe ich noch nie zusammen gesehen!“

„Das liegt daran, dass Xenia eine sehr private Person ist“, schelmisch blickte er in ihre Augen, „nicht wahr, Liebes?“

Schauspielerisch begabt, sah Xenia gelangweilt lächelnd in das Gesicht von Jons Freund. Dieser glaubte immer noch nicht, was er sah und hörte. Xenia dachte, soll er denken, was immer ihm durch den Kopf geht, er wird es selbstverständlich Jon berichten. Gut so. Er, der Aufdringliche, hatte gewonnen. Xenia dachte, er reagierte wie nur ein sehr intelligenter Mensch im Bruchteil einer Sekunde reagiert. Gregor, der Aufdringliche, wusste, dass er Xenia beeindruckt hatte und war mit sich zufrieden.

„Der Kerl“, so sagte er, „weiß so ziemlich alles in und aus der Stadt. Es wird eine Weile dauern, bis er Sie und mich verdaut hat.“

„Der Kerl“, wiederholte Xenia, „ist ein Angeber vor dem Herrn, sagte er doch irgendwann, die Frau, die für ihn in Frage kommt, muss mindestens das kleine Latinum beherrschen …“

Einen Augenblick sprachlos, dann schallend in Xenias Gesicht lachend mit einem höchst amüsierten Ausdruck, meinte er, nachhaltig belustigt:

„… dann sind wohl mehr Damen in Berlin Lateiner, als ich dachte. Ich habe ihn noch nie zweimal mit der gleichen Frau gesehen“. Wieder lachte er, bestens unterhalten. Auf dem Parkplatz, an ihrem Auto sie verabschiedend, bedankte er sich und fügte selbstbewusst hinzu:

„Sie und ich sind ab heute Gesprächsstoff in der halben Stadt, dafür sorgt er. Darf ich Sie morgen besuchen?“ Warum nicht, dachte Xenia, eine Katastrophe jagt die andere, warum nicht …?

Gregor kam, bewunderte ihr Reich am See. Er machte Konversation, keine Annäherungsversuche. Beruhigt registrierte sie, dass er ein Freund werden könnte. Es geschah, dass er und Jon in ihrer Wohnung zusammentrafen. Jon kam wie immer, wann immer es ihm genehm war. Gregor hatte sich ordentlich angemeldet. Als Platzhirsch saß Jon auf der Terrasse, las Zeitung und, von ihm gänzlich unerwartet, war plötzlich Gregor gegenwärtig. Groß, wie Jon, weit über 1,90 m, genauso breit, genauso athletisch schlank. Keiner von beiden gab nach. Beide saßen sich an diesem Terrassentisch gegenüber und lasen Zeitungen, so, als gäbe es Xenia nicht. Sie verließ ihre Wohnung, kam mit einem Packen internationalen Zeitungen zurück, die sie vor den beiden geräuschvoll auf den Terrassentisch platzierte, und ging wieder aus ihrer Wohnung. Als sie am späten Abend zurückkam, saß Jon immer noch da, den vermeintlichen Rivalen ausgesessen.

Ost-Afrika Safari

Es wurde September, der mystische Monat … der Monat, in dem sich Xenia und Jon erstmalig begegnet waren … Nun hatte sie die Kraft und das Geld, um eine erste Auslandsreise, nach ihrer Weltreise aus Australien, zu unternehmen. Sie reiste nach Ostafrika. Afrika … raus aus dem schrecklichen Land, das ihr nichts als Enttäuschungen, Entbehrungen und Schmerzen bot. Jetzt wieder Sand unter den bloßen Füßen, Sonne auf der Haut und Salz auf den Lippen, war sie versucht, sich gen Mekka niederzulegen und den Strand zu küssen. Stundenlang lief sie auf diesem breiten, weißen Strand, ihre Beine umspült vom Indischen Ozean. Sie lachte, wie schon lange nicht mehr, spielte Beachvolley, blickte in die endlose Weite, tauchte in das Türkis dieses herrlichen Nass. Was braucht der Mensch mehr, dachte sie, als eingebunden zu sein in diese gewaltige Schönheit. Keine Wolkenkratzer, keine Statussymbole jeglicher Couleur, lediglich diese Schönheit der Natur, den Respekt vor dieser Schönheit, vor den Tieren, die überall auf der Welt in Käfigen zur Schau gestellt sind und leiden, genauso, wie Menschen in ihren Boxen. Sie bestaunte ehrfürchtig die hunderte Jahre alten, majestätischen Baobab Bäume. Natürlich wusste sie, dass der lange Strand eine gepflegte Touristennotwendigkeit war und es im Inneren des Landes völlig anders aussah, aber im Hier und Jetzt sog sie die von ihr so geliebte Seeluft ein, als wäre es ihr einziges Lebenselixier. Xenia plusterte sich, wie damals die kleine Cockerspaniel-Hündin, die sie einst nach Weihnachten aus dem Tierheim befreit hatte. Kaum war diese aus ihrem engen Käfig im Tierheim frei und auf dem Verkaufstisch in Xenias Händen gelandet, verdoppelte sich ihr Volumen. Sechs Wochen blieb Xenia. Kenia, Tansania, Amboselie, Serengeti, Massai Mara. Traumhafte Fotosafaris, traumhafte Fotos von traumhaften Tieren der Wildnis, die ihre Freiheit leben. Typisch Xenia, am liebsten wäre sie dort geblieben. Die Tierfotos, die sie auf diesen Safaris machte, waren außergewöhnlich und mit Sicherheit selten. Natürlich war es dem erfahrenen Fahrer zu verdanken, der seine Gäste mit sicherem Gespür zu den interessantesten und manchmal auch zu ziemlich gefährlichen Begegnungen führte. So hielt sie fotografisch fest: Warzenschweine, Zebras, Geparden, Elefanten, Giraffen, natürlich die Kaffernbüffel, Antilopen, Dik Diks genannt, Affen, Löwen und Nashörner, Flusspferde und die Mungos, mit letzteren spielte sie manchmal, als seien es Hauskatzen. Der Piper-Pilot, der sie meistens ins Landesinnere flog, warnte Xenia. „Das sind keine Haustierchen, sie nagen und beißen, sieh dich vor, ich staune, wie du gerade diesen hier zähmst." Er war Brite und sie unterhielt sich gerne mit ihm, endlich wieder etwas Welt in Englisch! Sie war in ihrem Element, nachts jedoch überfordert. Von Stille der Nacht keine Spur. Es grunzte, es schnaubte und raschelte furchterregend um das Zelt herum. So eine Raubkatze braucht doch nur ihre Krallen auszufahren und schon ist sie im Zelt, fürchtete sie sich insgeheim. Aus diesem Grund bat sie nach der ersten Nacht im Zelt, ohne sich etwas dabei zu denken, den deutschen Junggesellen, zumindest glaubte sie er sei einer, denn er reiste auch alleine, er möge doch bitte mit ihr in ihrem Zelt nächtigen.

„Sie ängstigen sich doch bestimmt genauso sehr wie ich, alleine in ihrem Zelt."

Xenia fragte dies während des Mittagessens. Die dabeisitzenden Paare älteren Semesters waren brüskiert und der Junggeselle errötete. Also, dachte Xenia, so sieht verklemmt aus. Ihren fragenden Blick beantwortend, meinte der errötete Junggeselle:

„Nein, nein, danke. Es gehen ja nächtlich die Wachen, die Massai, bewaffnet durch das Camp, da passiert nichts."

Immerhin eine beruhigende Information, dachte Xenia. Am nächsten Mittag, nach der Morgensafari und dem Mittagessen, schlenderte sie, ehrfürchtig ihr Umfeld bestaunend, Affen schwangen sich von Baum zu Baum, ahnungslos und unbeschwert, einige Schritte auf dem ausgetretenen Pfad, der nur von Radspuren gekennzeichnet war, ähnlich wie jener Pfad, der damals in Australien aus dem Auffanglager für Einwanderer hinausführte, aus dem Camp … Leises „Pst, Pst" hörte sie hinter sich und drehte sich um. Der Junggeselle stand dort mit seiner Kamera und winkte sie geheimnisvoll, eindringlich gestikulierend, zu sich. Bei ihm angekommen, nahm er sie tonlos forsch am Arm und schritt mit ihr eilig ins Camp zurück. „Was ist denn?" Sie entfernte seine Hand von ihrem Arm, ihn verständnislos ansehend.

„Wären Sie noch ein paar Schritte weitergegangen, dann wären Sie jetzt Löwennachtisch."

„Wie soll ich das verstehen?"

„Vor Ihnen im Gras lag eine sechsköpfige Löwenfamilie, die Sie wegen deren Tarnfarbe offensichtlich nicht sahen.

Ich machte zuvor noch ein Foto, Sie werden sich sowie die Löwen darauf erkennen, ich werde es Ihnen zusenden."

Xenia erblasste.

„Und die Massai, wo sind die Wächter?"

„Man sagte allen Touristen ausdrücklich, das Camp nicht ohne Begleitung der Massai zu verlassen."

„Mir nicht. Kommen Sie, ich brauche jetzt einen doppelten Cognac und Sie sicher auch. Aber sagen Sie mir, weshalb waren Sie hinter mir?"

„Ich sah Sie aus dem Camp gehen und musste Sie warnen, allerdings habe ich keine Löwenfamilie unmittelbar vor dem Camp vermutet."

Nachdenklich betrachtete sie ihr Gegenüber, sie saßen im Hemingway-Zelt und nippten an ihrem Cognac.

„Ich wäre jetzt Löwenfutter, Sie haben mich gerettet."

Nicht fassen könnend, welchem entsetzlichen Schicksal sie entkommen war, fasste sie eine seiner Hände.

„Ich kenne Sie nicht und Sie nicht mich. Ich kenne jedoch niemand, der sich so verhalten hätte wie Sie."

Verlegen lachte er. „Doch, die Massai, hätten sie Sie gesehen ..."

Sie fing mit ihrer Kamera unzählige Aktivitäten der Tiere ein, eine jedoch berührte sie zutiefst. Es wetteiferte mit dem fahrenden Jeep eine Löwin. Diese rannte in langen Sätzen unmittelbar neben den Jeep Rädern her, mit Blick nach oben. Der hintere Teil des Fahrzeugs war offen, Xenia stand dort und fotografierte. Der Fahrer rief:

„Kommen Sie in die Kabine!"

Aber Xenia war fasziniert vom Ausdruck der Augen dieser Raubkatze. Noch einmal klickte sie, begab sich dann aber schnell in Sicherheit. Wann immer sie später das Foto dieser Raubkatze betrachtete, erlebte sie wieder jenen Augenblick, in dem sie die erste Sekunde in Jons Gesicht sah, als er im Club die Tafel umging und sie jenen stahlharten, wie ihr schien, mörderischen Blick spürte, der sich in ihre Augen senkte. Plötzlich erinnerte sie sich auch an diesen schwarzen Puma, der hinter den Gittern der Zirkusarena aufsprang und Xenia mit seinen großen, gelbglänzenden Augen im Visier hatte. Es war ihr erster Zirkusbesuch zusammen mit den Eltern gewesen. Sie war damals fünf Jahre alt und sie hatten in der ersten Reihe gesessen. Mama bemerkte Xenias Unruhe und nahm sie schützend auf ihren Schoß, doch wie gebannt starrten Puma und Kind sich gegenseitig in die Augen, bis der Dompteur ein Machtwort sprach und der Puma gehorsam, jedoch widerwillig vom Gitter glitt.

Die Jagd zweier Geparden auf ein Warzenschwein blieb ihr unvergesslich. Wie kann ein Warzenschwein zwei Geparden entkommen? Der Fahrer blieb hinter den Jagenden, damit das Geschehen genau zu beobachten war. Wer hat's von wem gelernt? Das Warzenschwein vom Hasen oder der Hase vom Warzenschwein … Dieses Warzenschwein war olympiareif. Es schlug Haken, wie im Kreuzfeuer, flankiert von den zwei Geparden, die, so sehr sie sich auch in ihrer legendären Schnelligkeit bemühten, ihrer Beute einfach nicht habhaft wurden. Zielorientiert flitzte dieses Tier im scharfen Zick Zack auf den einzigen Hügel weit und breit zu, nach wie vor im Sprint gejagt von den beiden Geparden, um sodann, alle drei waren gleichzeitig oben auf dem Hügel angelangt, blitzschnell unter den Augen der verblüfften Katzen in einem Erdloch zu verschwinden. Auf Xenias Fotos sieht man oben auf einem Hügel zwei Geparden ungläubig in ein Erdloch starren … Ein herrliches Bild.

Die Amboseli-Lodge lag erhöht mit Blick hinunter zur großen Tränke, an der sich sämtliche Tiere der Savanne einfanden. Von der Veranda aus konnten diese wunderbar gefahrlos beobachtet und fotografiert werden, anders, als in Massai Mara. Hier brauchte sich niemand vor tierischen Überfällen im Schlaf zu fürchten. Elefanten duschten sich den Rücken und ihre Kleinen mit ihren Rüsseln, Giraffen näherten sich würdevoll dem Teichrand, beugten ihre langen Hälse und dies sah aus, als würden sie aus einer Champagnerschale Champagner schlürfen … Kaffernbüffel liefen hinein in das Wasser, wenn keine Katzen in Sicht waren, diese kamen dann, wenn sich kein anderes Tier an der Tränke aufhielt, immer solo, stillten ihren Durst, blickten wach und gebieterisch um sich, um dann erhabenen Schrittes wieder in die Savanne zu tauchen. Genauso verhielten sich die Nashörner, gefährliche Einzelgänger, die man selten zu Gesicht bekam, aber die kleine Safaritruppe bekam sie zu Gesicht, und nicht nur eines … gefährlich, gefährlich, Nashornmutter mit Kind! Alle Tiere, die diese Tränke dringend benötigten, folgten eindeutig einem ungeschriebenen Gesetz. Diverse Affenarten versammelten sich täglich auf der Brüstung der Veranda, ähnlich wie Xenias Mama jene Kakadus in Australien verwöhnte, und verlangten ihre Schleckereien, was immer es auch war, nie waren die Affen an der Tränke.

Inmitten der noch kühlen, morgendlichen Savanne kreuzte ihr Fahrer, sehenswerte Fotomotive für seine Gäste suchend, als er augenblicklich die Fahrtrichtung änderte, schneller wurde und die fünf Touristen ihn fragten, weshalb er die Fahrtrichtung ändert. Niemand sah weit und breit ein Tier. Doch, dort …! Xenia erblickte in ziemlicher Entfernung ein Nashorn mit einem Jungen. Sofort zoomte sie die beiden mit ihrer Kamera heran und klickte. Was für ein Foto! Das Nashorn hatte bereits sein Horn zum Angriff gesenkt, neben ihm das Junge, beide blickten in Richtung Jeep, die Mutter wachsam, ihr Kleines neugierig. „Machen Sie keine Geräusche, bleiben Sie alle ganz still. Wenn sie angreift, haben wir wenig bis keine Chance, sie hat erst kürzlich einen Jeep gehoben, deswegen entfernte ich mich so schnell ich konnte."

Auf dem Rückweg fuhr er auf einem schmalen Pfad, der durch ein niederes Gebüsch führte, vorbei an Bäumen, deren Äste kahl, von Giraffen und Elefanten abgefressen waren. Urplötzlich erschien direkt vor ihnen ein Elefantenbulle, dessen riesengroße Ohren wie Segel breit aufgestellt waren, langes, geschwungenes Elfenbein glänzte bedrohlich unter seinem gewundenen Rüssel, der trompetend zum Angriff blies. Auch dieses gewagte Foto schmückt Xenias Album … Rückwärtsgang, Allradgetriebe aktiviert und Gas gegeben, nach hinten schauend, steuerte der Fahrer den Jeep schnell aber vorsichtig auf dem Pfad zurück in die Savanne.

„Vermutlich ist hinter dem Gebüsch seine Herde, die er zu beschützen hat. Man soll eben nur auf der offenen Savanne fahren, um den Überblick zu behalten."

Von den vier Touristen sehr bewundert für sein sicheres Reagieren, sie bewunderten auch Xenias Foto Gier, jedoch war auch sie, wie alle, trotz Urlaubsbräune, ziemlich blass geworden.

Die Fotosafari unterbrechend, bot der Fahrer eine Fahrt ins Landesinnere, hinein in einen Krahl, das archaische Dorf der Eingeborenen, an. Zögernd stiegen dort die vier Touristen, nicht die wissbegierige Xenia, aus und bestaunten die stolzen Massai in ihren bunten langen Gewändern, geschmückt mit Perlen, Bändern, Reifen, Schmuck entlang den Ohren und im Gesicht. Gertenschlank und hochgewachsen standen sie innerhalb des von Schilf und Bambus geflochtenen hohen Zaunes geschützten Krahls und ließen sich für Geld fotografieren. Möglich, dass es als Touristenattraktion gedacht war, aber wie wunderschön! Die unnachahmliche, natürliche Grazie dieser jungen Frauen, die kerzengerade, ihre ebenmäßig geformten Häupter stolz hoch gehalten, anmutig in Zeitlupe flanierten, war einmalig sehenswert. Davon nur eine über einen Laufsteg in Paris … es wäre die Sensation, dachte Xenia begeistert und fotografierte, was das Zeug hielt. In brütend heißer Hitze saßen den Massai natürlich etliche Fliegen überall, im Gesicht, auf den Armen, und wurden dort geduldet. In so einem Lehmbau wäre ich gerne, ob man mir das erlaubt? fragte Xenia sich.

„Sie wollen doch nicht hinein in solch eine Lehmhütte!"

Die anderen Touristen waren sehr ablehnend, nach dem Motto, wer weiß, was man dort drinnen vorfindet. Aber Xenia wollte und durfte. Ein Scheinchen und schon war sie drinnen. Was für eine erstaunliche, angenehme Überraschung! Erstens war es außerordentlich kühl da drinnen, im Gegensatz zur Hitze draußen, und es gab nicht eine einzige Fliege! Der niedrige, aber recht große Innenraum war blitzeblank sauber, uralter zu Stein gewordener Lehm formte blank geschliffen alle Notwendigkeiten, die Sitzflächen, die Schlafstätten und die offene Feuerstelle an der Außenmauer. Nur eine Person befand sich im Gehäuse, eine zahnlose, kleine alte Frau, eine Suaheli, die Xenia lächelnd begrüßte und gewähren, heißt fotografieren, ließ. Hinter der Lehm Wand befand sich der überdachte Ziegenstall, die Wand oben bis zur Decke einen breiten Spalt geöffnet, sodass in der Kälte der Nacht die Wärme der Tiere in den Innenraum der Menschen gelangte und während der Hitze, wie jetzt, die Kühle des Lehmbaus hin zu dem Bereich der Ziegen. Eine beeindruckende Architektur, zweckerfüllend, intelligent, einfach, minimalistisch würde auch passen, hygienisch sauber, nach europäischem Verständnis hätte man glatt vom Boden essen können.

Wieder auf der Pirsch, nur gigantische Büffelherden wanderten in der flimmernden Hitze in Richtung Horizont, war kein anderes Tier in Sicht. In der flimmernden Luft fuhr der Jeep langsam kreuz und quer durch die gelb vertrocknete Ebene. Da …! Unerwartet erhob sich aus dem vertrockneten Gras nicht weit entfernt vom Jeep ein Löwe mit Kaisermähne. Der Fahrer fuhr langsamer und alle fünf wurden mucksmäuschenstill. Was sie jetzt beobachten durften, war nicht nur film- und fotoreif, es war schlichtweg der absolute Höhepunkt dieser Fotosafari!

Nachdem dieser prächtige Löwe sich über das relativ hohe Gras alles beherrschend, gebieterisch umsah, entdeckten die Touristen eine Löwin unweit vor ihm. Scheinbar teilnahmslos und unbeeindruckt von seiner Präsenz kehrte sie ihm den Rücken zu, dieser liniengerade mit ihrem Kopf, wie ein anzeigender Vorstehhund, nur ohne die Pranke zu heben, still, sich nicht bewegend, wissend, was kommt, seiner harrte. Erhaben, in aller Ruhe, näherte sich der Löwe, ebenfalls still, ohne Gebärden und bestieg die Löwin, umfasste deren Rumpf, bedeckte ihren Hals, immer noch tonlos, mit seiner gewaltigen Mähne. Kein Laut, keine Regung der Löwin. Die Spannung unter den fünf Fotojägern war zum Zerreißen, nicht die Spur eines obszönen Gedankens war auf den Gesichtern zu lesen, dafür sprachloses, ehrfürchtiges Staunen. Jetzt…! Der Löwe ließ ab von ihr, wieder auf vier Läufen hinter ihr stehend, streckte er sein prächtiges Haupt, wie ein Wolf im Begriff zu heulen, gen Himmel und brüllte in das gleißende Licht, schüttelte seine königliche Mähne und blickte besitzend erst zur Linken, dann zur Rechten … Immer noch stand bewegungslos die Löwin vor ihm, immer noch den Rücken liniengerade mit ihrem Kopf, um dann, plötzlich wie vom Blitz getroffen, wie ein Brett, das nicht auf der Kante stehen bleiben will, rechts zur Seite zu kippen, flach wie eine Flunder bewegungslos im Gras liegen bleibend. Der Löwe, hoheitsvoll und wachsam, blieb neben ihr stehen. Jede Szene wurde von Xenia mit ihrer Kamera festgehalten. Wer hat je so etwas Wunderschönes zu sehen bekommen, dachte sie und wischte sich die Tränen aus den Augen, hierher komme ich wieder. Sie kam mehrmals wieder.

Jon – Freunde und V12

Zurück in Tempelhof angekommen, Taxi, Koffer verstaut und eingestiegen, blickte sie, auf dem Rücksitz sitzend, einfach so nach hinten … und was sah sie? Jon in seinem Wagen unmittelbar hinter dem Taxi. Wie ist das möglich, sinnierte sie. Kein Mensch wusste, wohin ich reiste, kein Mensch wusste, für wie lange. Xenia, meldete sich ihre innere Stimme, du würdest auch alles herausfinden, wenn du es wirklich willst, habe ich Recht? Am Haus, der Taxifahrer trug freundlich die Koffer an die Haustür, parkte auch schon Jons Auto.

„Woher weißt du?"

„Ich habe mich beim Tourismusbüro erkundigt."

„Aber die dürfen keine Namen herausgeben."

„Richtig, aber die jeweiligen Ankünfte aus Mombasa in Frankfurt und Anschlussflüge nach Berlin; ich war drei Wochen nach deiner Abreise bei jeder Ankunft in Berlin am Flughafen."

Ungläubig sah sie ihn an, aber sie musste ihm glauben, wie sonst hätte es so sein können? „Warum? Weil du dich für mich verantwortlich fühlst?"

Der lange Urlaub hatte sie nicht nur tief gebräunt, sondern auch ihren Rücken wieder breit werden lassen, dies war nicht zu übersehen. Sie öffnete ihr Gepäck, sortierte den Inhalt und blickte in kühl an. Sie wusste, sie sah prächtig aus. Noch nie hatte er sie so sonnengebräunt gesehen. Europäische Sonne ist eben nicht australische oder afrikanische Sonne. Genau das ist das Problem. Er wird nicht gehen, dachte Xenia, mein Astralkörper macht ihm Appetit. Sechs Wochen, mit Ausnahme der Safaris, in denen sie täglich Beachvolleyball gespielt hatte, und tägliche stundenlange Strandläufe, wie sie es in Australien gewöhnt war, hatten sie wieder gut in Form gebracht. Physisch und psychisch. Den spöttischen Unterton ihrer Frage überhörend, betrachtete er sie bewundernd, so, als hätte er sie noch nie zuvor gesehen.

„Lass' uns heute Abend essen gehen."

Xenia überlegte, wie lange es her war, seitdem sie das letzte Mal mit ihm ausgegangen war, wohl gemerkt, immer vom Feinsten.

„Jon, was würden denn die Leute denken, wenn sie dich plötzlich wieder mit mir zusammen sehen?" Ihr spöttischer Ton war geblieben.

„Was Leute denken, interessiert mich nicht. Ich habe nur dich im Kopf."

„Tatsächlich? Du hast also in der Vergangenheit in Askese gelebt…?"

Die Koffer waren zwischen ihnen und ihre Ironie deutlich.

„Ja."

Wach, kritisch sah Xenia ihn an. Das glaube ich nicht, nicht er … Laut sagte sie: „Das glaube ich dir nie. Du und Askese …?"

Xenia verstaute ihr leeres Gepäck und Jon hielt sie wieder an den Schultern. Monatelang hatte er sich ihr nicht genähert. Er weiß, was ich weiß, dachte sie, entwand sich seinem Griff, trat zurück.

„Die Tatsache, dass du mein Leben am seidenen Faden zurückgeholt hast, könnte zur Annahme verleiten, dass du denkst, mein Leben gehöre dir. Vielleicht ist das so, aber ich gehöre dir nur so, wie du es wünschst, wenn du mir deinen Namen gibst."

Wieder griff er sie, nahm ihren Kopf in seine Hände und küsste sie, bis sie die Sinne verlor. „Das werde ich, Xenia, das werde ich, wir gehören doch zusammen."

„In Afrika waren Sie?" Staunend hörte Gregor ihr zu. „Ich bin froh, dass Sie wieder hier sind, ich kenne ja niemanden, den ich wegen ihrer Absenz hätte fragen können."

Er war fasziniert von ihren sensationellen Fotos, insbesondere weil er erkannte, wie mutig sie war.

„Ich habe Sie sehr vermisst und mir große Sorgen gemacht, sechs Wochen lang nichts von Ihnen zu hören …" Dann: „Entschuldigen Sie die Frage, aber wer ist der Mann, der vor Ihrer Abreise auf ihrer Terrasse saß?"

„Ich weiß es nicht mehr. Ich glaubte einmal, wir wären ein Paar, aber es entwickelte sich anders."

Traurig war ihr Blick, den Gregor nicht falsch deutete.

„Dann ist er also der Grund für Ihre anfänglich feindliche Haltung mir gegenüber?"

Xenia betrachtete wieder den mörderischen Löwenblick auf dem Foto vor ihr.

„Männer, wie Sie, Gregor, müssen noch nicht einmal jagen, Ihnen läuft das Wild freiwillig vor die Füße und Frauen wie ich wollen nicht gejagt werden, sie wollen geliebt werden, und damit meine ich nicht ein Bettverhältnis. Ich bin müde von Männern wie Ihnen. Sie machen Schmerzen."

Schockiert sah Gregor Xenia an. „Was hat man Ihnen angetan?“

„Nichts, Gregor, man nahm mir nur die Ehre.“

Gregor fragte nichts mehr. Als wäre er gemeint, erhob er sich beschämt.

„Xenia, ich werde Ihnen niemals die Ehre nehmen. Lassen Sie mich Ihr Freund sein, ein Freund, nicht Ihr Liebhaber. Sie haben Recht, Häschen haben wir zu Genüge, wenn wir wollen, Sie aber sind eine andere Klasse. Wer Sie haben darf und Sie nicht heiratet, ist ein Idiot.“

Vielleicht sollte er es Jon einmal sagen, dachte Xenia. Tatsächlich tat Gregor das, nachdem beide sich schon mehrfach unvorhergesehen auf Xenias Terrasse eingefunden hatten.

Phillip erschien, er freute sich über Xenias Wohlbefinden und ihre unternehmerische Präsenz.

„Es freut mich, dass meine Prognose gegriffen hat. Du hast dich etwas getraut, was bislang einzigartig ist. Ich bin stolz auf dich.“

Nach Xenias privatem Status erkundigte er sich bewusst nicht.

„Xenia, komm mit in mein Geschäft, ich will dir etwas zeigen, komm!“

Gespannt und gut aufgelegt folgte sie ihm. In seinem Laden führte er sie in die Tiefgarage, dort befand sich sein geheimer Fuhrpark, jener, den nur Auserwählte sehen durften. Xenia staunte und dachte, die sind alle außerhalb meiner Reichweite, sie jedoch so hautnah bewundern zu dürfen, machte ihr Freude.

„Das sind ja traumhaft schöne Karosserien, elegant und nobel, man steht unweigerlich in Habachtstellung." Phillip lachte und führte sie heran an ein schwarzes Gefährt.

„Ich möchte, dass du dieses Auto fährst."

„Wie bitte? Phillip, spinnst du jetzt? Erstens kann ich mir ein solches Gefährt niemals leisten und zweitens, was würden die Leute denken, wenn ich in einem solchen Geschoss ankomme?"

„Xenia, du stellst deine Talente, dein Auftreten und deine Wirkung viel zu sehr unter den Scheffel."

Auf einmal hörte sie Johns Stimme in ihrem Kopf: Versteck dich nicht hinter deiner Bescheidenheit, trau Dich etwas. Sie hörte auch die bösen Zungen, die Neid erfüllt tönten: Die ...?! Die braucht doch nur im Türrahmen zu stehen und schon hat sie gewonnen ... Wie sieht man mich bloß, ich würde es zu gerne wissen, dachte sie. Fragend, hilfesuchend blickte sie in Phillips Gesicht.

„Xenia, erstens passt dieses Auto exakt zu dir, es entspricht genau deiner Noblesse, zweitens ist es ein Türöffner erster Güte und drittens erhältst du es für einen Betrag, den du dir wirst leisten können. Allez, Madame", er verneigte sich mit einem charmanten Lächeln, wie das eben nur ein Aristokrat kann, öffnete die Fahrertür und animierte sie mit eleganter Geste zum Einsteigen.

„Wir machen jetzt eine Probefahrt."

Auf dem Beifahrersitz sitzend händigte er ihr die Zündschlüssel aus.

„Es ist ein Automatik, wie dein jetziges Fahrzeug, zünde, gib sachte Gas und fahre aus der Tiefgarage hinaus, erst fahren wir in den Grunewald, damit du ein Gefühl für das Gefährt bekommst, und dann sehen wir weiter."

Xenia drehte den Zündschlüssel. „Phillip, der Motor springt nicht an …“

„Aber er läuft doch bereits!“

„Was?“

Phillip lächelte sie väterlich liebevoll an. „Es ist ein sehr leiser Motor. Gib jetzt sachte Gas und fahre hinaus auf die Straße.“

Geschickt, voll konzentriert, aber total verwirrt, manövrierte sie aus der Tiefgarage hinaus und steuerte hinein in den Grunewald.

„Phillip, wenn ich jetzt mehr Gas gebe, ich traue mich nicht, ich fürchte, dann schießt mir dieses Ding unter dem Hintern weg!“

Wieder lachte er vergnügt, sagte allerdings sehr ernst:

„Behandele dieses Auto ehrfurchtsvoll und zärtlich, bediene leicht das Gaspedal, damit es beschleunigt und speichere dein Gespür.“

Tatsächlich. Zu ihrem Erstaunen beschleunigte das Auto durch minimale Berührung des Gaspedals.

„Lass uns jetzt auf die Avus, damit du dort etwas üben kannst.“ Auf die Avus …? Noch nie war sie auf der Avus.

„Das ist doch eine Rennstrecke …“

Sie sah auf den Tachometer, erkannte die Höchstgeschwindigkeit und erschrak. Phillip dirigierte sie in Richtung Avus.

„Du fährst inzwischen in andere Länder Westeuropas, natürlich immer über die Autobahnen. Demzufolge kennst du die Regeln und Geschwindigkeiten. Dieses ist ein Fahrzeug mit zwölf Zylindern und zwei Tonnen Gewicht. Es liegt auf der Straße wie zwei Tonnen Blei.

Ängstige dich also nicht, sondern entspanne dich, bleib konzentriert und genieße."

Sie tat, wie sanft befohlen, dann blickte sie wieder auf den Tachometer …

„Phillip! Ich höre den Motor nicht mehr, überhaupt nicht mehr, und bin auf, oh Gott, ich glaube es nicht!"

Sofort drosselte sie. Nicht annähernd so schnell war sie je gefahren.

„Warum hört man den Motor nicht bei einer solch hohen Geschwindigkeit?"

„Das ist das Spezielle an diesem Automobil, je schneller es fährt, desto leiser wird sein Motor."

„Aber das ist gefährlich, man fährt, denkt sich nichts und ist plötzlich auf 200 plus … und dann, mit etwas Pech, in einer prekären Verkehrssituation."

Ein Blick auf den Tacho. Na ja, das geht noch …

„Deswegen bin ich hier auf der Avus mit dir, damit du ein Gefühl für dieses Auto entwickelst. Auch du bist eine leise und sehr schnelle Person, ich sagte es ja schon, kein anderes Auto passt besser zu dir, außerdem hat es ein hervorragendes Bremssystem und einen Kickdown, ich erkläre es dir im Laden."

Stundenlang drehten sie Runden auf der Avus, so lange, bis Phillip erkannte, dass Xenia für dieses Wahnsinnsauto das erforderliche Fingerspitzengefühl entwickelt hatte und frei von Angst war. Er erledigte alle notwendigen Formalitäten für sie und präsentierte ihr ein Nummernschild.

„Phillip, ich schätze dein Engagement sehr, aber ein Nummernschild mit einer Elitenummer will ich nicht. Bitte ein ganz normales 0815-KFZ-Zeichen. Das Auto macht ohnehin sprachlos, es braucht nicht auch noch ein auffälliges KFZ-Zeichen."

Phillip lachte. „Das ist meine Xenia, du würdest, gekleidet in eine Robe, barfuß auf den Ball gehen."

„Phillip, du weißt, wie sehr mir dieses Neureich Getue auf die Nerven geht. Das Auto ist ein Panzer und ich fühle mich gut darin, aber Aufschneiden mit Chi-Chi ist nicht meine Sache."

Er umarmte Xenia inniglich, warm und herzlich.

„Komm, diese deine großartige Errungenschaft wird jetzt gefeiert und mit Champagner gesegnet. Was wünschen Madame, französisch oder italienisch?"

Ein atemberaubend elegantes Geschoss, dachte Xenia, während sie es vor ihrem Haus unzählige Male um schritt. Diese Heckansicht, die Breite, die weichen Kurven, es ist das erotischste Hinterteil, das ich je gesehen habe, dachte sie frivol. Man wird denken, ich bin mit einem goldenen Löffel in der Wiege geboren, wenn ich damit ankomme.

Aber was hatte Phillip gesagt?

„Genau das soll man denken. Xenia, du bist auf dem Weg nach oben und es macht mir so viel Freude, dich dabei begleiten zu dürfen. Dich zu kennen ist ein Geschenk."

Nie erwähnte er seine Niederlage wegen Jon.

„Wo ist dein Auto?"

„Ich habe es verkauft."

Ganz offensichtlich hatte Jon nicht im Entferntesten angenommen, dass die ihm unbekannte Nobelkarosse vor dem Haus Xenia gehören könnte. Sie sah ihn merklich distanziert an. Inzwischen war es Jahresende und wie in der Vergangenheit kam auch jetzt von ihm kein weiteres Wort hinsichtlich der versprochenen Eheschließung. Stolz erwähnte sie dieses auch nicht mehr. Sie dachte, ein Mann, der heiraten will und die Zusage seiner Auserwählten hat, macht diese Absicht mehr als deutlich.

„Es ist mein Auto.“

Ungläubig sah er sie an. „Das?! Das ist dein Auto? Das Auto kostet ein Vermögen!“

„So ist es. Vielleicht unterschätzt du mich …“

Mit einem lange nicht mehr gezeigten Triumpf im Blick sah sie ihn lächelnd an. Er betrachtete Xenia wieder, als hätte er sie noch nie zuvor gesehen. Auf seine Einladung über das Jahresende, zum Beispiel zu seiner Mutter, hatte Xenia vergeblich gewartet. Sie ging mit Phillip auf den Silvesterball, natürlich mit Schuhen …

Vom Bann befreit

Anfang Januar. Jon kam wie üblich mit roten Rosen, Delikatessen und Champagner. Er befand sich abends im Bad, rasierte sich, trank Champagner und hörte Chopin. Er fühlte sich sichtlich wohl und sehr sicher, offenbar kein schlechtes Gewissen, keine Frage nach ihrem Befinden, respektive wie sie die Festtage verbracht hatte. Draußen schneite es, Xenia hatte die Außenstrahler eingeschaltet. Die Winteratmosphäre in ihrem Reich war ehrerbietend. Was sie jetzt vollzog, hatte sie sich fest vorgenommen, ganz unvermittelt … Er bleibt nicht weg, wenn sie es fordern würde, das wusste sie inzwischen, er kam, wann immer es ihm beliebte, manchmal immer, manchmal öfter und öfter nur manchmal … Was einst so vielversprechend begonnen hatte, war für Xenia zum Albtraum geworden.

Während er sich im Bad betätigte, transportierte Xenia schleunigst seine Kleidungstücke auf die Terrasse. Schuhe, Krawatten, Socken, Unterwäsche, die mitgebrachten Delikatessen, alles war nun auf dem Terrassentisch platziert, an dem er so oft seine Zeitungen las. Sie hängte seinen Seidenanzug, in der Jacke seine Brieftasche, Auto- und Hausschlüssel, seine weißen Hemden und Mantel an das Markisengestänge und lehnte trotz Kälte im Spaghetti Nachtkleid, sie hatte eindeutig Fieber, wartend an der offenen Terrassentür. In Xenias voluminösem, bodenlangem Frotteebademantel, der ihm jedoch lediglich bis über seine Waden reichte, trat er aus dem Badezimmer. Xenia kochte heiß. Jon blickte in den erleuchteten, verschneiten Märchenpark, sah seinen Anzug und seine Hemden am Markisengestänge baumeln und lachte erheitert.

„Entlüftest du meine Gewänder?"

Er trat an sie heran, gab ihr einen glühenden Kuss auf ihre fiebrigen Lippen, dann hinaus auf die Terrasse... Flink wie ein Vogel verschloss Xenia die Terrassentür hinter ihm, zog schnell die Vorhänge zu und stand wie eine Salzsäule im Raum.

„Xenia!"

Eiskalt, trotz Fieber, stand sie bewegungslos. Er wird das Mäuerchen zur Straße und zu seinem Auto schon schaffen, dachte sie. Dann lief sie schnell zur Wohnungstür und steckte ihren Schlüssel in das Schlüsselloch, sodass er nicht öffnen konnte. Er hatte ja Schlüssel. Jedoch kein Klingeln, kein Türklopfen folgte, kein Telefonanruf. Am nächsten Morgen fand sie fast alles, wie am Vorabend, platziert auf dem Terrassentisch. Einige Hemden hingen noch am Markisengestänge und ihr Morgenmantel lag ordentlich auf einem Terrassensessel. Alles, außer ihrem Bademantel, packte sie sorgfältig in einen großen Karton, schrieb eine Liste und brachte den Karton zu Phillip.

„Phillip", sie erklärte ihm einiges, „selbst wenn du mir alle Schätze der Welt bieten würdest, ich könnte dir nicht sagen, was mich an diesen Mann bindet. Vielleicht denkst du, was die meisten denken würden, aber das ist nicht so.

Ich weiß noch nicht einmal, wie die Nächte verlaufen, ich weiß es einfach nicht, weil ich, sobald er näher als zehn Zentimeter an mich herankommt, mein Gedächtnis, meinen Verstand verliere. Eine Zeit lang blieb er auf Distanz, vor meinem Urlaub, er kam täglich am Nachmittag und sagte, er fühle sich für mich verantwortlich, aber seit meiner Rückkehr ist alles wie davor. Ich sehne mich nach ihm und bin glücklich, wenn er bei mir ist. Ich sehe in ihm etwas, was scheinbar nicht ist, doch mein System sagt mir, dass das, was ich in ihm sehe, auch in ihm ist, es klingt verrückt, ich weiß. Er betrachtet mich als sein Eigentum, insbesondere seitdem er mein Leben in letzter Sekunde gerettet hat, ausgerechnet er … und das, nachdem ich monatelang nichts von ihm hörte, wie ist das zu erklären? Kannst du es mir sagen? Wie kommt es, dass er just in jenem Moment in meine Wohnung kam? Ich war ja bereits weggetreten. Kein sich melden, kein Anruf vorher. Es beschäftigt mich. Ich glaube nicht an Übersinnliches, aber derlei Erfahrung gibt zu denken. Ich begreife, ich werde ihn nicht los, ich begreife aber auch, dass er nicht heiraten wird, würde er das wollen, dann wären wir längst ein Ehepaar, aber er bleibt einfach nicht weg. Inzwischen bekomme ich in seiner Gegenwart Fieber, aber nicht aus Begehren, sondern aus Abwehr. Deswegen habe ich ihn gestern Abend ausgeschlossen. Und dich, Phillip, kann ich nicht heiraten, es wäre nicht fair, es wäre eine vernünftige Lösung, aber du hast mehr verdient, nämlich hingebungsvolle Liebe. Ich bin dankbar dafür, dass du mein Freund geblieben bist. Ich bewundere deinen Edelmut, nicht viele Männer besitzen diese Größe. Irgendwie fühle ich, dass du mich verstehst, auch wenn du die Sache vielleicht nicht nachvollziehen kannst. Mein Gott, ich bin so erschöpft … Bitte, lass deinen Butler ihm dieses Paket überbringen."

Nach diesem langen Vortrag nahm Phillip sie wieder in seine Arme, gerührt blickte er in ihre Augen.

„Er ist ein Spieler, Xenia, und ein Gewinner. Es gibt Männer im Club, die nicht mehr mit ihm spielen, sei es Skat oder Poker, weil längst jeder weiß, dass er immer gewinnt. Einerseits beneide ich ihn, andererseits bedauere ich ihn. Er ist ein Jäger, der Beute machen will, das macht ihm Spaß, einer, der bislang nur auf der Siegerseite läuft, du bist seine Trophäe. Er tritt auf wie aus Stahl, mich ignoriert er ostentativ. Nur einmal habe ich im Club eine Frau in seiner Gesellschaft gesehen. Ein blasiertes, gerupftes Huhn, nichts, worauf man stolz sein könnte. Komm, meine Liebe, reden wir nicht länger über ihn, gehen wir essen, was wünschst du, französisch oder italienisch?"

Der Butler übergab das Paket und kam mit einer unterzeichneten Liste zurück. Jon war amüsiert. Xenia wusste, er dachte nicht daran, sich zurückzuziehen.

Freundschaft

Das Unternehmen, das sie sich inzwischen aufgebaut hatte, entwickelte sich gut. Sie lernte wunderbare Menschen kennen, die mit ihrer Lebenseinstellung konform gingen, lernte viel von ihnen und spürte deren Respekt. Xenias Selbstbewusstsein entwickelte sich wieder hin zu dem ihr vertrauten Gefühl. Erfolg macht stark, und sie wurde langsam aber stetig stärker. Gregor sorgte für Abwechslung. Er kam so oft Xenia Zeit hatte, meistens nachmittags, er fragte immer nachdrücklich, bedingt durch die Überraschungsbegegnungen mit Jon, ob sie auch tatsächlich frei sein würde. Sie unternahmen Ausflüge hinaus aus der Stadt, übernachteten irgendwo auf dem Land in einem seiner Häuser.

„Eigentlich gehören sie meiner Mutter", klärte er Xenia auf. Stets erhielt sie ein Gästezimmer und musste nie Belästigung fürchten. Sauber, dachte Xenia, das habe ich in diesem Land noch nie erlebt.

„Ich habe mir vorgenommen", begann er seinen mutigen Vortrag, „dich näher über mich zu informieren."

Oh weh, jetzt kommt etwas ganz Schlimmes! Xenia dachte, er wird doch nicht anders herum sein, bei Männern seines Aussehens ist das häufig naheliegend, das hatte die Chefin in Australien oft bedauert. Auf ihre Gedanken ging er nicht ein, er war sicher zu wissen, was Xenia vermutete.

„Du hast recht mit den Häschen, es gibt viele davon. Will ich eines, brauche ich nur mit dem Finger zu schnippen, aber ich mache deutlich, dass ich keine Beziehung wünsche. Man kennt mich und ich bin in der halben Stadt bekannt wie ein bunter Hund. Eine der Damen legte mich herein und bescherte mir ein Kind, sie hoffte geheiratet zu werden … für jeden Mann eine böse und tückische Vorgehensweise. Das Kind ist selbstverständlich von mir gut versorgt, mit der Mutter jedoch verbindet mich nur mein Anwalt. Ich habe eine Vorzugsfreundin, eine sympathische Frau, die weder drängt noch listig ist."

Abwartend blickte er Xenia an, die gespannt zuhörte und seine Ehrlichkeit schätzte.

„Was du erzählst ist nichts Neues, Gregor, ich bedauere, dass du ein solches Opfer geworden bist", und fügte hinzu, „es war schon immer ratsam, mit seinem Umgang wählerisch zu sein. Aber weshalb beichtest du mir das?"

„Weil ich überzeugt bin, dass dir mein Verhalten dir gegenüber sonderbar erscheinen muss."

„Es erscheint überhaupt nicht sonderbar. Es ist eine Erfrischung. Ich weiß, dass du sicher bist, mich jederzeit beglücken zu können, wenn du wolltest, daher bin ich angenehm berührt von deiner Zurückhaltung. Man hat mich bereits vor dir gewarnt, telefonisch von irgendeinem Weib und persönlich, nämlich von Jon. Du seist bekannt in der Stadt wie ein bunter Hund, wie du gesagt hast, und dass du keine auslässt. Beide machte ich mundtot, indem ich mitteilte, dass ich ausgelassen bin. Jon fragte daraufhin, weil für ihn nachvollziehbar unmöglich, warum du mich dann besuchst; geantwortet habe ich, weil wir uns mögen. Bist du einverstanden?"

Stumm staunte er Xenia an.

„Ich möchte dein bester Freund sein. Die da sagen, ich sei ein bunter Hund, haben ja recht. Einerseits genieße ich den Status, andererseits langweilt es mich. Ich erinnere mich nicht, dass mir je eine Frau so nachhaltig ausgewichen ist wie du. Du verlässt dich auf deine Instinkte. Es stimmt, ich will frei sein und keine lebenslangen Verpflichtungen eingehen. Bislang beendete ich mit Anstand jede Affäre, aber mir dir, Xenia, will ich keine Affäre, die zwangsläufig irgendwann enden würde. Diesem Jon allerdings sagte ich in deiner Abwesenheit, er solle sich sputen und dich endlich heiraten, weil ansonsten ich ins Spiel komme. Ich machte ihn bewusst eifersüchtig, zumindest nachdenklich. Mit hochgezogenen Brauen nahm er mich erstmalig in Gänze wahr."

Jetzt habe ich zwei anständige, großartige Freunde, Phillip und Gregor, aber immer noch keinen Mann im Haus, der mir Jon vom Leibe hält …

Hermes, Gott der Betrüger

Sie fand diesen Mann, beeindruckend gutaussehend, zauberhaft aufmerksam, anregend lustig und unterhaltsam, gebildet und sehr kultiviert, Marcel, der eine noch zauberhaftere Mutter hatte. Marcel und Xenia verstanden sich sofort. Sein Vater war im Krieg gefallen, er hatte ihn nie gesehen, er war ein Einzelkind wie Xenia, und seine Mutter hatte alles, was sie konnte für seine Ausbildung gegeben, und weil Xenia dachte, genauso ein Mann im Haus hält Jon auf jeden Fall fern, bat sie Marcel, zu ihr in ihre Wohnung am See zu ziehen, wozu er sich nicht zweimal bitten ließ.

Seine Mutter war das Liebste, was Xenia seit ihrer Abreise aus Australien kennengelernt hatte. Sie behandelte Xenia, als wäre sie ihre Tochter und war überglücklich zu erleben, wie diese ihren geliebten Sohn verwöhnte, ihm rührende Aufmerksamkeit, Liebe und Freude schenkte. Von dieser wunderbaren Mutter sehr beeindruckt, hatte Xenia eine Idee! Marcel erzählte, dass seine Mutter nie wieder einen anderen Mann in ihr Leben ließ, sich stattdessen hingebungsvoll dem Wohle ihres Sohnes widmete, der zunehmend die Gestalt und Gesichtszüge seines Vaters annahm. Xenia bat um Fotos ihres im Krieg gefallenen Ehemannes, sie hatte sich vorgenommen, dieser allerliebsten Dame eine sicher große Freude zu bereiten. Aus den Fotos ihres Mannes, kombiniert mit Xenias Zeichnungen, entstanden Collagen, ergänzt mit das Herz rührenden Texten. Xenia band es als kleines Pamphlet und schenkte es Marcels Mutter zu Weihnachten. Beide, Mutter und Sohn, konnten ihre Tränen nicht zurückhalten. Ein Foto von Marcel am Heilig Abend gemacht zeigte, wie Xenia vor dieser tapferen Frau kniet, glücklich lachend aufschaut und ihr Gesicht den dankenden Händen dieser Dame überlässt.

Einmal, gerade als sie die Haustür von außen schloss, im Begriff ihre Kostbarkeit aus der Garage zu fahren, just in dem Moment, als sie die Haustreppe hinunterging, erschien Jon mit diesem gerupften Huhn, wie es Phillip nannte, an der Seite. Natürlich sah er sie. Genau aus diesem Grund machte er diesen Spaziergang, als ob es im Grunewald nicht genügend Wege gibt, um Spaziergänge zu unternehmen. Er hoffte, dass Xenia ihn sehen würde, sein Timing war wieder verblüffend … Warum Phillip diese Frau ‚gerupftes Huhn' taufte, war ihr jetzt klar. Xenia lächelte zufrieden. Sie stieg ein und schlich gemächlich mit ihrem Geschoss an den beiden vorbei. Konnte er nichts Attraktiveres finden? sinnierte Xenia, er ist doch sonst in allem extrem wählerisch.

Eine Etage höher hatte sie nun ihr Büro eingerichtet, sodass genügend Platz für zwei war. Mit seiner grenzenlos liebevollen Mama, die mit ihrem erstaunlichen Scharfsinn, ihrem Humor stets die jungen Leute zum Lachen brachte, wenn sie Gemüse putzend am Terrassentisch auf Xenias' Terrasse saß und die Idylle genoss. Mit seinen gebildeten Freunden feierten sie regelmäßig in ihrem Seegarten, tanzten barfuß auf dem Sommerrasen, besuchten wöchentlich die Tanzschule, fast jeden Ball, gingen in Konzerte, machten Opernbesuche, Wintersport in der Schweiz, Österreich und Frankreich zusammen mit Gregor und dessen Lieblingsfreundin sowie Marcels Freunden und sie reisten viel, auch nach Ostafrika, begleitet von Gregor und dessen Vorzugsfreundin. Alles ganz selbstverständlich, normal und harmonisch. Keine Spannungen, keine Spielchen. Gregor und Marcel verstanden sich bestens. Gregor kam nun oft und immer in Begleitung seiner Vorzugsfreundin, die Xenia sofort herzlich umarmte. Xenia blühte auf.

Das Neujahrsfeuerwerk vor ihrem Haus war sicher das Originellste, das alle vier Anwesenden jemals erlebt hatten. Weil es ziemlich unerwartet unaufhörlich schwer schneite, war so gut wie überhaupt kein Taxi zu bekommen, dass sie zum Silvesterball hätte fahren können. Der Kurfürstendamm war komplett zugeschneit. Gregor entledigte sich seiner Fliege und Smoking Jacke, band sich, zu Xenias begeistertem Staunen, eine Schürze um, entledigte sich der Manschettenknöpfe, krempelte die feinen Hemdsärmel hoch und bewies seine Kochkünste. Seine Lieblingsfreundin erhielt von Xenia ein langes Hauskleid und die beiden bereiteten in der Küche ein kleines Festmenü. Es war klar, dass bei diesem Schneeeinfall niemand zum Silvesterball gelangen würde. Marcel bediente den Kamin und Xenia deckte elegant die Tafel. Das wird ein Spaß, wir werden vor dem Haus im Schnee so richtig feuerwerkeln … Sie freute sich darüber, mit welcher Selbstverständlichkeit sich Gregor domestizierte. Keine Spur von ‚bunter Hund.‘ Gegen Mitternacht richtet Gregor munter das Wort an Marcel.

„Du und ich, wir müssen jetzt Farbe bekennen, du hast doch sicher einen zweiten Jogging- oder Ski Anzug. Wir müssen draußen erst einmal Schneeschaufeln, damit unsere Damen über die Haustreppen aus dem Haus kommen.“

Gesagt, getan. Beide hatten nicht nur die gleiche Höhe, sie hatten auch dieselbe Schuhgröße, sodass Gregor in Marcels Fellstiefel stieg, dessen Pelzmütze, die ihm Marcel aushändigte, aufsetzte und beide in bester Laune zur Tat schritten.

„So habe ich Gregor noch nie erlebt, was hast du nur mit ihm gemacht, Xenia?“ Fröhlich scherzend hoben die beiden Frauen die Tafel auf, alles wanderte in den Geschirrspüler, der Champagner wurde im eisgefüllten Champagnerkübel bereitgestellt. Holz ins Kaminfeuer.

„Meine Damen“, rotbäckig erschienen die beiden in Socken, „der Schnee ist verteufelt tief. Keine Menschenseele auf der Straße. Unsere Stiefel stehen in der Halle. Dürfen wir uns zur Belohnung schon ein Schlückchen gönnen?“ Gregor füllte, ohne auf Erlaubnis zu warten, glücklich grinsend die Champagnergläser während Marcel Feuerwerkskörper sortierte. Xenia sah Gregor ebenso glücklich lachend an und dachte, wir vier sollten ein Unternehmen gründen, wir wären ein Spitzenteam. Alle sagten „Cheers“ und leerten ihre Gläser.

„Nicht mehr lange bis Mitternacht.“

Marcel reichte Gregors Freundin seine viel zu großen Moon Boots, Xenias Stiefel waren zu klein für sie. Jetzt in

Schneestiefeln unter ihren langen Hauskleidern, bedeckt mit Xenias Wintermänteln, Gregor mit zwei geöffneten Champagnerflaschen, die draußen sofort in den Schnee gesteckt wurden, Marcel bewaffnet mit Feuerwerk, die Damen jeweils zwei Champagnergläser in den Händen, die draußen neben den Flaschen platziert wurden, gelangten sie über die vom Schnee freigeschaufelten Stufen auf die einsame Winterstraße. Glockengeläut erfüllte die Nacht, die ersten Böller knallten.

Punkt 24 Uhr.

Ausgelassen, wie Kinder, zündeten die Männer die Feuerwerkskörper und amüsierten sich köstlich über die Ansicht ihrer sonst so sortiert gekleideten Frauen, die jetzt im tiefen Schnee, aussehend wie Bocksberghexen in ihren schweren Winterstiefeln und viel zu dünnen, wehenden langen Kleidern, sich biegend vor Lachen, Schneebälle formten und eine Schneeballschlacht begannen. Gregor fotografierte fleißig, verteilte den schneegekühlten Champagner und fing hemmungslos zu singen an, bis alle einfielen und entfesselt mitgrölten, es war ja keiner in der verschneiten Sackgasse, lediglich eine Straßenlampe erleuchtete den Weg, wie die jetzt unzähligen Feuerwerke die Nacht über der Stadt. Was für ein herrlicher Spaß, dachte Xenia, habe ich jemals so übermütig gelacht …?

Drinnen, gemütlich vor dem Kamin Champagner süffelnd, sagte Gregors Lieblingsfreundin vergnügt zu ihm:

„So wie heute Abend habe ich dich noch nie erlebt, was ist bloß in dich gefahren, um derart aus dir herauszugehen?“

„Ich habe mich auch noch nie so erlebt", antwortet er, „mit Xenia ist alles so entspannend natürlich und unbefangen. Denke, es ist Silvester, unsere Festgewänder hängen unbeachtet auf den Kleiderbügeln und schau' her, wir tollen wie verrückte Clowns draußen im Schnee, sitzen hier vor dem Kamin, hören die Fledermaus, ich in Marcels Jogger, du in dicken Socken und mit zerzausten Haaren, die Hausherrin barfuß, Marcel stochert im Kaminfeuer und macht witzige Sprüche. So etwas zu Silvester gibt's nur auf einer Skihütte, aber wohl kaum in Berlin. Hast du so etwas schon mal erlebt? Ich nicht. Es ist herrlich, ich liebe und genieße es."

Manchmal begegneten sie auf ihren Ausgängen Jon, der jetzt keinen Zugang zu ihr mehr wagte, denn Marcel war nicht zu übersehen. Jon war immer solo, auch in jener folgenden Silvesternacht, in der sie zusammen mit Gregor und seiner Lieblingsfreundin nach dem Silvesterball noch eine Nobeldiskothek aufsuchten. Dort, auf der Empore, saß er ohne Begleitung, ohne Freunde. Wer, dachte Xenia, setzt sich in der Silvesternacht alleine in eine Disco? Doch nur einer, der auf Jagd ist ... Wo sind seine Frauen, warum ist er nicht in seiner honorigen Gesellschaft? Jon erblickte Xenia und ließ sie nicht aus den Augen. In ihrem bodenlangen weißen Nichts sah sie göttlich aus, sie überstrahlte alle anderen Frauen und tanzte mit Marcel auf geräumter Tanzfläche, weil jeder die beiden tanzen sehen wollte. Das verdaut er nicht, Xenia wusste, es kommt etwas. Marcel hatte ihn nicht entdeckt, Gregor schwieg klug und sie erwähnte nichts von Jons Anwesenheit. Es kam, wie sie vermutete.

Gleich am Neujahrstag klingelte mittags das Telefon. Marcel hob ab und meldete sich mit Xenias Namen. Jon fragte nicht nach ihr, nein, er fragte herrisch,

„Wer sind Sie, was machen Sie denn da bei Xenia?"

Nicht auf den Mund gefallen, erwiderte Marcel:

„Genau das, was Sie machen möchten", und hängte den Hörer ein. Endlich, dachte Xenia, habe ich ihn abgenabelt. Nie wieder seine Magie! Aber es kam anders.

Nach ihrer Märchenwohnung am See zog Xenia mit Marcel in ein geräumiges Penthouse, nur eine Straße weiter. Erste Adresse. Nun konnte sie sich nach Herzenslust einrichten, wie es ihr gefiel. Sie hatten Hochzeitspläne, eine sommerliche Bauernhochzeit auf dem Land sollte es werden. Seine Mutter war hingerissen, sie überschlug sich mit Fürsorge, mit Verwöhn Programm für die beiden, aber aus heiterem Himmel änderte sich ihr Sohn. Er wurde verbal ausfallend, nervös, geistesabwesend, fahrig, sein unterhaltsames, fröhliches Wesen war komplett eingebrochen. Wenn sie abends nach einem Termin heimkam, lag er tatsächlich rücklings auf dem Teppich der kleinen Bibliothek, bewegungslos, apathisch und unrasiert.

„Was ist mit dir?", fragte Xenia, „ich will auf der Stelle wissen, was dich bewegt."

Es stellte sich heraus, dass er spielte. „Ich glaube es nicht, du bist ein Spieler?"

Jetzt erinnerte sie sich, dass am Schloss der Schublade, in der sie Bargeld aufbewahrte, hantiert worden war.

„Ein Spieler kann ja auch ein Gewinner sein, aber offensichtlich bist du kein Gewinner. Weiß das deine Mutter?"

„Nein. Bitte sag ihr nichts. Ich brauche Geld, ich erklärte der Bank, du bist meine Verlobte und würdest bürgen, aber sie wollen natürlich deine Unterschrift, deine Einwilligung zur Bürgschaft."

Fassungslos sah Xenia ihn an. „Du hast was? Du hast mich bei einer Bank genannt als Bürgin für deine Spielschulden?!"

Sie rastete aus. „Ich muss mit deiner Mutter reden."

„Bitte Xenia, tue das nicht."

Ein über 190 cm großer Mann sah plötzlich aus wie ein Zwerg.

„Aber das muss ich, denn ich will mit keinem Verlierer zusammen sein."

„Du willst doch nicht, dass ich gehe …"

„Doch, das will ich."

Am nächsten Morgen erpresste er sie mit einer Kundendiskette, die er aus dem Computer genommen hatte. Xenia besaß einen der ersten Computer. Ihr gerann wieder einmal das Blut in den Adern. In Sekundenschnelle schaltete sie, vom wem sie das hatte, fragte sie sich später.

„Wir werden eine Lösung finden", hörte sie sich in sanftem Ton sagen. „Komm her, gib mir die Diskette und lass uns reden."

Tatsächlich, es wirkte. Die Diskette wieder in ihren Händen, wanderte diese sofort in ihren Schreibtisch. Erwartungsvoll stand er vor ihr, nicht ahnend, dass sein Urteil gefällt war.

„Geh, packe deine Sachen und verlasse dieses Haus." Ihr Ton war nicht mehr sanft.

„Das kannst du doch nicht machen."

„Ich kann. Du wirst nie diese Leidenschaft aufgeben, nie, das ist erwiesen. Selbst wenn du es eine Zeit lang lässt, du wirst ihr immer wieder verfallen und ich bin nicht willens, dafür Verantwortung zu tragen, Punkt."

Er musste gehen. Seine zauberhafte Mutter war genauso schockiert wie Xenia.

„Mein Sohn, ein Spieler?"

„Mama", so durfte Xenia sie nennen, „bitte verstehe, dass ich das nicht fortführen kann, dein Sohn hat zwei Gesichter, heute wollte er mich erpressen, er war auf einer Bank und wollte auf meinen Namen Kredit, um seine Spielschulden zu bezahlen. Was macht er morgen? Er ist der vielseitigste, munterste Mann, aber dies, nein, dies will ich nicht."

Sie verstand, die allerliebste, gütigste Mutter, aber ihre späten Träume waren vernichtet.

Gregor folgte weiter ihren Einladungen oder er lud sich einfach ein, um sie zu unterhalten, deutlicher gesagt, um sie zu trösten, manchmal mit seiner lieben Freundin, manchmal ohne.

„Ich hatte keine Ahnung, dass er spielt, er hat es meisterhaft verborgen."

„Keiner seiner Freunde hatte eine Ahnung, nicht nur nicht seine Mutter und ich. Ich muss von Glück sprechen, dass ich es rechtzeitig erfuhr."

Wahrhaftige Worte

Es dauerte nur ein paar Tage und Jon war am Telefon.

„Ich hörte, dass dein Freund expediert wurde, können wir gemeinsam zu Abend essen?" Xenias Sekretärin lachte unverhohlen, „der hat Sie im Blut, der lässt nicht locker, heiraten Sie ihn und der Spuk ist beendet!"

Ihr Villenpenthouse kannte er bislang nur von außen, es war stets rundum mit Blumen geschmückt. Als er eintrat, souverän und selbstbewusst wie immer, staunte er nicht schlecht, denn ihre kleine Wohnung am See gestattete ihr nicht ihren exquisiten Geschmack, hauptsächlich, weil ihr damals das Geld dazu fehlte. Jetzt sah Jon Allerlei, das ihn beeindruckte, abgesehen von ihrer noblen Karosse … Xenia empfand ihn auf eine unerwartet neue Weise. Zurückhaltend unterhielt er sich mit ihr, während sie diejenige war, die ihn ausfragte.

„Ja, ich habe eine Freundin", bestätigte er ihre Frage, „sie wohnt hier in der Nähe."

„Lustig, und warum lädst du mich dann zum Essen ein?"

„Ich wollte dich wiedersehen, ich habe dich so lange nicht mehr gesehen."

„Ist es Sonja?" Xenia erinnerte sich gut. Jetzt spielt er wieder sein Spiel, aber ich habe ihn nicht gerufen …

„Nein, sie heißt Ute."

„Und, ist sie verheiratet?"

Er lacht, „Du fragst mich hier aus …"

„Na ja, wenn du mir schon so freimütig wieder von einer Freundin erzählst, dann möchte ich schon Näheres wissen, damit ich weiß, woran ich bin. Wie lange kennt ihr euch?"

„Ich habe sie kurz nachdem ich dich nicht mehr sehen durfte von Freunden vorgestellt bekommen".

Dann ist es vermutlich das gerupfte Huhn ..., Xenia lächelte innerlich.

„Und warum hast du dann an Silvester alleine in der Disco gesessen?"

„Ein Gedächtnis hast du ..." Wieder dieses verhaltene Lächeln. „Wir hatten uns gerade kennengelernt, über den Jahreswechsel musste sie zu ihrer Familie."

„Und dann sitzt du wie ein Jäger alleine in der Disco? Warum warst du nicht in deiner honorigen Gesellschaft, die dir doch so viel bedeutet, es war immerhin die Silvesternacht?"

„Xenia, sie ist eine reizende Frau, aber ich liebe sie nicht."

Sarkastisch provozierte Xenia: „Kannst du das denn überhaupt? Lieben?"

Wie ertappt blickte er sie lange an, überlegte, ob er sollte oder nicht, dann klang es wie ein Geständnis:

„Ich hatte einmal eine Liebe, vor langer Zeit. Sie zerriss mir das Herz. Seitdem schütze ich mich."

„Wer zerriss dir das Herz, die Frau oder die Liebe?"

Erstaunt über ihre Akribie starrte er in Gedanken versunken an ihr vorbei.

„Gibt es einen Unterschied, Xenia?"

Erstmals seit sie sich kannten, erwähnte er Liebe, sprach überhaupt über ein Gefühl ... Xenia hakte unverzüglich nach, noch nicht ahnend, wie sehr sie ins Schwarze getroffen hatte.

„Oh ja! Das Bedürfnis nach Liebe bleibt, Frauen jedoch kommen und gehen im Leben eines Mannes, wie du einer bist.“

„Das klingt vernichtend, warum sagst du so etwas?“ Entrüstet wie verletzt, sein Blick.

„Weil du vernichtend bist! Du baust privat nichts auf. Du vervielfältigst privat kein vorhandenes Potential. Du nimmst, was du dir ausgesucht hast, und weil du es immer bekommst, schwimmst du nur an der Oberfläche, in die Tiefe tauchst du nie, aus Angst vor dir selbst, aus Angst vor deinen Gefühlen! Du wagst es noch nicht einmal, diese zu formulieren, es erscheint dir als Schwäche. Mut zur Ehrlichkeit hast du auch nicht, du lässt nur innerhalb eines begrenzten Raumes Taten für sich sprechen, Taten, die bei jeder Frau über einen gewissen Zeitraum Freude und Hoffnungen auslösen, Hoffnungen und Gefühle, die du exakt einzuschätzen weißt und die du zu deinen Gunsten so lange nutzt, wie es dir gerade gefällt. Dass ich dich liebe, weißt du, auch das gefällt dir, es schmeichelt dir, du setzt es voraus, bei jeder Frau, die du dir ausgesucht hast. Für dein Verständnis bin ich angeblich zu kompliziert, zu kapriziös, wie sagtest du einmal, exaltiert … Gemessen an deiner gespielten Unnahbarkeit, die nichts anderes ist als eine Mauer um dich herum, bin ich exaltiert, ich kann auch sagen, echt. Hinter dieser Mauer bist du so empfindlich wie ein abgeschliffener Zahn. Einen Punkt kannst du nicht setzen, nicht als Ende und nicht als Anfang. Mehrfach versprachst du in der Vergangenheit, dass wir heiraten werden, Versprechen, die bis heute in der Luft hängen.

Du erzählst mir von neuen Freundinnen, als wäre ich ein Neutrum. Gleichzeitig lädst du mich ein. Ich muss nicht wissen, ob deine Freundinnen reizend oder verheiratet sind, dass du keine von ihnen liebst, ist mir völlig klar! Du kommst nicht von mir los, warum, das weißt du so gut wie ich, trotzdem weigerst du dich, deine Gefühle zu äußern. Ich kann nicht erklären, weshalb ich immer wieder nachgebe, nachdem ich dich bereits x-mal in die Wüste geschickt habe, aber ich hatte viel Zeit, um über dich nachzudenken und Gelegenheit, dich mit anderen sogenannten kardinalen Hirschen zu vergleichen. Keiner davon macht aus seinem Herzen eine Mördergrube, so wie du!“

Unausweichlich sah er sich durchschaut.

„So hat noch nie eine Frau mit mir gesprochen!“

„Sicher auch noch nie ein Mann“, komplettierte sie ernüchternd seine Feststellung.

„Alles, was du sagst, stimmt, ich bin in Sachen Gefühle ein Feigling geworden. Ich will nicht noch einmal deshalb siechen und leiden.“

„Aber Leid auslösen, das stört dich nicht! Du fügst dir ja nur selbst Leid zu, indem du wunderbare Gefühle unterdrückst, dich weigerst, sie zu verbalisieren und sie einfach umleitest. Warum traust du dich nicht zu deinem Glück, ein Glück gemeinsam mit mir, ein Glück, das dich niemals wird leiden lassen, weil nur ich weiß, was in dir steckt! Nur ich weiß, wie Du tickst! Ein wunderbares Glück, das uns beide beflügelt! Ich würde dir das Paradies bescheren. Anstatt dessen vergeudest du deine Zeit mit Hühnern, mit gerupften Hühnern.“

Nachdenklich sah er wieder lange stumm in ihre Augen. Ganz neu, ganz blank war sein Blick.

„Ich will kein Leid auslösen. Es erschütterte mich zutiefst zu erleben, was du dir antun wolltest. Es erschütterte mich, ich erschrak darüber, dass ich just in jenem fatalen Augenblick zu dir kam! Heute noch frage ich mich, was mich damals zu dir trieb. Du bewegst mich, seitdem wir uns kennen, wie keine andere Frau jemals. Ich hatte tatsächlich keine Ahnung, dass du meinetwegen derart gelitten hast, dass du dich meinetwegen töten wolltest. Dein Auftreten war von Anfang an unvergleichlich, ich glaubte nicht, je an dich herankommen zu können. Noch heute erschüttert mich diese Erinnerung bis ins Mark. Angesichts dessen, was die Sanitäter damals sagten, zog es mir den Boden unter den Füßen weg, es wurde mir schlecht und schwindlig. Hätte ich dich damals verloren, ich weiß nicht, was mit mir geschehen wäre …“

Als wollte er sich von irgendwoher zurückholen, strich er sich über die Stirn.

„Deswegen freut es mich so sehr, zu sehen, wie stark du wieder geworden bist. Du bist eine Kämpferin, was du in den letzten Jahren geleistet hast, bewundere ich sehr.“

Endlos bestürzt hört Xenia ihm zu, kaum fassen könnend, was sie hörte, was er sagte. „Warum erzeugst du seit Jahren derart verheerende Missverständnisse? Nie hast du weder über deine Gefühle noch über meine Beweggründe zu jener Tat gesprochen. Ohne dieses Leid, die gesamte verlorene Zeit, es wäre unser Glück geworden, hättest du Gefühle geäußert. Ich weiß, was dich zu mir trieb, dasselbe fragte auch ich mich damals, danach … ich sage es dir jetzt, denn heute höre ich das erste Mal dein Herz. Ich weiß es und deshalb kannst du auch nicht von mir lassen. Du hast zwar hie und da das Heiraten versprochen, aber nie hast du, seit wir uns kennen, von Liebe gesprochen. Auch nicht jetzt. Es ist ein Wort, das dir Angst macht, entrinnen kannst du ihr jedoch niemals! Deine Liebe zu mir hat dich so sehr im Griff, dass ihre Macht dich damals zu mir trieb. Die Macht der Liebe, der du dich nicht stellst, die dich aber immer wieder zu mir treibt. Warum hältst du mich nicht endlich fest? Ich bin nicht von dir als Mensch abhängig, aber demütig vor dieser gewaltigen Macht, die uns verbindet."

„Xenia, noch nie habe ich solche Gespräche geführt. Du wendest mein Inneres nach außen. Ja, ich habe Angst. Du bewältigst mich."

„So, wie du mich bewältigst", und sie fügte hinzu, angesichts seiner aufgewühlten Verfassung,

„dann wird das wohl nie etwas mit Heiraten, wenn du Angst vor mir hast!"

„Ich habe nicht vor dir Angst, Xenia, aber ich ängstige mich davor, mich dir zu ergeben, ich weiß, ich verliere mein Gefüge, dann bin ich gänzlich verloren."

Blank war sein Blick, völlig frei von Beute machen.

„Nicht verloren, sondern angekommen, Jon. Du bist längst nicht mehr die Stahlwand, die du vorgibst zu sein. Ich werde da sein für dich, wann auch immer, ich habe es just heute, in diesem Moment, aufgegeben, gegen dich zu kämpfen, weil du deiner Seele erstmalig die Stimme erlaubtest, aber wisse, ich werde in ein anderes Boot steigen, sofern es annehmbar ist, wenn du jetzt nicht vor dir selbst kapitulierst."

Ermüdet von diesem entblößenden, wahrhaftigen Dialog, erhob sich Xenia.

„Es ist nach Mitternacht, ich muss dich jetzt verabschieden, Jon, morgen ist viel zu tun."

Ihre Haltung war bestimmend, sodass er ohne sich ihr zu nähern, dazu stimmte ihre außergewöhnliche Konversation ihn zu nachdenklich, sich korrekt verabschiedete.

„Stimmt, es ist spät. Darf ich mich wieder melden?"

„Und wenn ich nein sage?" Wissend lächelnd, was kommen würde und ihn mit ihrem Blick auf Abstand haltend, erwiderte er ganz selbstverständlich:

„Dann melde ich mich trotzdem, das weißt du."

Kaum hatte er ihre Wohnung verlassen, klingelte es wieder an der Wohnungstür.

„Xenia, ich kann dich unmöglich jetzt verlassen."

Er umarmte sie stürmisch, küsste ihr Gesicht, dann ihren Mund, wie ein Irrer, hob sie vom Fleck und trug sie ins Schlafzimmer. Es hat keinen Zweck, mich zu wehren, es hat wirklich keinen Zweck, dachte sie. Es war, als hätte ihre Trennung, ihr soeben geführtes Gespräch, nicht stattgefunden, oder etwa gerade deswegen?

Wieder kam er täglich, blieb bei ihr, sie gingen aus, trafen die ehemaligen Freunde, die sich nicht im Entferntesten erlaubten, Xenias damalige Verzweiflungstat zu kommentieren. Sicher hat Jon das verordnet, schätzte Xenia dankbar. Während ihrer Abendtermine dachte sie manchmal: In meiner Abwesenheit trifft er diese geduldige Ute. Sonderbar war, dass es sie nicht beunruhigte, sie war so sehr mit ihrer Tätigkeit beschäftigt, dass sie über den Ausgang der Angelegenheit diesmal nicht viel nachdachte. Lass es laufen, lasse es einfach laufen. Ich habe ihm alles gesagt, was zu sagen ist.

Mut und Verzweiflung

Keine Einladung von Jon zu Weihnachten, keine zu Silvester. Xenia beherrschte sich und lud jede Menge Bekannte mit deren Kindern, auch ihre himmlische Sekretärin und Gregor mit Freundin an den Feiertagen und zum Neujahrsbrunch in ihre große Wohnung ein. Gregor genoss die Besuche bei ihr immer mehr, es wurde gekocht und getafelt, die Kinder spielten und rannten mit lautem Hallo durch Zimmer und Flure.

Jon kam am 2. Januar. Wie immer brachte er rote Rosen, Champagner und Geschenke. „Meine Mutter, wir mussten meine Mutter besuchen."

„Wir …? Lass es, Jon, ich brauche keine Erklärung, mein Weihnachten und Neujahr waren ausgebucht."

Sie war nun noch öfter abends nicht erreichbar, die Distanz war wieder geschaffen, aber es gelang ihm mit einer List, aus ihrer Sekretärin die Adressen ihrer Termine herauszubekommen.

„Es ist nicht ungefährlich, sich abends mit fremden Leuten in deren Behausung zu treffen." Irgendwie hatte er Recht. Wenn sie nun abends nach ihren Gesprächen zu ihrem schneebedeckten Luxusgefährt kam, war dieses mit vielen roten Rosen bedeckt… Gregor und Phillip blieben ihre Felsen in der Brandung.

Madame Fortune denkt sich allerdings Spaßiges aus. Der Interessent, der Xenia zum Gespräch bat, bewohnte eine

Etage in Jons Villa … Kurzum, der Mann vernarrte sich in sie, machte ihr endlos Heiratsanträge und schickte seinen Chauffeur mit teuren Geschenken.

„Wenn Sie den nicht heiraten, dann kündige ich", meinte ihre Sekretärin.

„Aber ich liebe ihn nicht, er ist kultiviert und geschliffen, reizend, aber ich liebe ihn nicht, außerdem ist er pausenlos unterwegs und kein Mensch kann kontrollieren, wo er ist."

Aber er ließ nicht locker.

„Hören Sie, ich liebe Sie nicht."

Xenia lehnte mit Nachdruck sein Werben ab, nachsichtig, höflich, jedoch entschieden, aber er gab nicht auf. Champagner kistenweise wanderte in ihre Wohnung, Geschenke, Blumen, geliefert von seinem Chauffeur, und ihre Sekretärin war hingerissen.

„Bitte öffnen Sie diesem Menschen in meiner Abwesenheit nicht das Tor, ich will das alles nicht!"

Die Villa, in der Xenia ihr Penthouse hatte, war befriedet mit einem sehr hohen schmiedeeisernen Zaun und einem noch höheren schmiedeeisernen Eingangstor, das grundsätzlich verschlossen war. Jon hatte keine Chance und, logisch, keine Schlüssel. Ich muss aus dieser Falle heraus, dachte sie. Die Sache mit Phillip war geklärt, aber die Sache mit Gregor nicht. Nicht ahnend, was auf ihn zukommt, freute Gregor sich über Xenias Besuch, bewirtete sie und hörte ihren überraschenden Vortrag.

„Gregor", ohne Schnörkel und geradeheraus, „ich weiß, dass du mich liebst, ich weiß es einfach. Rede mir jetzt nicht dazwischen. Höre, es gibt seit einiger Zeit einen Mann, der mich unbedingt heiraten will. Meine

Sekretärin ist vor Begeisterung durchgedreht, obgleich ich betone, dass ich diesen Mann nicht liebe. Aber er gibt nicht auf. Deine Lebenseinstellung ist mir bekannt, trotzdem bin ich heute hier, um dir zu sagen, dass ich dich heiraten möchte. Du musst jetzt nicht antworten. Ich biete ein Zeitfenster von sechs Monaten. Solltest du diese Zeit ohne Zusage verstreichen lassen, werde ich dem Antrag dieses Mannes stattgeben."

Sie äußerte dies, vor ihm stehend, mit fester Stimme, ihm mit offenem Blick in die Augen sehend. Gregor sah sie sekundenlang stumm an, dann nahm er, ebenso wortlos, ihr Gesicht in seine Hände und küsste sie. Erstmalig küsste er sie, und so, wie ein Mann nur eine Frau, die er liebt, küsst – zärtlich, lange, mit sanfter Leidenschaft. Xenia fühlte es wieder, wie damals, an den Jasmin Büschen … Lange hielt sie ihre Augen geschlossen, versunken in Gregors Kuss, versunken in Erinnerung … Ihre Augen öffnend, sah sie das Leuchten in seinem Gesicht und wusste, dass sie richtig gehandelt hatte. Er gab mehr, als sie erwartete.

„Xenia, danke, dass du mir so sehr vertraust."

Sechs Monate verstrichen, kein Wort von Gregor. Gab' ich mir eine Blöße? Nein! Sie war sich sicher wie noch nie. Aber ich werde mich nicht mehr rühren. Was sagte er, ein Mann, der dich haben kann und dich nicht heiratet, ist ein Idiot. Genau das sagte er.

„Xenia, du kannst diesen Mann nicht heiraten! Wir gehören doch zusammen, Xenia! Tue mir das nicht an, Xenia …"

Sie hörte Jon das erste Mal in uneingeschränkter Bestürzung. Sie hörte seine Tränen, „Xenia …"

Sie hatte ihn lange nicht gesehen, ständig war sie mit diesem Mann, der ihr bot, was sie liebte und schätzte, unterwegs. Antiquariate, Xenia war verrückt nach Büchern, in London, Opernbesuche in den bekannten Städten, Paris, Versailles, New York, Carnegie Hall, Kunstausstellungen, Museen, Musicals, Theater, East Coast USA rauf und runter, West Coast Kalifornien, Florida, Segeln auf dem Golf von Mexiko, unzählige Male Venedig. Florenz, Toskana. Das gesamte Programm. Er stellte sie seiner Familie vor, seinen privaten Freunden, den Geschäftsfreunden und alle beglückwünschten ihn. Er las ihr jeden Wunsch von den Augen ab, obgleich sie gar keine Wünsche hatte, nur den einen, weg von Jon.

„Warum nicht?", antwortet Xenia, überrascht von Jons Anruf.

„Wen soll ich deiner Meinung nach denn sonst heiraten?"

„Mich, Xenia, ich will dich heiraten, du bist meine Frau, du gehörst mir!"

Ich gehöre ihm. Recht hat er, ich gehöre ihm, dachte Xenia, aber hörte sich sagen:

„Das sagst du immer, wenn du erkennst, dass ich dir entgleite. Jahrelang habe ich deinetwegen gelitten und geweint, jahrelang hast du mich hingehalten und vertröstet, hingenommen, dass ein anderer Mann in meinem Leben ist, jetzt glaube ich dir nicht mehr."

„Du bist so hart geworden."

„Nein, liebster Jon, nicht hart, sondern wach. Du wirst nie heiraten, du spielst nur Roulette. Ich habe jahrelang deinetwegen geweint, jetzt habe ich kapituliert. Du bist es jetzt, der ausnahmsweise weinen darf."

Lange saß sie neben dem Telefon. Sie sah sein vertrautes, verhaltenes Lächeln, sein majestätisches Auftreten, das sie gleichermaßen belustigte wie beeindruckte, seinen magischen Blick, spürte seine brennenden Küsse, seine starken Arme … Das Telefon klingelte. Xenia hob nicht ab. Es klingelte unaufhörlich. Sie wusste, wer es ist. Es klingelte am schmiedeeisernen Eingangstor Sturm. Der Anrufbeantworter wurde voll. Ich weiß, dass ich ihn liebe, ich weiß aber auch, dass er zu Business as usual übergeht, sobald er wieder seinen Willen hat. Gregor ist wenigstens ehrlich, keine Antwort ist auch eine Antwort, doch ich spüre, auch Gregor fühlt sich elend. All das muss vorbei sein, es muss. Ich werde diesen anderen Mann heiraten und eine Familie gründen. Ich werde Jon vergessen, ich werde ihn vergessen, so Gott mir helfe, und vielleicht bleibt Gregor mein Freund.

Hochzeit, Kaviar und demaskiert

Noch vor ihrer Eheschließung gab es ein atemberaubend schönes Highlight in England, im August die exklusive, handverlesene Einladung in die private Oper in Glyndebourne, Sussex. Inmitten der Weite von Schafweiden lag idyllisch ein kleines Schloss, dessen ehemaliger Besitzer und Opernliebhaber dieses Gemäuer für seine Gäste zur Aufführung von ausgesuchten Werken berühmter Komponisten bauen ließ. Der Bühnensaal bot Sitze für 800 Gäste in jener Zeit. Es war ein Supreme-Class Erlebnis, das Xenia an zwei aufeinander folgenden Nachmittagen gemeinsam mit ihrem Ehemann in spe genießen durfte. Nachmittags gegen fünfzehn Uhr rollten auf den gepflegten englischen Rasen des gepflegten Schlossparkes vor dem Schloss – richtig, die Limousinen durften rollen in diesen Park, auf diesen Rasen – edle englische Limousinen, alle chauffiert von Chauffeuren, begleitet von den jeweiligen Butlern der Herrschaften. In der heißen Augustsonne zeigten sich die Herren und Lords in Frack oder Smoking, einige mit Zylinder auf den Häuptern, heiter strahlend, mit elegantem Gehstock in der Hand. Die anwesenden Damen, selbstverständlich alle in Begleitung ihrer noblen Männer, waren gekleidet in lange, luftig leichte Abendroben, mit Juwelen üppig geschmückt, einige mit zuckersüßen, kleinen Sonnenschirmen in weißem Plissee. Xenia fielen spontan Malereien französischer Expressionisten ein. Die Butler der einheimischen Gäste breiteten große, feine Decken auf dem edlen Rasen aus, hie und da wurde ein weißer Sonnenschutz aufgespannt, unter dem sich dann einige Damen einfanden, sich ungezwungen in ihren Abendroben auf die Decke setzten und sich vom Butler bedienen ließen, denn im Fond der jeweiligen Limousinen lagerte in eisgekühlten Behältern der Champagner sowie die gewünschten Delikatessen. Silberne Champagnerkübel gefüllt mit crushed ice und Champagnerflaschen platzierten die Butler auf die zierlichen Klapptische, ihre Herrschaften würdevoll bedienend. Natürlich gab es auch Alternativen, zum Beispiel eine überdachte, mit weißen Tüchern verkleidete lange Bar, an der sich vorwiegend ausländische Gäste einfanden, oder im kühlen Inneren des Schlosses das elegante Restaurant unter historischem Gewölbe. Gleichgültig wo die Gäste sich bewegten, alle begrüßten sich mit schon fast familiär anmutender, echter Herzlichkeit, so als seien sie alte Bekannte, obgleich die meisten sich noch nie gesehen hatten. Von wegen trockene Briten … Xenia genoss deren Stil, ihre geschliffene Etikette und zuvorkommende Aufmerksamkeit, immer begleitet von charmanter Vertrautheit. Mit einigen dieser englischen Ehepaare flanierten sie und ihr Ehemann in spe in diesen heißen Nachmittagsstunden über den Rasen und ganz zufällig hin zum unspektakulären, einfachen Zaun, der das erhabene Anwesen von den Lämmern trennte.

Gut, dass einige Fotos gemacht werden, sonst würde niemand glauben, sich geschweige vorstellen können, was ich so zu erzählen habe, dachte Xenia. Sich angeregt unterhaltend, jeder sein noch gefülltes Champagnerglas in der Hand, standen sie in erlesener Abendgarderobe im grellen Sonnenlicht vor einer friedlich grasenden Schafherde am Zaun, als wäre es das Selbstverständlichste auf Erden.

Signifikant wurde auch vor ihrer Hochzeit ihre erste Weihnachtsfeier zusammen mit den Managern ihres Gatten in spe und deren Ehefrauen in einer Londoner Nobelherberge. In der Empfangshalle des exquisiten Hotels hatten sich bereits alle Manager mit ihren Ehefrauen versammelt, sie kannten sich, plauderten lebhaft und da sie Xenia noch nicht gesehen hatten, jedoch wussten, dass sie die Zukünftige des Chefs war, blickten sie neugierig in Richtung Rezeption, wo dieser noch Formalitäten regelte. Erkennend, dass das Regeln von Formalitäten noch dauern wird, erklärte Xenia ihrem zukünftigen Ehemann, sie würde einstweilen zu der Gruppe in der Empfangshalle gehen und die Leute begrüßen. Sein Gespräch mit dem Concierge unterbrechend, sah er Xenia erstmalig gebieterisch an, und gebieterisch war auch sein Ton.

„Als Gattin des Vorstandsvorsitzenden mischt man sich nicht unter das Management, Bijou, bleibe also bitte hier und warte bis ich soweit bin."

Zunächst sprachlos, fühlte sie Arktiseis sich über ihr Gemüt ausbreiten. Für diese Klassifizierung gibt es doch eine Bezeichnung, überlegte sie krampfhaft, sie fällt mir nur jetzt nicht ein, weder in Deutsch noch in Englisch, sie fehlt in meinem Vokabular, weil ich mich noch nie einer derart anmaßenden Arroganz ausgesetzt sah. Schnell vom Schock erholt retournierte sie eisgekühlt lächelnd, in liebreizender Sanftmut:

„Erstens bis ich noch nicht Ihre Gattin und zweitens verletzen Sie die Etikette. Man lässt geladene Gäste nicht warten. Sie sind der Gastgeber, und weil ich Ihre in Aussicht gestellte Gemahlin bin, werde ich daher jetzt die Herrschaften begrüßen. Wenn Sie hier abgeschlossen haben, kommen Sie sicher dazu."

Sie tätschelte nachsichtig seinen Handrücken und ließ ihn sichtlich entgeistert stehen. Er erinnerte sie an die zwei Geparden am Warzenschweinloch…, und begab sich in die Halle. Xenia begrüßte jeden, sich vorstellend, einzeln mit einem Händedruck und bat sie alle, sich zu setzen.

„Die Damen haben bestimmt nichts gegen ein Glas Champagner und die Herren haben sicher ihren individuellen Geschmack, richtig?"

Sie schaute heiter in die Runde. Alle lachten erlöst. Entspannt staunten sie Xenia an. Sie dachten wohl alle, ich sei so eine Rührmichnichtan Zicke, wer weiß, wie meine Vorgängerin war … Der Kellner nahm die Bestellungen der Herren entgegen und schenkte den Ladies Champagner ein.

Gemessenen Schrittes näherte sich der Chef. Die Stimmung wurde gedämpfter, die Gläser auf die Tischchen gestellt und alle erhoben sich. Irgendwie bekam Xenia einen faden Geschmack im Mund. Spontan ihrem zukünftigen Gemahl entgegentretend, legte sie charmant ihre Hand auf seinen rechten Arm und entband die ganze Mannschaft von der gekünstelten Begrüßungszeremonie indem sie zur Gruppe gewandt, mit gespielt ernster Würde, untermalt von heiteren kleinen Blitzen in ihren Augen, verlauten ließ:

„Dieser Herr, meine Herrschaften, ist Ihnen sicher bekannt …“

Sie sah, einige der Herren mussten sich das Lachen sehr verkneifen. Damit sich nun endlich alle wieder setzten, bot sie fürsorglich ihrem Verlobten den Platz neben sich auf der Couch, auf der sie saß, an.

„Hier, setzen Sie sich, Monsieur, Ihr Lieblingsgetränk ist bereits bestellt.“

Tatsächlich trat der Kellner beflissen hinzu und brachte sein Getränk. Gekonnt fasste sich ihr Gatte in spe, hob sein Glas, sitzen bleibend, zur allgemeinen Begrüßung und strahlte gönnerisch in die Runde. „Ich sehe, Madame hat sich bereits vorzüglich bekannt gemacht.“

Alle erhielten an der Rezeption ihre Zimmerschlüssel, um neunzehn Uhr hatte man sich zum Dinner einzufinden. Xenia badete in ihrer Suite, gefasst auf die unausweichliche Debatte. Im Bademantel ihre Toilette richtend, studierte sie ihr Gesicht im Spiegel und erwartete ihn. In der Tür stehend eröffnete er erstmalig eine ihn betreffende Diskussion.

„Bijou, du hast mich soeben vor den Leuten ziemlich lächerlich gemacht.“

„Habe ich das? Womit habe ich Sie denn lächerlich gemacht?“

Sie ansehend zögerte er mit seiner Antwort. Wahrscheinlich, weil ihm keine plausible Begründung einfällt, dachte Xenia. Es gab Momente, in denen sie ihn siezte. Zum Teil belustigte es ihn, andererseits schaffte es jenen Respekt, der jeden Zugang verwehrte. Während sie sich schminkte und ihre Augenlider färbte, kritisch ihr Gesicht im Spiegel betrachtend, fuhr sie fort:

„Sie sollten sich bewusst machen, dass ‚diese Leute', wie Sie sie nennen, für Sie Ihre Anweisungen durchführen, Ihre Arbeit machen. Sie dürfen mir gerne erklären, welche Diskrepanz es zwischen Ihren Managern und Ihnen gibt … Herrscht in Ihrem Kopf etwa ein Mehrklassensystem? Nur, weil Sie der Chief Exekutive Officer sind und deutlich mehr verdienen als Ihre sogenannten Untergebenen, sind Sie trotzdem ein Angestellter, wie alle anderen im Unternehmen, das Sie zwar leiten. Wenn das Konsortium jedoch mit Ihnen nicht mehr einverstanden ist, gibt es auch keine Privilegien mehr, dann dürfen Sie den temporären Luxus aus eigener Tasche bezahlen, wie zum Beispiel den heutigen Abend. Einige Ihrer Manager, die ich heute Abend kennenlernte, sind wesentlich älter als Sie. Diese Männer haben Verantwortung zu tragen für eine Familie, Frau und Kinder. Das haben Sie nicht. Von diesen Männern könnten Sie lernen, anstatt das Zepter zu schwingen. Ein Chief Executive hat genauso Anordnungen auszuführen wie alle Arbeitnehmer und ist genauso austauschbar. Sie sind kein Unternehmer. Ein Unternehmer ist selbständig, sein eigener Herr. Sie sind lediglich ein ausführendes Organ. Ein Unternehmer hat seinen Schädel für jede fällige Entscheidung oder gemachte Fehlentscheidung hinzuhalten und isst mit seinem Lehrling eine Stulle. Tun Sie das? Nein, Sie tun das nicht. Sie gingen noch nie ein Risiko ein. Sie sonnen sich in Ihrer Sänfte, aber auch die Sänfte ist nicht von Ihnen bezahlt, auch nicht die Träger. Es gibt eine diesbezügliche Lektüre, die Sie mit Sicherheit nie gelesen haben, das Buch befindet sich in meiner bescheidenen Bibliothek, ich werde es Ihnen gerne zum Studieren ausleihen.“

Xenia machte eine Atempause, er stand mit reglosem Gesicht da, dann fuhr sie fort:

„Sie müssen sich auch merken, dass ich mir nur dann etwas sagen lasse, wenn es einen Sinn ergibt. Für das, was Sie sich heute an der Rezeption anmaßten mir zu sagen, braucht es ein Mägdelein, aber nicht mich. Sie sollten darüber nachdenken, bevor Sie mich heiraten, und glauben Sie bitte nicht, dass Sie mich ändern können.“

Sie erinnerte sich in jenem Moment an Mamas viele Erzählungen, eine davon war, dass sie in Berlin, bevor sie Xenias Vater heiratete, einen Flirt, keine Beziehung, so etwas war zu jener Zeit verpönt, mit einem Offizier hatte. Dieser wollte sie unbedingt heiraten, aber Mama war nicht in den Griff zu bekommen. Sie kannte die Front, sie kannte die Kriegswehen, aber sie behielt ihren unverwüstlichen Eigensinn und Humor. Zu allem Überfluss, erzählte Mama lachend, war er ein SS-ler, also einer, dessen Willen man besser nicht kreuzt. Aber Mama kreuzte ihn … Eines Tages, so erzählte sie heiter weiter, also bei Kaffee und Kuchen im Café Kranzler, ereiferte er sich über ihre Eigensinnigkeit, indem er sagte: „Wenn wir verheiratet sind, dann wirst du dir das alles ganz schön abgewöhnen.“ Mama erzählte weiter, wie sie sich das vorstellte, wie er ihr wohl was immer auch abgewöhnen wollte in einer Ehe … Als sie mit der Vorstellung in ihrem Hirn fertig war, stand sie auf, ließ Kuchen und Kaffee unberührt und ging, ihn so ansehend, als glaubte sie, er sei übergeschnappt, mit den Worten „Mich ändern Sie nicht.“

Xenias Gatte in spe, auch noch im Bademantel, betrachtete sie ungläubig, er wusste zunächst nicht, wie er das, was er soeben gehört hatte, zuordnen sollte, aber er erkannte, dass er zwangsläufig sein Weltbild ändern musste, wenn er sich kein Mägdelein zulegen wollte.

Unweit von Jon bewohnten sie nun eine formidable Villa mit großem Park. Die Hochzeitsgäste erhielten ihre Einladungen, sämtliche Vorbereitungen liefen, dann kam Gregors Anruf.

„Xenia, alle deine Freunde erhielten eine Hochzeitseinladung, warum ich nicht?“

Beherrsche dich, Xenia! Keine überflüssigen Fragen. „Contenance, Madame“, würde Phillip, der ebenfalls eingeladen war, sagen.

„Gregor, ich glaubte nicht, dass du interessiert sein würdest. Ich werde meinen Verlobten fragen. Sollte er seine Zustimmung geben, rufe ich zurück.“

Ihr zukünftiger Gatte zeigte sich großzügig.

„Selbstverständlich. Lade ihn ein, er ist doch dein Freund und nicht dein ‚used to be‘. Deine Freunde sind auch meine Freunde.“

Er hat ihn noch nicht gesehen, dachte sie, es wird ihm nicht gefallen.

„Gregor, du erhältst eine Einladung für zwei, bitte komme mit deiner Vorzugsfreundin, versprich mir das, ja?“

„Versprochen.“

Das Fest war in vollem Gange. Die Freunde und Familie ihres Gatten waren angereist und diesmal waren auch

Xenias liebste Stiefverwandten angereist, nämlich Angehörige ihres Ziehvaters … Erlauchte Personen aus der Stadt, die Herren ausnahmslos im schwarzen Smoking, die Damen sehr elegant, waren anwesend. Unter diesen erlauchten Gästen befand sich auch eine betagte, hinreißend liebenswürdige Gräfin, die von Xenia mit dem ihr in Fleisch und Blut übergegangenen, dezenten Knicks begrüßt wurde, und die zur aristokratischen Berliner Society zählte. Sie verhielt sich sehr zurückhaltend, während ihr Gatte bereits den üblichen politischen Diskussionen frönte. Anhaltend beobachtete sie Xenia, die sich in Abständen teilnahmsvoll nach ihrem Befinden erkundigte.

Xenias Stieftante, Schwester ihres Ziehvaters, war gemeinsam mit ihrer Familie angereist, riesige Kochtöpfe voller altdeutscher Feinschmeckerdelikatessen in ihrem Wagen, sozusagen als Heimatgeschenk für Xenia, keine Ahnung habend, welch verwöhntes Publikum sie erwartet. Die gefüllten Töpfe wanderten in die sehr große, Xenias jetzt herrschaftliche Küche, und während ihre Töchter sich sehr en vogue zeigten, stotterte die Tante, die übrigens reizend aussah, lachend, ähnlich wie Xenias Mama:

„Oh Gott, ich habe ja für diese Gesellschaft ein viel zu einfaches Kleid an, nein, da gehe ich nicht hinein", sie meinte den großen Salon, in dem am Abend das teure Buffet vom Service errichtet wurde.

„Tante, das Kleid ist in Ordnung, aber wenn du dich darin nicht gut fühlst, dann suche dir oben etwas Passenden aus, ich habe auch lange, weite Kleider, die dir passen."

Zur Kusine gewandt:

„Gehe mit ihr und sucht euch etwas Gefälliges aus."

Wieder zurückgekehrt, sah ihre sehr hübsche Tante zuckersüß aus! Eine ihrer Töchter hatte sie angemessen gestyled, die Tante lachte verlegen, aber ihr Ehemann war hingerissen.

„Xenia, du musst öfter so ein nobles Fest arrangieren, dann kann ich mich immer wieder aufs Neue in meine Frau verlieben!"

Die meisten von Xenias Stieffamilie unterhielten sich in der Küche, während Tante den Inhalt der gigantischen Kochtöpfe auf den großen Herdplatten erhitzte. Einige Kellner kamen dazu und unterstützten sie, begeistert allein schon vom Duft der Speisen! Ihr Gatte trat herein.

„Wir vermissen euch. Was wird hier im Geheimen gemunkelt?"

Heiter gestimmt schnupperte auch er in die Luft. Xenias Stieffamilie hatte er natürlich schon öfter gesehen, daher legte er charmant seinen Arm um Tantes Schulter.

„Du willst heute wohl die ganze Berliner High Society mit deinen Kochkünsten verführen, habe ich recht? Es riecht ja unwiderstehlich."

Er getraute sich, die Topfdeckel zu heben und seine Nase in den Dampf zu halten. Sofort beauftragte er die in der Küche anwesenden Kellner, Xenias großen Esstisch, der jetzt in der Küche stand, zu decken.

„Diese deliziösen Gerichte müssen warm bis heiß genossen werden, ich spiel schon mal den Herold", und verschwand bestens gelaunt.

Tante blieb achtsam bei ihren Töpfen, während ein Kellner ihr assistierte, denn innerhalb kürzester Zeit standen etliche Herren, bestückt mit Tellern in der Küche und kamen aus dem Staunen und Genießen nicht mehr heraus! Die Feinschmeckerbotschaft wurde zum Lauffeuer und bald sah Xenias Küche aus wie eine In-Kneipe am Kurfürstendamm. Xenias Tante wurde mit höchstem Lob geehrt und deshalb schrecklich verlegen.

„Dass diese Herren das alles so sehr mögen, hätte ich nie gedacht.“

Xenia flüsterte ihr versteckt und belustigt zu:

„Diese Herren kennen nur Kaviar. Es muss immer Kaviar sein. Du hast es doch bereits im Skiurlaub erlebt, wie mein Mann schnell noch das Zeug besorgte, sodass wir deine Kartoffelpuffer damit veredeln konnten.“

Tante erinnerte sich gut! Damals hatte sie, wie Mama, wenn sie etwas Unglaubliches ereilte, herzlich gelacht, aber Onkels Gesichtsausdruck sagte nichts anderes als, „Na ja, wenn er es sich leisten kann …“

Die Damen im Salon wurden von ihren Ehegatten und den Kellnern mit Köstlichkeiten aus der Küche verwöhnt, das herrliche Buffet blieb zunächst fast unberührt, erst, als Tantes Kochtöpfe leer waren, versammelte sich die illustre Gesellschaft wieder, höchst beeindruckt und genüsslich gesättigt, im Salon. Tante wurde zur gekürten Königin.

Spät am Abend, aber er erschien, Gregor … Was Xenia vorausgesehen hatte, geschah. In dieser Gesellschaft kannte ihn nur Xenias Sekretärin. Die anwesenden Damen waren ausnahmslos verheiratet. Gregor, atemberaubend gut aussehend und im Eingang hin zum großen Salon einen Augenblick verweilend, wurde von ihnen unverhohlen angestarrt, während sich deren Ehemänner, Bedrohung sofort erkennend, merklich aufrechter setzten.

Unwillkürlich musste Xenia lachen. Sie begrüßte Gregor herzlich.

„Wo ist deine Freundin?"

„Ich wollte sie dabei haben, aber sie hat heute Verpflichtungen." Hm. Sie fühlte, er schwindelt. Gregor, sehr gesammelt, ein Edelmann von Kopf bis Fuß, ließ sich von Xenia ihre Stieffamilie und natürlich ihren Gatten vorstellen …

Ihre Stieffamilie erkannte sofort die Situation. Immerhin hatten sie Xenia seit ihrer frühesten Kindheit mit aufgezogen und erlebt und gemeinsam mit ihren eigenen Kindern Xenias Kindheit geteilt … Ihr allerliebster, allwissender Onkel tanzte mit ihr, sagte bewundernd:

„Du tanzt, wie eine Feder."

„Das liegt an deiner exzellenten Führung."

Und dann sagte er, der eine einzige, lange, glückliche Ehe führte und Vater mehrerer, inzwischen erwachsenen Kinder, die ebenfalls zur Hochzeit gegenwärtig waren, unumwunden:

„Kleines, ich kenne dich. Wir sind froh, dass du nun gut aufgehoben bist, du wirst sicher dein Bestes geben, aber …", bevor er ausreden konnte, klatschte Gregor ihm Xenia ab.

„Sie gestatten …?"

Ihr allerliebster Onkel und absolut kein Kostverächter, Xenia schwor, dass er mit den Jahren immer interessanter wirkte und wurde. Auch in seiner Ehe gab es Krisen, die jedoch stets mit Hilfe ihrer forschen Kinder, Schwiegersöhne und Schwiegertöchter, überwunden und bereinigt werden konnten, übergab Xenia in Gregors Arme.

„Geben Sie gut auf sie Acht, ich sehe, Sie wissen, wie man Xenia zu führen hat."

Der Sinn seines Komments war klar, er fühlte und wusste Bescheid. Gregor schaute ihn an und verstand. Er hielt Xenia im Arm, sie tanzten diesen Slow Fox, den er gewählt hatte, er wollte mit Xenia reden. Noch nie hatte er zuvor mit ihr getanzt. Genauso, wie er sie noch nie zuvor geküsst hatte ... Oft hatte sie sich bei Marcel darüber auf Bällen beklagt, nicht über das nicht geküsst werden, sondern weil er nicht mit ihr tanzten wollte.

„Warum tanzt er nicht mit mir, seine Ausreden, die Freundin wäre eifersüchtig, sind fadenscheinig, denn sie wäre nie auf mich eifersüchtig, das weiß ich."

Marcel beschwichtigte sie:

„Xenia, es ist etwas anderes, warum Gregor nicht mit dir tanzt ..."

Nicht mehr gegenwärtig auf diesem Fest, folgte sie Gregors Führung, den versteinerten Blick ihres nun angetrauten Gattens wahrnehmend, jedoch interessenlos übersehend.

„Xenia", Gregor sprach leise, „ich habe lange nachgedacht. Ich traute mich nicht, ich traue mich immer noch nicht. Du hast Recht, ich liebe dich so sehr, aber jetzt ist es zu spät. Wenn ich dich, wie jetzt, in den Armen halte, verliere ich fast die Beherrschung. Dich diesem Mann zu überlassen, jetzt habe ich ihn gesehen, ist wie ein Verbrechen. Wie sehr musst du verletzt worden sein, um diesen Schritt zu vollziehen. Ich fühle mich schuldig. Xenia, ich werde jetzt gehen, aber ich bin immer, immer für dich da, immer. Ich möchte dich jetzt küssen, Xenia, fühle, dass ich dich küsse ..."

Der ‚bunte Hund' ging, ohne sich von irgendjemand zu verabschieden. Sie geleitete ihn zu seinem Wagen.

„Geh hinein, Xenia, ich weiß, wir werden beobachtet, geh' hinein." Tränen standen in seinen und in Xenias Augen.

So langsam löste sich die Gesellschaft auf, die Herrschaften verabschiedeten sich, die Limousinen vor ihrem Haus reduzierten sich und in der Küche kommentierten die noch gebliebenen Gäste anerkennend das lebhafte und gepflegte Fest.

„Ein wunderschönes Hochzeitsfest", sagten die Kusinen bewundernd und scherzend zu ihren Ehemännern,

„Wir sollten noch einmal heiraten und es nachmachen."

Nur Xenias Gatte hatte seine gute Laune verloren.

„Ja, es war ein sehr schönes Fest", er konnte es sich nicht verkneifen und Xenia fragte sich, weshalb er sich nicht diszipliniert.

„... bis dieser Mann im weißen Smoking kam."

Zu Ehren der Gräfin

Schon am nächsten Nachmittag klingelte das Telefon. Die Gräfin. Beherzt beglückwünschte sie Xenia noch einmal, entschuldigte sich für ihren Anruf mit der amüsanten Erklärung, dass sie die halbe Nacht nicht schlafen konnte wegen des so köstlichen Nachgeschmacks der Speisen ihrer Tante.

„Können Sie mir bitte diese Rezepte zukommen lassen? Ich habe heute Morgen meiner Köchin von den Kochkünsten ihrer liebreizenden Tante erzählt. Meine Köchin wäre Ihnen dafür sehr dankbar!"

Xenia war beeindruckt. Diese Grande Dame bittet sie um die Kochrezepte ihrer Tante, obgleich sie sich nur einmal sahen.

„Gräfin, selbstverständlich. Ich kenne diese Rezepte, diese werde ich jeweils auf einer Seite Listen und Ihnen zusenden. Wenn ich mir in etwas nicht sicher bin, frage ich meine Tante."

„Wunderbar! Dann wird es ein kleines Kochbüchlein, ich freue mich. Phillip hat mir ja schon so viel von Ihnen erzählt! Es war eine Freude, ihn wieder auf Ihrem Fest zu sehen und es ist auch eine Freude, Sie kennengelernt zu haben. Jetzt erwarte ich Ihr Büchlein und demnächst sind Sie und Ihr Gatte bei uns geladen. Au revoir, meine Liebe."

Strahlend steht Xenia am Telefon … Was für eine Ehre!

Als sie ihrem Gatten von diesem Anruf und der in Aussicht gestellten Einladung der Gräfin berichtete, vergaß dieser eindeutig den Mann im weißen Smoking. Eine Einladung der Gräfin...

Er strotzte nur so vor Stolz und seine Geschäftsfreunde bewunderten ihn endlos.

„Dieses Haus, und dann diese Frau ..., Sie sind ein Glückspilz!"

Wiederholt betonten diese Leute, wie sehr er sich zu seinem Vorteil verändert hatte. Xenia fertigte das Kochbüchlein, teilte ihrer Tante mit, dass ihre Kochkünste nun in Händen des Hochadels sein werden, weswegen die bescheidene Tante sich kaum noch fassen konnte und als Xenia ihr erzählte, dass die Gräfin sie liebreizend nannte, war sie völlig dahin.

Der Einladung folgend wurden Xenia und Gatte vom Butler der Gräfin in deren Salon geführt, dort unterhielten sich bereits einige Gäste, die sich offensichtlich kannten, angeregt. Es war der ‚harte Kern' des Kreises um die Gräfin und deren Gemahl. Keine Frau zu sichten. Wo sind ihre Ehefrauen, sinniert Xenia. Strahlend kommt ihnen die Hausherrin entgegen. Ihr Gatte, so verzeichnet Xenia zufrieden, gibt ihr einen tadellosen Handkuss, verneigt sich formvollendet und lässt Xenia den Vortritt. Brav, wie immer, knickste Xenia und übergab ihr das kleine Kunstwerk gewickelt in Chiffon mit großen, frischen Rosenblüten dekoriert. Sprachlos bewundernd blickte die Gräfin auf das Geschenk, dann führte sie ihre Hand an Xenias Rücken und geleitete sie, gefolgt von den anderen Gästen, in den kleinen Salon, wo sie sich zum Dinner einzufinden hatten.

„Phillip wird auch bald hier sein“, eröffnete sie Xenia liebevoll. Was Xenia jetzt zu sehen bekam, ließ ihr Herz jubeln! Jetzt verstand sie, warum die Gräfin sich so sehr für Tantes Rezepte interessierte. Ein lichter Raum, der zum Garten führte, ein großer, runder Esstisch für zwölf Gäste, der Xenia an ihren Esstisch erinnerte, der jetzt in ihrer Küche stand. Bedeckt war dieser antike Tisch mit einer riesigen, cremefarbenen, handgehäkelten Spitzendecke, zwei bronzenen Kerzenständern und gedeckt mit handbemaltem Porzellan, großen, feinen, mit Familienwappen bestickten Leinenservietten und, selbstredend, mit altem Silber. Was Xenia jedoch am meisten begeisterte, waren die Gläser zu jedem Gedeck. Kein Glas glich dem Anderen, jedes Glas war ein antikes Kunstwerk. Kunstwerke, die jedoch nicht nur zur Dekoration in einer Vitrine standen, sondern genutzt wurden. Frisch geschnittene Gartenblumen zierten in zwei silbernen Jugendstilvasen den Tisch, sowie mehrere kleine, erhöhte Obstschalen, in denen einheimisches Obst und Beeren lagen. Hinter jedem Gedeck befand sich ein kleines, handgeschriebenes Namensschild. Xenia dachte insgeheim an Jon. Dieser Anblick würde sein Weltbild erschüttern! Offensichtlich war es eine regelmäßig stattfindende Gesprächsrunde, vom Grafen inszeniert. Die Anwesenden waren, außer der Gräfin und Xenia, ausschließlich Männer, die erstaunt über Xenias Präsenz waren, denn ihre Gattinnen waren zu diesen Soireen nie eingeladen! Der Abend war grundsätzlich als Herrenabend, als wirtschaftspolitische Diskussionsrunde, gedacht. Charmant erklärte der Graf:

„Xenia kommt aus einem Commonwealth Land, aus Australien, sie wurde dort ausgebildet und lebte lange dort. Sicher ist ihre Teilnahme an unseren Diskussionen erfrischend für unsere alten Gemüter."

Sie werden doch hoffentlich nichts von mir wissen wollen. Was weiß ich schon über Wirtschaftspolitik in Australien, so hoffte Xenia. Dann kam für sie die nächste Wohltat. In eine blütenweiße Schürze gewickelt trat die Haushälterin aus der Küche herein, servierte den ersten Gang, schenkte den kandierten Wein ein, räumte nach dem zweiten Gang ganz selbstverständlich alleine ab, lächelte freundlich und verschwand wieder in der Küche. Es wurde natürlich heftig weiter diskutiert und Xenia hörte schweigend, jedoch äußerst aufmerksam zu. Die Gräfin nutzte die Pause und befreite ihr kleines Geschenk von den Rosenblüten, dem Chiffon und sah fast andächtig in das kleine Kochbüchlein, bewunderte Xenias Skizzen zu den einzelnen Speisen und war entzückt von Tantes lieblichem Foto, sozusagen als Urheberin der himmlischen Rezepte. Sie reichte das Büchlein Phillip und Phillip den neugierig gewordenen Herren.

„Sie sind ja eine Künstlerin, Madame, man sollte es vervielfachen und vermarkten!"

Der Graf betrachtete lange Xenias Zeichnungen. Wenn er wüsste, dass ich damit ein Stipendium erhalten habe … Nach einiger Zeit erschien die Haushälterin fragend, ob der Hauptgang aufgetragen werde dürfte.

„Schauen Sie sich erst dieses Kochbüchlein an", forderte die Gräfin vielsagend, „es ist Madames Werk! Bringen Sie es der Köchin, sie wartet schon darauf. Sie wird begeistert sein!"

Beeindruckt vom Büchlein verschwand die Haushälterin wieder in der Küche. Wiederkommend, hinter sich die strahlende Köchin, bat sie darum, der Köchin zu erlauben, sich bei Madame zu bedanken. Um die Runde Tafel herumgehend reichte sie Xenia herzlich beide Hände.

„Es sind traumhafte Gerichte, alle werde ich eingehend studieren und wenn Gräfin gestattet, Sie zum Probeessen einladen.“

Xenia erhob sich und bedankte sich gerührt, während die Herren sowie Graf und Gräfin bejahend applaudierten. Rasch zusammen mit der Haushälterin in ihr Reich zurückkehrend wurde kurz danach der Hauptgang auf die großen Essteller serviert und, herüber vom Buffet, auf dem ein großer Champagnerkühler gefüllt mit Eis, Champagnerflaschen und Gläser darin bereits brillierte, eine überdimensionale, kunstvoll bemalte Majolika-Schüssel, bis zum Rand gefüllt mit Salat, darin ein herrliches Schildpatt Salatbesteck, in Silber gerahmt, gereicht und diese Wucht inmitten auf den runden Tisch platziert! Diese Majolika-Schüssel passte weder zu den erlesenen Gläsern noch zu dem ebenso erlesenen Tafelporzellan, sie lud, dort in der Mitte thronend, jedoch unmissverständlich zum Genießen ein, wozu sich kein Anwesender zweimal bitten ließ. Jeder Gast bediente sich aus der wunderschönen Schüssel auf seinen Salatteller, nippte am Wein und diskutierte weiter. Allein diese Kombination von unterschiedlichen Stilorientierungen, insbesondere die, gemäß Jons Verständnis, ordinäre Salatschüssel, würde er als verwerflich erachten, es würde ihn zweifellos in einen Kulturschock versetzen, zumal dieser Stil von einer Gräfin aus Uradel bestimmt ist, dachte sich Xenia erneut. Sie schmunzelte. Wie sehr hatte sie diese

Normalität bei anderen, insbesondere bei Einladungen gemeinsam mit Jon bei seinen Freunden oder Bekannten, immer vermisst. Auch ihr Ehemann war diesem Neureich Getue verfallen …, aber ihm bringe ich es schon noch bei, der heutige Abend hat ihn einiges gelehrt. Sie lächelte hinüber zu Phillip, der sie ständig beobachtete und genau wusste, wovon sie beeindruckt war.

Wenn Götter die Blicke wenden

„Hören Sie", sagte Xenia zu ihrem Gatten. „Wenn Sie einen Manager entlassen, dann erzählen Sie mir nicht, wie schlecht Sie sich dabei fühlen. Sie haben Headhunter an der Hand und können dafür sorgen, dass ein entlassener Mann, der ja schließlich Familie zu ernähren hat, einen neuen Job in Aussicht gestellt bekommt."

Dieses setzte er um, sehr zum Wohle seines Ansehens.

„Seit Sie diese Frau haben, sind Sie ein völlig anderer Mensch geworden", trauten sich einige Managerehefrauen zu sagen und deren Ehemänner nickten bejahend.

„Wir haben ein ganz neues Klima im Unternehmen, seitdem Sie in den unteren Etagen regelmäßig mit jedem reden."

Schau her, denkt Xenia. Gottes Mühlen mahlen langsam, aber sie mahlen. Belustigt erzählte ihr Nun-Ehemann einmal:

„Der Chauffeur fragte mich doch heute vorsichtig, ob ich denn tatsächlich mit dir verheiratet bin. Als ich wissen wollte, weshalb er mich das fragt, erklärte er, na ja, weil Madame Sie immer noch siezt."

„Und? Was hast du erwidert?"

„Ich erklärte ihm, dass es eine Marotte von dir ist, zumal du französischer Herkunft bist und diese Anrede, zumindest in den gehobenen Kreisen Frankreichs, selbstverständlich sei. Aber, versicherte ich ihm lachend, meine Frau siezt mich nur dann, wenn Stellung geboten ist."

Seine Geschäftsfreunde und deren Frauen waren auch Jons Gesellschaft, die ihn natürlich informierten. Xenia überschlug sich mit ihren Talenten. Es gab Hauskonzerte mit den Philharmonikern, sie ließ einen 1 ½ Meter im Durchmesser und 20 Zentimeter dicken Adventskranz aus echten Zweigen binden und übersäte diesen eigenhändig mit Schmuck, um ihn sodann an die hohe Decke im Salon zu hängen. Es war zweifellos der schönste Adventskranz in der Stadt, welchen ihre Gäste staunend bewunderten und es kaum glauben wollten, dass die angeblich verwöhnte Gastgeberin ihn gezaubert hatte.

Aber Gott half ihr nicht. So sehr Xenia sich eigene Kinder wünschte, hatte sie die eine und dann die andere Fehlgeburt, jeweils danach lag sie mit Bauch-OPs wieder in der Klinik. Ihr Ehemann ging mit Erlaubnis seiner Mutter fremd, denn eine Frau, die keine Kinder gebären kann, ist keine Frau. Die Damen, mit denen er sich unter anderem vergnügte, waren Xenias Putzfrau und ihre angeblich beste, verheiratete Freundin. Sie alle besuchten sie, Mitgefühl heuchelnd, in der Klinik. Obgleich seelisch und körperlich geschwächt, schleppte er Xenia nach ihrer endgültigen Entlassung auf sämtliche gesellschaftlichen Ereignisse, bis sie eines Abends beim Tanzen von einem der Herren erfuhr, dass sie Krebs hatte.

„Wie bitte??“

„Nun ja, entschuldigen Sie, aber wir sind ja so froh, dass es Ihnen nun wieder gut geht, Ihr Mann erzählte, dass Sie Krebs haben und daher in der Klinik lagen.“

„Ich hatte keinen Krebs, Monsieur, ich hatte drei Fehlgeburten.“ Betroffen sah er sie an.

„Ich danke Ihnen für die Aufklärung.“

Xenia ließ sich von ihm zu ihrem Ehemann führen, von dem sich ihr Tanzpartner sichtlich befremdet distanzierte. Die Neuigkeit kreiste und Xenia stand im Nebel. Es erschien ihr völlig überflüssig, eine Szene zu inszenieren. Wozu? Interessant ist jedoch, dass ich immer alles erfahre, ohne mich bemühen zu müssen. Immer. Trotzdem konfrontierte sie ihren Gatten mit verächtlichem Unterton:

„Warum Krebs? Ich hatte drei Fehlgeburten, zuzüglich drei Bauch-Operationen! Sage mir, warum lügst du der Gesellschaft vor, ich hätte Krebs? Braucht es eine krebskranke Ehefrau, um dein Fremdgehen zu rechtfertigen? Dein Banker hat es dir offensichtlich vorgemacht, als dessen Frau tatsächlich an Krebs starb, währenddessen er sich bereits mit drei Flittchen vergnügte. Ich hatte ihn auf der Hintertreppe des Hotels mit den Damen entdeckt und mich, ihn beschämend, nach dem Befinden seiner sterbenden Gattin erkundigt. Die drei Dämchen verschwanden daraufhin sofort, aber du schämst dich noch nicht einmal!“

Zwischenzeitlich geschah es, dass ihr Ehemann seine Vorstandsposition verlor. Es kam genauso, wie sie es ihm während eines kommerziellen Großempfangs prognostiziert hatte. Sie hatte ihren Ohren nicht getraut, was sie hörte, ließ sie erschauern. Empört hatte sie ihn in eine Nische gezogen.

„Sind Sie von allen guten Geistern verlassen?! Wie können Sie derartiges in öffentlicher Gesellschaft, und überhaupt, verlauten lassen? Soeben haben Sie Ihr Todesurteil unterschrieben oder glauben Sie etwa, dass irgendjemand unter den Anwesenden Schweigen über Ihre üblen Äußerungen halten wird?"

Überheblich winkte er lachend ab:

„Das wissen doch alle, es traut sich nur keiner, die Sache beim Namen zu nennen."

„Was nicht bewiesen ist, sind Mutmaßungen, daher äußert sich niemand, aber du tönst, als seist du der Graf von der Gastanstalt. Du vergisst, dass du von ihrer Hand lebst, abgesehen davon vergisst du ihre jahrzehntelang dienenden Vasallen. Glaubst du etwa als deutscher Frischling, den man ohnehin mit Skepsis beäugt, dass deine Haltung von diesen Herren vor ihrer Chefin verheimlicht wird? Du zollst dieser Dame, die wesentlich älter ist als du, offensichtlich kein Jota Respekt und noch übler ist, dass du offensichtlich kein Jota Verstand besitzt." Xenia schäumte.

Sie hatte sich nicht vorstellen können, dass ein Mann im reifen Alter und in verantwortungsvoller Position derart arrogant und ignorant sein könnte.

Dann, im strengsten Winter, der Schnee meterhoch, das Grundstück sah aus wie Rübezahls Märchen, kommt er aus dem Ausland zurück und kann des Nachts nicht Wasser lassen. Er hatte Schmerzen und Xenia fuhr ihn durch die Winternacht in eine Klinik. Auf ihre Frage antwortet der Chefarzt lakonisch,

„Diese Art von OP machen wir fast täglich an Soldaten."

„Aber mein Mann ist kein Soldat", erwiderte Xenia.

„Nun ja", räumte der Chefarzt jovial ein.

„Gelegentlich sind auch Manager unsere diesbezüglichen Patienten.“

„Aber woher kommt diese Infektion?“

Beharrlich fragte sie. Nachdenklich sah der Arzt sie an.

„Es gibt genügend Abwechslung, aber wer eine Frau wie sie hat, sollte diese Abwechslungen nicht benötigen.“

Hm. Er geht also Gott weiß wohin bevor er zu mir nachhause kommt? In ihrem Kopf schwirrte es. Ohne sich für das Geschehene zu schämen konstatierte ihr Ehemann doch tatsächlich lachend bei Xenias Eintreten in sein Krankenzimmer:

„Du kannst jetzt Schalom zu mir sagen.“

Angewidert fuhr sie durch den tiefen Winterschnee zurück in das Rübezahl-Märchen. Was habe ich da bloß geheiratet …?

Es kam so, wie es Xenia vorausgesehen hatte. Von einem Tag auf den anderen aktivierte seine Chefin den Schleudersitz und Xenia wurde Zeugin seiner Telefonate hinsichtlich eines Gerichtsverfahrens wegen der Abfindungssumme, die er forderte. Weil er Xenias Zurückhaltung registrierte, er war ein ausgezeichneter Manipulator, buchte er eine Luxusreise. Sieht man die Fotos, so glaubt man unumwunden, entweder das edle Paar ist seit Jahren glücklich verheiratet oder just in den Flitterwochen. Eines Tages in diesem Urlaub trat Xenia ahnungslos an die Rezeption, an der ihr Gatte ein Telefonat führte. Unmittelbar hinter ihm stehend hörte sie ihn säuseln:

„Bijou, meine Geliebte …“

Bijou? denkt Xenia. Wie praktisch, er nennt auch mich Bijou. So bringt man sich also nie in Verlegenheit.

Sie hörte sich einige Sekunden lang dieses Gesäusel an, dann griff sie über seine Schulter, nahm ihm entschieden den Hörer aus der Hand und sagte mit scharfer Stimme hinein in den Telefonhörer:

„Ich weiß noch nicht, wer Sie sind, aber ich bin seine Gattin“, und legte auf. Die Umstehenden wurden aufmerksam, er war völlig vor den Kopf gestoßen.

„Höre“, sagte Xenia, „ich könnte dich schlagen und treten inmitten dieser Umstehenden, aber das werde ich natürlich nicht tun. Wie viele Bijous gibt es denn in deinem Repertoire?“

„Bijou“, er räusperte sich. „Xenia, ich erkläre dir alles.“

„Bei *‚meine Geliebte‘* gibt es nichts zu erklären, ich will lediglich wissen, wer sie ist.“

Sie standen immer noch an der Rezeption inmitten der Umstehenden. Xenia lähmte ihn sprichwörtlich mit ihrem Blick und ihren Worten.

„Wer ist sie?!“

Er konnte nicht ausweichen. Sein Glück war nur, dass vermutlich keiner Deutsch verstand.

„Sie ist die Tochter meiner Chefin.“

„Ach, schau her, die Hässliche, von der du so oft sprachst? Aber sei unbesorgt, ich verstehe, dass Milliarden unwiderstehlich sind.“

Hohn triefend sah sie ihn an und begriff wieder einmal ein Kapitel mehr. Die Papyrusrolle, die er ihr im Salon überreichte, war vollgeschrieben mit Liebeserklärungen und Schwüren bezüglich seiner künftigen Treue. Xenia überflog das Ganze kalt. Sie konnte keinen Liebesschwüren mehr glauben, alles nur Parole, Parole. Was habe ich da nur geheiratet …? Einen Lügner, einen Hochstapler, einen Schwächling, einen Opportunisten? Dass er kurzsichtig ist und eine Brille trägt, vermittelt ja eine vermeintliche Intelligenz, insbesondere wenn man fließend mit mehreren Sprachen beeindrucken kann, auch seine einstige Impotenz hatte sie toleriert. Zur jetzigen Potenz willigte sie als Ehefrau ein, denn diese Eingriffe, so die Ärzte, werden nur bei Ehepaaren oder, wörtlich in der Vorbesprechung zu der OP, bei Scheichs durchgeführt. Ohne zu ahnen, ohne von den Ärzten darüber aufgeklärt zu werden, welche psychischen Folgen dies unausweichlich bei einem einst impotenten Mann haben würde, wurde nun Dauerpotenz auf Wunsch implantiert, auf Knöpfchen Druck, begleitet von Beethovens Vierter oder Neunter.

Und ich glaubte, er würde es mir ewig danken …

Xenia, sie hörte wieder Stimmchen. Xenia, Millionen Menschen sind das zweite Mal geschieden. Verlasse ihn. Ich weiß, dass dir Geld wenig bedeutet, also geh deinen Weg und beschmutze nicht länger deine Hände.

Aus diesem Urlaub zurückgekehrt wurde sie wieder Zeugin seiner Telefonate, diesmal mit der Presse hinsichtlich der Vergangenheit seiner Chefin und das Blut gerann ihr wieder in den Adern. Jetzt war ihr klar, dass sie mit diesem Mann nicht länger zusammen sein wollte. Sie fuhr zur nächsten Telefonzelle und rief seine Chefin an, jene bodenständige Dame, der Xenia als einzige der Managerehefrauen auf ihrem Landsitz Präsenz gestattete. Einer ihrer Vasallen-Juristen, die sie kennengelernt hatte, war am Telefon.

„Bitte hören Sie, den kommenden Gerichtstermin müssen Sie unbedingt absagen. Mein Mann, ich lasse mich von ihm scheiden, hatte die Presse zu diesem Termin eingeladen und will ihre Chefin als Gattenmörderin deklarieren. Außerdem hat mein Mann ein Verhältnis mit der Tochter ihrer Chefin." Deren Anwalt war entsetzt. Er dankte Xenia und versicherte, entsprechende Maßnahmen einzuleiten.

Xenias Scheidungsbegehren lag, gesendet von ihrem Anwalt, auf dem Schreibtisch ihres Gatten, der es irritiert las, dann drohend vor Xenia trat und ihr hämisch ins Gesicht warf, „du wirst dich vor Gericht sehr darüber wundern, wie lang dein polizeiliches Strafregister ist."

„Mein Strafregister?" Xenia starrte ungläubig direkt in seine zu Nadelstichen geschrumpften Pupillen, von der Brille getarnt.

„Ja", drohte er weiter, „oder glaubst du etwa, dass du ein unbeschriebenes Blatt bist?"

Sofort kam Xenia eine sehr einflussreiche Juristin in den Sinn, die sie in Gegenwart ihres Ehemannes unverzüglich anrief, sie kannte deren Telefonnummer auswendig, und schilderte kurz und bündig ihre Situation. Xenia gut kennend, einst sagte sie, „wenn jemand Sie und Ihre Fähigkeiten in Frage stellt, schicken Sie ihn zu mir", verstand sofort.

„In spätestens fünf Minuten rufe ich zurück, bleiben Sie beim Telefon."

Ihr Gatte, nicht wissend mit wem sie sprach, blickte verwundert und verunsichert in ihre Richtung. Xenia behielt ihre Hand auf dem Telefonhörer, danebenstehend wie ein Häuptling. Wieder klingelte das Telefon.

„Meine Liebe, Sie existieren überhaupt nicht bei der Polizei. Verlassen Sie so schnell wie möglich Ihr Haus,

Männer, die zu derlei fähig sind, sind auch noch zu anderem fähig und nehmen Sie keinen Silberlöffel mit, der nicht Ihnen gehört. Es ist gut, dass Sie mich angerufen haben, ich bin jederzeit für Sie erreichbar."

Beruhigt und bestätigt bedankte sich Xenia ohne einen Namen zu nennen, hängte den Hörer ein und streifte, während sie den Raum verließ, ihren Ehemann mit einem herablassenden Blick.

„Mit wem hast du telefoniert!?"

Xenia drehte sich zu ihm. Er tat ihr noch nicht einmal mehr leid.

„Man hat so seine Verbindungen, Monsieur", sagte sie und ging.

Xenia wurde geschieden. Ihr erfahrener Anwalt meinte,

„Sie haben eine Atombombe gezündet, Sie haben keine Beweise für ihre Behauptungen." Xenias Gesicht war von Tränen überflutet.

„Ich bin der Beweis, ich habe ihn gehört und gesprochen, ICH!"

Innert sieben Wochen war Xenia, entgegen der allgemeinen gesetzlichen Jahresfrist, geschieden. Sie wollte keinen Penny von diesem Mann, sie wollte nur weg. Der Scheidungsrichter war nicht einverstanden.

„Bei all dem, was hier vorgetragen wird, kann ich Sie nicht einfach so scheiden. Sie haben Ihr Unternehmen zugunsten dieses Mannes aufgegeben, Sie hatten drei Fehlgeburten, er hat Sie betrogen und zu einer billigen Einwilligung genötigt in Ihrer schwächsten Phase, Sie haben von seiner Geschlechtskrankheit erfahren in Zeiten von Aids. Die psychischen Belastungen, denen Sie ausgesetzt wurden, sind enorm."

Die Lügen Ihres Noch-Ehemannes bezüglich seines Vermögens, hinter ihr sitzend mit seinem Anwalt, brachten Xenia fast zum Erbrechen. Sie erinnerte sich an eine Bekannte, deren prominenter Gatte sich zur Zahlung weigerte. Jene Dame kämpfte verbissen und sah jedes Jahr zehn Jahre welker aus. Zum Scheidungsrichter sagte Xenia daher,

„Es ist meine Scheidung, Herr Richter, nicht die Ihre. Ich will von diesem Mann kein Geld, ich will nur raus aus dieser Ehe."

Phillip, Jon und die weisen Alten

In einer anderen Stadt bewohnte Xenia wieder ein geräumiges Penthaus, reiste viel, erledigte ihre Arbeit und versuchte zu vergessen. Phillip meldete sich an.

„Darf ich dich besuchen?“

„Aber Phillip, mein lieber Freund, was für eine Frage, selbstverständlich. Ich freue mich sehr!“ Nach Jahren sahen sie sich wieder. Phillip strahlte sie an.

„Dich, Xenia, würde ich aus tausenden wiedererkennen, du hast dich überhaupt nicht verändert!“

„Ich hoffe doch sehr, dass ich mich verändert habe. Ich glaube nur noch dir!“

Wieder drückte er sie liebevoll an sich.

„Ich kann es nicht fassen. Endlich, dachte ich, ist sie in guten Händen und dann höre ich diese Hiobsbotschaft. Wie fühlst Du dich, meine Liebe? Kann ich etwas für dich tun?“

„Ich fühle mich gut. Letztendlich muss ich mir die Schuld geben. Man darf nicht ohne Liebe in eine Ehe gehen. Hundertmal sagte ich diesem Mann, dass ich ihn nicht liebe und ihn daher nicht heiraten kann, aber er hat alle Register gezogen. Jon flehte mich unter Tränen an, diesen Mann nicht zu heiraten, er beschwor mich wieder einmal mehr und weinte, was er noch nie zuvor tat, aber ich konnte ihm einfach nicht mehr glauben, er hatte mich zu oft belogen und auf die lange Bank geschoben. Warum nur, Phillip, hast du keine Register gezogen?“

„Xenia, du hast es ja jetzt erlebt, schmerzlich. Liebe kann man nicht machen, sie passiert wie auch immer."

Verblüfft sah sie ihn an. Hatte sie nicht genau dieses in ihren Unschuldsjahren zu Trevor gesagt, damals, in Australien? Phillip nimmt ihren Blick auf seinen Händen wahr und ergänzt, „ich habe eine liebenswerte Frau gefunden, mit der ich seit Jahren verheiratet bin."

„Phillip, das ist ja wunderbar!"

Sie erhebt sich, umarmt ihn und küsst ihn länger als erlaubt auf die Stirn. „Erzähle …"

Jon, tausend Kilometer entfernt, „Xenia, ich will dich sehen!"

Seit Jahren dominierte er ihr Leben. Sie erkannte, dass sie ihm nie würde entkommen können. Sie erkannte, warum er ihr Leben in jener schicksalhaften Sekunde zurückgeholt hatte. Wusste er jenen Moment zu deuten? Ganz sicher, denkt sie. Er spürt das Unsichtbare, aber er kann nicht über seinen Mond springen, heißt, seinen Schatten. Dies sagte der Astrologe, den sie einmal konsultierte. Der Mond in seiner Konstellation hindert ihn an elementaren, privaten Entscheidungen, distanzieren Sie sich von ihm, er raubt Ihre Zeit und Ihre Gefühle. Sonderbar war diese Information, jedoch inhaltlich genau dieselbe, wie sie es von einigen damaligen Freunden und einigen fernen, jedoch freundlich gesonnenen Bekannten, die Xenia in seiner Begleitung nur auf Distanz sahen, hörte, „der Mann passt nicht zu Ihnen, er passt nicht zu dir, Xenia."

Sie versuchte zu reflektieren, wie diese Leute ihn sehen, denn sie kannte niemanden, außer Phillip und jetzt Gregor, den sie hätte ernster nehmen, mehr hätte schätzen, mehr hätte lieben können, als ihn.

Man bat sie um ein Treffen mit der Industrieinhaberin des Unternehmens, das ihr Ex-Ehemann einst führte, zusammen mit deren Anwälten. Xenia hatte ihren Ex-Ehemann völlig vergessen und wunderte sich. Was will man von mir? Vorsichtshalber wickelte sie sich ihren rot-weiß-gestreiften Turban um den Kopf und setzte die Brille mit den rosa Gläsern auf. Hoheitsvoll erschien die betagte Dame mit erhobenem, weißem Haupt, geradem Rücken und klarem Blick, begleitet von ihren treuen Dienern. Diese Herren ehrten Xenia mit Handkuss und Xenia, nicht aus ihrer Haut könnend, knickst dezent vor dieser großartigen Frau.

„Danke, dass Sie unsere Einladung angenommen haben", eröffnete diese das Gespräch.

„Ich wollte Sie noch einmal sehen, weil ich bislang glaubte, Frauen wie Sie sind längst ausgestorben. Sie bewiesen sehr viel Zivilcourage, Sie haben in der Tat meine Reputation gerettet und obgleich meine Tochter Ihre Anschuldigungen bestritt, fanden wir dann ganz hinten in der Schreibtischschublade im Schreibtisch Ihres Ex-Ehemannes Notizen hinsichtlich seiner Verbindung zu meiner Tochter und seiner geplanten Vorgehensweise. Er hat akribisch genau festgehalten, wie er mich via meiner Tochter zu entthronen gedachte, wir …", dabei wandte sie sich zu ihren Anwälten, „… schätzen diese Beweise Ihrer Mitteilungen sehr, diese Achtung wollte ich Ihnen gegenüber persönlich aussprechen."

Wieder dachte Xenia, wie dumm doch dieser Mann ist. Hoffentlich bieten sie mir jetzt kein Geld an, das wäre erniedrigend. Nein, dies taten sie nicht, aber neugierig beugten sich die ebenfalls betagten Anwälte zu ihr:

„Was machte Sie denn so sicher, Sie hatten nichts in der Hand?"

„Ich brauche nichts in der Hand. Was diesen Mann bewegte, war so klar wie ein Sonnenaufgang. Ich erkannte, dass Achtung vor Würde nicht in seinem Vokabular enthalten ist, anstatt dessen Geld- und Machtgier ihn beseelte. Der Weg über die Tochter war der einfachste. Die Mutter würde ja nicht mehr lange im Amt sein, so spekulierte er, das Muster ist doch nicht unbekannt."

Nachdenklich lächelnd sahen sie Xenia an.

„Sherlock Holmes hätte seine Freude an Ihnen gehabt."

So, wie er jedes Spiel gewann, so wurde auch jetzt sein Wille Realität. Aber Xenia hatte gelernt, das Klavier zu spielen. Zunächst telefonierten sie täglich, abends war sie nie erreichbar, weil sie geschäftlich unterwegs war. Dann kam er. Nach Jahren sahen sie sich wieder, reifer, in der Mitte ihrer Leben. Nichts hatte sich an ihrer gegenseitigen Anziehung geändert, Xenia registrierte wie zuvor, wie sehr er sie begehrte, wie glücklich er war, wieder bei ihr zu sein, sie wiederzusehen, zu erleben. Kein Wort wurde erwähnt über ihre gehabte Ehe, weder als Vorwurf noch als Besserwissen. Aber halte ihn auf Abstand. Tausend Kilometer sind zwar viel, aber er kann sich das Fliegen leisten, also halte ihn auf Abstand, Xenia.

„Ich komme dann dieses Wochenende", teilte er mit.

„Das geht nicht. Ich reise mit meiner kleinen Kusine nach Venedig, sie hat endlich ihr Abitur bestanden und ich habe ihr diese Reise versprochen."

„Ich will mit."

„Das geht nicht, es wäre unfair meiner Kusine gegenüber. Wir können ja das übernächste Wochenende nach Venedig fliegen, ist das gut so?" Er musste sich fügen.

Venedig

Am übernächsten Wochenende flogen sie nach Venedig. Ein Reinfall auf der ganzen Linie. Bereits vor dem Abflug begegneten sie im Terminal einigen seiner Bekannten. Das Hotel am Canale Grande, Xenia wollte bewusst nicht im teuersten Hotel in Venedig buchen, erstens, weil es sehr teuer war und zweitens, weil sie mit ihrem Ex-Gatten x-mal dort war, hatte ein gänzlich falsches Zimmer reserviert und sie begegneten wieder mehrfach Personen, die Jon kannten, auf dem Markusplatz, die ihn überrascht begrüßten und neugierig Xenia beäugten. Sie entfernte sich mit ihrem Yorkshire an der Leine jedes Mal sofort, um der Peinlichkeit, nicht oder doch vorgestellt zu werden, zu entgehen, und dann, als Krönung, hatte ein fingerfertiger Taschendieb, vermutlich während sie fotografierte, ihre Brieftasche, die alles enthielt, was ein Reisender bei sich haben muss, aus der Schultertasche entwendet. Xenias Laune war im Keller.

„Es ist doch klar, dass diese Leute deiner Hausfrau rapportieren werden."

„Das interessiert mich nicht. Sie weiß, dass ich mit dir reise, ich sagte dir doch, es verbindet uns nichts mehr."

„Warum ist sie dann in deinem Haus?"

„Vertraue mir, glaube an mich. Es wird sich demnächst ändern."

Er ist doch nicht etwa … Nein, das würde er mir nicht antun. Meinst du? Wirklich nicht? Xenia fragte diesbezüglich nichts, sie dachte lediglich. Jedes Wochenende war er bei ihr. Freitag bis Montag. Eines Tages eröffnete er, dass er erwägt, zu ihr zu ziehen.

„... und dein Haus, deine Tätigkeit in Berlin?"

„Das Haus vermiete ich und meine Geschäfte kann ich auch von hier aus regeln. Ich will bei dir sein. Ich bin so froh, dass du endlich mir gehörst, ich liebe dich, ich werde dich immer lieben."

Xenia kam aus dem Staunen nicht mehr heraus. Er war wie ausgewechselt. Er sagte Dinge, die er in Berlin nie geäußert hatte, mehr noch, er schrieb täglich die hingebungsvollsten Liebesbriefe, die sie wie eine Krönung empfand. Dieser stolze, reservierte, scheinbar komplett unterkühlte Mann öffnete seine Seele, sein Herz, seine Emotionen in Gänze. Sein Anruf kam aus Padua, so dachte sie, weil er gesagt hatte, dass er mit seinem Golfclub dort spielen würde. Sie kannte den Golfplatz in Padua und hatte diesen entsprechend beschrieben.

„Nicht ganz einfach, man muss unweigerlich den Hügel hinaufspielen, aber das ist sicher keine Herausforderung für dich", scherzte sie. Der Anruf kam jedoch nicht aus Padua, sondern aus Venedig, er hatte sich verplappert.

„Du bist in Venedig?" Irritiert fragte sie und irritiert antwortete er, „ja, in Padua gab es Probleme, daher sind wir nach Venedig ausgewichen."

Zielgerichtet fragend, innerlich zitternd, „und, ist deine Hausfrau dabei?"

So schnell konnte er sich nichts ausdenken.

„Ja, aber ich laufe immer vorn, sie fragen schon, warum ich nicht neben ihr gehe."

Xenia überhörte dies.

„Und natürlich habt ihr ein Doppelbettzimmer."

„Ja, aber wir schlafen nicht zusammen, Xenia, bitte glaube mir das!"

Aber Xenia glaubte es nicht. Sie hing den Telefonhörer unvermittelt ein. Er entweiht die Stadt, die ich ihm erstmalig zeigte. Nie zuvor war er in Venedig gewesen und jetzt, nur kurze Zeit danach, begeht er mit seinem Golfclub, seinen Mitläufern und seiner Hausfrau, unser Heiligtum... Wertlos wurden seine traumhaften Liebesbezeugungen. Ein Jahr lang häuften sich täglich und nächtlich seine Anrufe auf ihrem Anrufbeantworter. Xenia reagierte nicht, engagierte den besten Golflehrer vor Ort und verbesserte ihr Golfspiel. ‚Anything you can do, I can do better.' Beeindruckt von seiner unentwegten, täglichen sowie nächtlichen Telefonpräsenz auf ihrem Anrufbeantworter gab sie ihm noch einmal Kredit, erlaubte sie ihm doch ein Wiedersehen.

Der letzte Vorhang

Er freute sich so sehr darüber, er tat sich keinen Zwang an.

„Dein Brief hat mich so sehr erfreut und aus der Bahn geworfen, ich bin noch heute Abend bei dir, dein Jon."

Habe ich heute einen Termin? Ja, aber den wirst du verlegen und die Termine für morgen und übermorgen ebenfalls. Vergiss nicht ..., meldete sich Stimmchen, ihn nach seiner Hausfrau zu fragen, vergiss das nicht! Xenia fragte aber nicht nach der Hausfrau. Diese Blöße gebe ich mir nicht mehr, ich werde schon sehen ... Er strahlte wie nie zuvor. Kein stählernes Auftreten, seine Maske hatte er in Berlin gelassen. Inmitten von Passanten umarmte und küsste er sie am helllichten Tag. Vor jedem Restaurant, das sie besuchten, unter jedem Torbogen, nahm er sie unvermittelt in seine Arme und küsste sie. Wieder war es, als hätte es nie einen Bruch gegeben. Sie erlebten glücklich verbrachte Tage. Wie zuvor schrieb er die hingebungsvollsten Briefe, noch leidenschaftlicher als je zuvor, sie besichtigten schöne Villen, die zum Verkauf standen und es sah tatsächlich so aus, als würden seine hehren Versprechungen wahr.

„Ich bin berauscht von dir. Du hast mich verzaubert.
Ich rede von Idealen und denke an dich, ich rede von Maximen und nenne dich, an die ich denke, an deine Worte, deine Bewegungen, deine Stimme, dein Lachen, deine Gesten, deine Blicke.

Du machst mir Mut, ich sehne mich unaufhörlich nach dir, es ist Sehnsucht, die ich lange nicht mehr kannte. Ich will dich verwöhnen, dich fühlen, mit dir verschmelzen.
Du bist es, immer nur du. Wir sind entfernt voneinander, aber du bist bei mir, du bist immer bei mir.

Du weckst Gefühle in mir, die mir fremd geworden sind, du weckst sie plötzlich in mir mit einer Macht, dass ich mich nicht mehr wehren kann, es ist Liebe.
Du musst bei mir sein, ich muss bei dir sein, es ist Liebe, ich werde dich immer lieben.

Du bist mein Leben, mein Alles, meine Liebe, meine Sehnsucht, erhöre mich, Du musst mein sein. Ich will mit dir gemeinsam glücklich sein.
Ich weiß nicht, es kam so langsam und doch so plötzlich über mich. Ich liebe dich.
Bist du fern, ich weiß nicht, dass ich lebe. Wir werden uns immer lieben, Xenia, meine Geliebte …"

Jede Frau träumt von dieser Hingabe. Jede, insbesondere, wenn von einem Mann seines Formats kommend. Aber Xenias Atem stockte. Geliebte …? Gebannt blickt sie auf seine aufrechte, hohe Handschrift, die exakt seinen Charakter preisgibt. Ich weiß nicht mehr, was ich denken soll, aber Geliebte … Genau das bist du, Xenia, seine Geliebte. Seine Muse. Akzeptiere es endlich oder lasse es endlich. Er wird nicht heiraten, denke an den Astrologen. Stimmchen wurde immer eindringlicher. Phillip gab Auskunft, er sei nicht verheiratet, doch, wie er sagte, „das gerupfte Huhn lebt bei ihm."

… und dann schreibt er diese Briefe? Xenia verstand überhaupt nichts mehr. Was möchtest du noch wissen, tönt Stimmchen wieder eindringlich. Xenia, beende die Sache endlich. Beende sie!

Nicht so hastig, Stimmchen. Kann ich auf ihn verzichten? Kann ich das wirklich? Das Gestein, auf das ich jahrelang hämmerte, ist endlich zerbrochen und bietet Sonnenstrahlen feil. Ich hatte Recht. Ich bin glücklich darüber. Ein Mann wie er spielt nicht zum Zeitvertreib, sondern nur, wenn er weiß, dass er gewinnt, wenn er gewinnen will, nur dann. Doch warum betrachtet er mich seit Jahren als sein Eigentum, ohne eine Entscheidung zu unseren Gunsten zu treffen, anstatt dessen lässt er ein Huhn in sein Haus, derweil er zu mir reist und mich in uneingeschränkter Hingabe anbetet? Andere Paare leben nach so vielen Jahren saftlos nebeneinander her, er jedoch bricht nach diesen Jahren des Auf und Ab mit mir aus sich heraus wie ein Scheintoter, der nach Leben ringt. Warum öffnet er sich plötzlich ungeniert hingebungsvoll, er, das Pokergesicht, beteuert Liebe und Sehnsucht wie nie zuvor, obgleich immer noch diese Hausfrau in seinem Haus beherbergt ist? Ich verstehe die Welt nicht mehr!

„Ideale, Maxime, ich will bei dir sein, du musst bei mir sein, ich will mit dir gemeinsam glücklich sein, es hat mich plötzlich mit aller Macht ergriffen, ich kann mich nicht mehr wehren, es ist Liebe, ich werde dich immer lieben …“

Er könnte doch hinzufügen, Xenia, komm in mein Haus, mein Haus ist dein Haus, lass uns endlich heiraten, mein

Name ist dein Name, aber das schreibt er nicht, das sagt er nicht. Es wäre, gemessen an seinen vehementen Liebesbekundungen, das nahe liegende. Er weiß genau, was ich will, aber ebenso weiß er auch ganz genau, wie er mich zu betören hat, weil er mich will, auf seine Weise. Tausend Kilometer Entfernung halten ihn zumindest täglich fern von meiner Haustür. Aber halte ich das aus auf Dauer? Bevor ich eine solche Zäsur begehe, muss ich wissen, was ich aufrechterhalten kann. Er erfüllt auf einmal alles, was ich von ihm erträumte. Es soll ja Männer geben, die ihre Geliebte höher achten als ihre Gemahlin, aber er hat ja noch nicht einmal eine Gemahlin, sondern nur dieses gerupfte Huhn, das er nicht braucht, um Socken zu stopfen. Er hat zwei Haushälterinnen. Zwei! Soll ich etwa weiterhin gefügig sein? Soll ich das? Ich bin gerne Trophäe und begehrte Geliebte, aber als Ehefrau, nicht für weniger. Na ja, ist ja gut gedacht, und was mache ich jetzt?

Lange, sehr, sehr lange dachte Xenia nach. Es wird keinen Ersatz für ihn geben, niemals. Aber Geliebte? Nein, in dieser Konstellation bin ich das nicht.

„Er wählt den bequemen Weg. Eine Hausfrau“, und ironisch fügt Phillip hinzu, „heute nennt man es auch Lebensgefährtin, das sollte ein Mann in gediegener Gesellschaft schon haben. Manche Männer bevorzugen eben die harmlose Variante. Dich empfindet er als Bedrohung.“ Phillip ist ernst, aber lacht.

„Nicht, dass du ihm ein Leid zufügen würdest, aber er weiß, dass er dir verfallen ist. Wärst du permanent um ihn, fürchtet er sich zu verlieren, doch er braucht dich als Elixier und will dich halten, solange es ihm gelingt. Xenia, ich kann dir unmöglich hierin einen Rat geben, ich wünsche dir aber Kraft für einen Weg ohne ihn, denn er verzehrt dich."

„Ich bin nicht länger bereit, deine andere Möglichkeit zu sein." Ohne Plattitüden.

„Du kannst versuchen, dich zurückzuziehen, aber das schaffst du nicht." So sicher war er. Überflüssige Erklärungen seitens Xenia waren nicht nötig, er wusste, weshalb sie sich zurückzog, konnte jedoch die sie beide beglückenden Worte nicht aussprechen. Was macht diesen Mann nur aus? Aber das schaffst du nicht…, geisterte in ihrem Hirn. Funkstille total. Kein Kampf, kein Flehen, kein Bitten mehr. Keine geäußerten Sehnsüchte, keinen Besitzanspruch. Nicht mehr:

„Du bist mein Leben, mein alles, ich muss bei dir sein, wir werden uns immer lieben, ich kann mich nicht mehr wehren, es ist Liebe",

und so fort. Nichts mehr von den alles bewegenden Liebesbeteuerungen. Funkstille total, als gäbe es ihn nicht mehr. Vor seinem Garderobenschrank in ihrer Wohnung stehend, den Inhalt betrachtend, seinen Duft in ihrer Nase, das Parfum, dass sie ihm zu Beginn dieser grotesken Tragödie schenkte und das er nachhaltig immer noch benutzte, fragte sie sich, warum er sich das antut? Ist es wirklich so, wie Phillip sagte?

Mehrere Frauen gleichzeitig zu beglücken ist legitim für einen Mann, Xenia, schau in die Geschichte und schau in die Gegenwart …

Ist ja gut, genervt reagierte sie auf Stimmchen. Ist ja gut, nur gehöre ich nicht zu den mehreren! Ich widme mich nun meiner Mission und meinen Hunden. Vielleicht fliege ich doch wieder nach Australien, es ist lange her. Schlimmeres als hier kann mir dort auch nicht widerfahren. Leider glaube ich an die Liebe, aber Liebe ist offenbar etwas für children in school, laut Sinatra, was stimmt denn nun? Sinatra oder Mutter Teresa? Tatsache ist, bleibende Liebe ist im Buch meines Lebens nicht vorgesehen, denkt sie weiter.

Verlorenes Spiel

Madame Fortune spielt gerne Schicksal. Sie liebt es, uns zu Narren zu machen. Die nasale, souveräne Stimme am Telefon war unmissverständlich Jons Stimme, aber es war nicht Jon. Der Mensch, der dann im Türrahmen steht, ist auch nicht Jon, jedoch sein Ebenbild. Gleich hoch, gleich breit, gleiche Augen, gleiche Stirn, gleiche Nase, gleich geschwungene Lippen, gleich gekleidet, gleich selbstbewusst, gleiche Siegerattitüde. Versuche jetzt nicht zu philosophieren, denkt Xenia. Doppelgänger gibt es, das hast du schon gesehen, sieh es also nüchtern, aber warum passiert MIR das?! Ich will keinen Doppelgänger von Jon, von Jon kann es keinen Doppelgänger geben, aber da steht Er... Sie empfing diesen Klon reserviert in ihrem Büro. Er grüßt formvollendet, wartet, bis sie sich gesetzt hatte, bevor er sich setzte.

„Was darf ich für Sie tun?“ Xenias stereotypische Gesprächseinleitung.

„Ich will keine Geschäfte mit Ihnen machen“, antwortet er unverblümt.

„Ich will Sie schon seit Jahren persönlich kennenlernen, traute mich aber bisher nie, mit Ihnen einen Termin zu vereinbaren.“

Höflich bleiben, Xenia, immer höflich bleiben. Ihre inneren Stimmen standen mit erhobenem Zeigefinger Spalier. Sich erhebend erwidert sie kühl, „nun, da Sie unsere Dienste nicht in Anspruch nehmen möchten, erübrigt sich eine Unterhaltung."

Xenia betritt den breiten Flur und forderte ihn stumm lächelnd mit der entsprechenden Geste auf, zu gehen. So etwas freches ist mir noch nie begegnet. Wirklich nicht, Xenia? Dann erinnere dich oder soll ich dir helfen? Ich bring sie um, diese Stimme, denkt Xenia, indem sie das Gesicht dieses Menschen abweisend betrachtet. Genauso hatte es damals begonnen, haarscharf so. Lächelnd blickte er sie an, am liebsten würde sie schreien VERSCHWINDE! Auch dieses Lächeln ...

„Ich will nicht Ihre Zeit stehlen, ich hätte Ihnen ja auch etwas vorschwindeln können, aber das ist nicht mein Stil. Vielleicht war ich zu direkt, aber seit Ewigkeiten geistert Ihr Foto in meinem Hirn. Ich möchte Sie so gern zu einem Essen einladen, Lunch oder Dinner, einfach reden, was meinen Sie?" Wenn er jetzt nicht geht, schiebe ich ihn hinaus. Beinhart ihre Stimme, „bitte gehen Sie." An ihrem Gesichtsausdruck erkannte er, dass sein Charme fruchtlos bleiben würde. Er verneigte sich und ging.

Fortune, was habe ich dir getan?! Du bist das niederträchtigste, scheinheiligste, hinterhältigste, bösartigste, tückischste Weib. Du wedelst mit Pfauenfedern, lockst mit Honigstäbchen und Sternschnuppen bis hin zur hoch Zeit, nur um uns dann lustvoll in die Kniekehlen zu treten bis wir das Gleichgewicht verlieren. Was soll dieser Typ in meinem Leben? Lass' mich endlich in Ruhe! Du bist nicht das, wofür ich dich hielt. Du bist nicht gerecht, du maßt dir an, uns zu prüfen, du ergötzt dich an unserer Pein. Warum schickst du mir wieder eine Fata Morgana? Ich bin satt von Lügen, von Tränen, Wunden, von Nehmern und von Leid, während du genüsslich auf die nächste Gelegenheit lauerst, auf die nächste Lücke, die du mit deiner Tücke belegen kannst!

Bravo, jetzt hast du es ihr aber gegeben, Xenias innere Stimme lacht ihr entgegen. Du wirst auch gleich vernichtet, wenn du nicht endlich still bist! Aufgewühlt verließ sie ihr Büro und fuhr in ihr Refugium. Ein langer Spaziergang mit den Yorkshires, frische Luft und kühler Wind. Hoffentlich keine Menschen, denkt sie. Dieser Spuk ist nicht einmalig, das ahne ich. Ich werde einfach überaus beschäftigt sein, gegebenenfalls im Schnee ausgerutscht mit einer Rückenverletzung. Warum so verdreht, Xenia? Sage doch klar und klipp oder klipp und klar, dass du vergeben bist. Du hast Recht, das ist sicher das Beste, aber ich fühle, dass er sich in mein Leben drängt. Na ja, wenn du es fühlst …, flüsterte das Stimmchen verschmitzt. Vom Wind zerzaust, flott gelaufen, erwartete sie heißer Tee und die Yorkies ein letztes Häppchen an diesem denkwürdigen Tag.

„Sind Sie immer noch böse auf mich?“

Die Stimme klang völlig anders, eine weiche Melodie, zaghaft und knabenhaft, der Bub, der die Marmelade stibitzte. Xenia war klar, es würde á la longue sinnlos sein, ihm zu widerstehen. Mit dir will ich nichts zu tun haben, Fortune, weg mit dir! Vielleicht hilft mir diesmal der liebe Gott. Sie steuerte das Thema frontal an.

„Nein, ich bin Ihnen nicht böse. Treffen wir uns zum Lunch?"

Stille. Er traute seinen Ohren nicht. Saiten der Stradivari vibrierten in seiner plötzlich so melodischen Stimme.

„Wirklich? Sie wollen wirklich mit mir essen gehen?"

Da war nichts, aber auch gar nichts, vergleichbar mit Jons nasaler Überheblichkeit. Freude verteilte sich in Xenias System. Sie lachte ins Telefon.

„Wirklich."

„Wann und wo darf ich Sie abholen?"

Wenn, dann sofort, denkt Xenia. Bringen wir es hinter uns.

„Morgen um dreizehn Uhr in meinem Büro. Ist das gut?"

Punkt dreizehn Uhr parkte er vor Xenias imposantem Portal. Sie erwartete ihn am Haus und musste wieder einmal feststellen, dass er nicht weniger war als das, was sie kannte, mehr ging nicht, Ex-Ehemann ausgenommen. Er strahlte wie die Sommersonne und was Xenia völlig aus dem Konzept brachte, er übergab ihr ein Biedermeiersträußchen. Er ist echt, ich meine der Mann, es ist keine Fata Morgana, ich könnte ihn ja betasten, aber gespenstisch ist es durchaus. Worauf läuft das bloß hinaus? Also, Xenia. Worauf soll es denn hinauslaufen? Das weißt du doch ganz genau, warum stellst du dich nur immer so naiv? Stimmchen, wenn du jetzt nicht dein vorlautes Mundwerk hältst, fliegst du übern Jordan!

Es war gegen Ende des Jahres. Mehrfach in der Woche trafen sie sich, sie blieben respektvoll beim ‚Sie', aber hatten so viel Spaß in ihren Gesprächen und lachten, wie Xenia schon lange nicht mehr gelacht hatte. Ohne sicher zu sein, ob er kommt, ohne ihn gefragt zu haben, bereitete sie ein festliches Weihnachten vor mit allem, was dazugehört. Sie wusste, er wird kommen. Und er kam. Vorher rief er schüchtern an.

„Fahren Sie heute zu Ihrer Familie?" … wie es damals, vor einer Ewigkeit, Jon gefragt hatte, aber jetzt hatte der Film einen anderen Schnitt.

„Nein, ich schmücke gerade den Weihnachtsbaum für Sie."

Xenia lächelte in sich hinein, inzwischen kannte sie seine Schwingungen.

„Ist das eine Einladung?"

Ungläubiges Staunen. Sie nannte ihre Privatanschrift. Bisher hatte er sie immer in ihrem Büro abgeholt und auch dort wieder hingebracht. Fast sprachlos, ehrfürchtig fragte er, um wieviel Uhr er da sein dürfte.

„Wann möchten Sie denn hier sein?"

„Am liebsten gleich."

„Fein, dann um 18 Uhr hier."

Sie wählte das absolut umwerfende, mit Pailletten übersäte, schwarze Lange. Halsfern oben geschlossen, langärmlig, allerdings mit einem hohen Gehschlitz hinten mittig. Sie nannte es ihr Schlupfkleid, weil es keine Verschlüsse gab. Raffiniert, nobel und atemberaubend sexy. Kein Schmuck, dafür zwölf Zentimeter Acrylpumps, damit konnte sie über Kopfsteinpflaster rennen, dann das betörende, französische Parfum. Jeder, aber auch jeder Mann, inklusive die sonst so schweigsamen Taxifahrer oder die sonst so erhabenen Herren, mussten, wie gezwungen, ihre Kommentare liefern.

„Entschuldigen Sie, Madame, aber dieser Duft …"

Xenia wusste, das Parfum war Verführung pur. Sie liebte es, kein anderes. Stimmchen frohlockte. Was hast du denn vor, Schätzchen? Stimmchen, halte die Klappe! Es ist ein Festtag, der Mann ist sauber und ich will mich endlich wieder einmal einem Kenner vorführen. Also lass' mich heute Nacht in Ruhe! Der Kenner kam. Seine Arme, Hände, hielten Geschenke, Champagner, Kaviar und rote Rosen.

„Hallo, Schönheit", das sagte er immer zur Begrüßung und tatsächlich fand sie sich zunehmend wieder. Ihm seine edlen Lasten abnehmend entledigte er sich seiner Schuhe und sie führte ihn eine Treppe höher. Xenia genoss seine wortlose Begeisterung. Sie arrangierte die Rosen, legte Kaviar und Champagner kühl und die Geschenke unter den fabelhaft geschmückten Christbaum. Sie wusste, dass niemand schönere Christbäume gestalten kann. Die Tafel war gedeckt, das Essen vorbereitet, leise Weihnachtsmusik tönte, im Kamin flackerte ein Feuer und draußen schneite es. Duzende dicke weiße Kerzen brannten. Idyllischer kann Weihnachten nicht sein.

„Ich werde Sie heute Nacht entführen."

„Entführen oder verführen?"

Sie genossen das Knistern zwischen ihnen wie das Feuer im Kamin.

„Entführen. Waren Sie jemals auf einer Christmette?"

„Noch nie."

„Dann wird es heute eine Premiere. Ich zeige Ihnen eine kleine Klosterkapelle auf dem Land."

Jede Klosterkapelle ist umringt von einem Friedhof. Seltsam, wie sinnend er zwischen den Grabsteinen verweilt und die Steine betrachtet. Was denkt er? rätselt Xenia.

Der Mönch predigte eine unmögliche Weihnachtspredigt. Wenn jetzt einer Buh ruft, würde mich das nicht wundern, denkt Xenia. Doch die Landleute blieben artig und ertrugen den Irrgang.

„Ich dachte, ich höre etwas über Maria und Josef, das Jesuskind und die heiligen drei Könige aus dem Morgenland."

„Das ist üblicherweise auch so, offensichtlich hat der Mönch die frohe Kunde mit der Wallstreet verwechselt."

Vor dem Friedhof spielten sie übermütig im Schnee, natürlich trug Xenia jetzt Stiefel und machte fröhliche Fotos, die ihr erst später zeigen sollten, wie krank er bereits zu jener Zeit war. Jetzt sah sie allein sein glückliches Lachen und sein Strahlen. Zuhause angekommen zeigte er sich wieder mit vollendeten Manieren.

„Xenia, es war ein einmalig schönes Weihnachten, das schönste, das ich jemals erlebt habe. Du bist ein sagenhaftes Element. Ich kenne keine Frau, die dir nahe kommen könnte. Ich danke dir."

Dicht stand er vor ihr, er machte keine Anstalten, sie zu berühren, keine, um sie zu küssen, er strahlte lediglich in ihre Augen.

„Darf ich du sagen?"

„Das haben Sie doch schon." Xenia lächelte ihn an.

„Sie müssen es mir nachsehen, ich bin hierin ein bisschen krüsch, ein du beinhaltet viel."

„Du bedeutest mir sehr viel. Gib mir deine Hand. Ich werde dich jetzt schlafen lassen und morgen machen wir einen Weihnachtsspaziergang."

Voller Hochachtung und Unglauben verabschiedete sie ihn und dachte im Stillen über das nach, was er sagte.

‚Ich werde dich jetzt schlafen lassen …‘, was nicht weniger beinhaltete als, ‚mein Wille geschehe‘. Sie lächelte. Jon, geschlüpft aus dem Gestein.

„Feiern wir Silvester miteinander?“

„Nur, wenn Sie tanzen können.“

„Was darf es denn sein.“

„Alles.“

Er umfasste sie und tanzte mit ihr und den Yorkies an der Leine den Spazierweg entlang. Die kleinen Hunde bellten aufgeregt, Passanten klatschten entzückt in die Hände.

„Gut so?“

„Ja, ich denke, für eine Polka quer über die Tanzfläche reicht es.“

Im Smoking sah er noch göttlicher aus. Sie trug das lange, weiße Griechische.

„Xenia, so kann ich nicht mit dir auf den Ball.“

„Wie bitte?“

„Nur wenn Du ausschließlich mit mir tanzt.“

„Ich werde nur mit dir tanzen.“ Erstaunt merkte sie, dass sie ihn duzte.

„Was denkst du, wie ich mich fühle, wenn ich dich ansehe. Du siehst aus wie Apollo. Frauen werde ich eher noch von dir fernhalten müssen.“

„Wenn ich Apollo bin, dann bist du Aphrodite“, lacht er ausgelassen.

„Nein, Aphrodite betrog ihren Mann, ich betrüge nicht.“

Die Antwort gefiel ihm.

Hin und wieder hatten sie die ganze Tanzfläche für sich. Die Kapelle gab ihr bestes und Gäste bewunderten sie.

„Ich muss geschäftlich nach Kalifornien, nach LA. Kommst du mit, nur für eine Woche?" „Liebend gerne würde ich mitkommen, aber ich habe Termine."

„Schade, dann werde ich dir etwas mitbringen. Hast du einen besonderen Wunsch?"

„Ich habe alles, ich brauche nichts, nur einen guten Mann", scherzte sie.

„Der bin ich."

Wenn er wüsste, wie es mich bislang durch die Mühle schleuderte. Ihn liebevoll anblickend sagte sie nach kurzer Überlegung: „Eine CD von Eartha Kitt, sie war die heißeste Katze auf dem Parkett. Ich sah sie einmal in Melbourne während einer Floor Show. Sie hat ein unvergleichliches, schnurrendes Timbre in ihrer Stimme und bewegte ihren Körper wie eine Kobra."

„Wow, hört sich gefährlich an. Tritt sie noch auf?"

„Keine Ahnung, aber ich habe von ihr keinen Tonträger. Vielleicht findest du etwas, es würde mich wirklich freuen."

Sie telefonierten täglich. Endlich war er wieder da und sofort bei ihr mit der begehrten CD.

„Ich tigerte durch halb LA, bis ich diese Aufnahme fand, es scheint tatsächlich eine Rarität zu sein, lass hören." Xenia spielte ab und er war fasziniert.

„Brr, da läuft es einem ja heiß den Rücken hinunter. Komm, lass uns essen gehen, ich will nicht, das du kochst."

Während des Abendessens in ihrem Lieblingsrestaurant erwähnte er beiläufig, dass er diese nadelstichartigen Schmerzen neuerdings öfter an der linken Körperseite spürt. Ernst sah Xenia ihn an.

„Gehe bitte umgehend zum Arzt."

Unkontrolliert rutschte es ihr dann über die Zunge, „wenn dir etwas zustößt, bringe ich dich um."

Erschrocken über ihre Worte hielt sie sich die Hand vor den Mund und sah ihn entsetzt an. Was hatte sie da nur gesagt? Einen Augenblick lang blickte er mit hochgezogenen Brauen und geweiteten Augen erstaunt in ihr Gesicht, exakt Jons Mimik, dann lachte er,

„Sicher ist es harmlos, nach diesen langen Flügen bringt man immer etwas mit nachhause." Xenia machte sich Vorwürfe. Derart unüberlegt taktloses habe ich noch nie geäußert... Klug lenkte er ein.

„Schau, was ich hier in meiner Brieftasche habe", und zeite ihr Konterfeit.

„Höre, ich wusste nicht, was ich da sage, es war unkontrolliert, so etwas ist mir noch nie passiert." Er griff ihre Hand.

„Es ist ein märchenhafter Winterabend, Xenia, mir passiert so etwas dauernd, dass ich Dinge sage, die andere missverstehen. Wir fahren jetzt nachhause und du verwöhnst mich zum Timbre dieser Katze, das hattest du versprochen. Elfchen, es ist schön, dass es dich für mich gibt und dass wir so miteinander reden können."

Sie lachte wieder, erleichtert. Zu Kitts lasziver Melodie massierte sie seinen Rücken, seine Waden, seine Füße. Er schnurrte wie ein Kater und schlief ein. Morgens um drei Uhr wachte sie auf. Komplett angezogen stand er am Bett.

„Xenia, ich fahre jetzt zu mir. Ich melde mich", und ging. Ich melde mich..., wie vertraut waren diese Worte, aber es ist nicht Jon... Mein Gott, wer ist dieser Mann? Ich werde noch wahnsinnig! Fassungslos sprang sie auf, rannte ihm hinterher und versperrte ihm die Wohnungstür.

„Was ist los?! Warum gehst du morgens um drei?!"

Schmerzen entstellten sein Gesicht, Xenia erkannte es.

„Bitte geh zur Seite, ich rufe später an."

Seine Stimme klang sanft, dennoch fest fordernd. Sie rutsche verzweifelt auf den Boden, er trat diszipliniert und hoch erhobenen Hauptes hinaus und schloss die Tür leise. Gott, was hat er? Er hat etwas, er hat Schmerzen und sagt mir nichts. Was soll ich tun? Aus Nacht wurde Tag und aus Tag wurde Nacht. Kein Zeichen von ihm. Sie rief vergeblich an. Senkrecht saß sie im Bett, die ganze Nacht. Warum meldet er sich nicht? Am nächsten Nachmittag kam endlich sein Anruf.

„Xenia, verzeih, aber ich wurde untersucht. Bitte, du hast doch die besten Verbindungen, bitte besorge mir den fähigsten Arzt, den Du kennst."

Nichts fragend setzte sie sich sofort ins Benehmen. Sie telefonierte rund und hatte für ihn am nächsten Vormittag einen Termin bei einem renommierten Chefarzt.

„Xenia, ich danke dir, ich danke dir. Ich melde mich sofort nach der Konsultation, versprochen."

Die Stunden schlichen. Es wurde wieder Nachmittag. Sie konnte weder arbeiten noch essen. Endlich, das Telefon klingelte erneut. Es wurde das schauerlichste Telefonat, das sie je in ihrem Leben führen musste.

„Xenia, es ist vorbei. Ich wünschte, ich hätte dich vor Jahren gefunden. Wisse, dass ich keine Angst vor dem Ende habe. Was mich jetzt bedrückt, ist dein Leid. Ich werde dich nicht mehr sehen, denn ich weiß, die Behandlung ist überflüssig. Hätte ich eine Waffe, ich würde mich erschießen, wie einen räudigen Hund …“

Ihn unterbrechend, hörte sich Xenia in schwindender Stimme, „Melodie, meine Kräfte versagen, ich muss auflegen …“ und rutschte an der Wand hinunter auf den Boden. Er hatte den furchtbarsten, fortgeschrittenen Krebs, den es gibt. Seine Tage waren gezählt.

Sie sprach mit dem Chefarzt.

„Warum wird ihm eine Chemo verordnet, wenn es aussichtslos ist?“

„Ich erkläre es Ihnen, weil wir uns kennen. Die Chemo gibt Hoffnung, vielleicht haben wir Glück und sein Leben kann dadurch etwas verlängert werden.“

„Etwas verlängert?“, äfft Xenia nach, „es ist Betrug, er ist ein intelligenter Mann, der begriffen hat, dass es in Kürze vorbei ist. Die Chemo verlängert in diesem Stadium nicht, sie sorgt lediglich dafür, dass der Patient täglich seinem Verfall im Spiegel zusehen muss! Das ist menschenunwürdig und brutal. Beschränken Sie die Behandlung auf schmerzstillende Medikamente und Tranquilizer. Lassen Sie ihn in Ruhe gehen, anstatt würdelos.“

Tränen rannen über ihr Gesicht während sie sprach. Sie spürte deutlich, dass er ihr nicht mehr gestatten würde, ihn zu sehen. Nie wieder würde sie ihn sehen. Nie wieder …

Die Chemo wurde verordnet, seine Ex-Ehefrau durfte ihn pflegen. Xenias Bemühungen und Bitten blieben unerhört. Sie verstand, dass er sich ihr in seiner Verfassung nicht zeigen wollte. Sie rief ihn täglich an, immer antwortete er und bat Xenia nicht mehr anzurufen.

„Es ist vorbei, Xenia, es ist vorbei, bitte rufe mich nicht mehr an."

„Das kann ich nicht, wenn du stirbst, sterbe ich auch."

„Xenia, sage nicht so etwas. Ich wünschte, ich wäre vor Jahren zu dir gekommen. Alles hätte sich anders entwickelt. Nichts bereitete mir mehr Freude, als dich zu erleben. Ich habe keine Angst vor dem Tod. Du hast mir das schönste Weihnachten beschert, behalte unser Lachen in Erinnerung. Nicht weinen, Elfchen, bitte weine nicht. Der Stern, der am hellsten am Nachthimmel funkelt, das bin dann ich. Adieu, Elfchen, Adieu."

Tränenüberströmt, teures Kristall an die Wände schmetternd, etwas, das sie nie zuvor getan hatte, verbrachte sie jenen Abend. Die Hunde verkrochen sich unter die Sitzmöbel und ihre Haushälterin schlich leise in die Nebenräume. Kraftlos lehnte sie am Türrahmen, blind ihr Blick. Das Wohnzimmer sah aus wie nach einem Orkan, zerrissene Gemälde, zerschmettertes Porzellan auf dem Teppich. Ihre unbezahlbare, stille Haushälterin führte sie ins Schlafzimmer, entkleidete sie, zog ihr ein Nachthemd über, wusch ihre Füße und massierte diese, bis Xenia eingeschlafen war.

Oft fuhr sie in jene kleine Kapelle und betete für ihn. Jetzt wusste sie, weshalb er damals so nachdenklich die Grabsteine betrachtete. Er hatte eine Ahnung. Sie schrieb ihm jeden Tag einen aufbauenden Brief, sie zeichnete sein Gesicht, versah es mit munterem Kommentar und schickte es ihm.

Melodie,

Es tut gut, sich in der Nacht seinen Gefühlen und Gedanken zu überlassen, ich möchte Deine Schmerzen lindern und weil ich es nicht darf, fühle ich mich wütend und elend. Meine Seele weint endlos. Und der Himmel heute Nacht auch.

Niemand wird je verstehen, warum Dinge so geschehen, wie sie geschehen. Ich weiß in diesen Tagen nur eines sehr bestimmt. Die Liebe, die wir schenken, sollte stets ein Geschenk bleiben. Bitte nimm es an.

Die Arbeit, die ich heute am Tage nicht meisterte, wollte ich diese Nacht erledigen, doch der Rhythmus des Regens auf den Markisen verleitet mich zu anderem. Zu Gedanken hin zu Dir. Ich will nicht mehr wissen, warum, weshalb oder wieso.

Deine Stimme hatte heute einen ganz neuen Klang. Eine Melodie mit einer tiefen Oktave.
Du sagtest, Du schreibst und manchmal erschrickst Du über das, was da von Dir geschrieben steht und meinst, es später lesend, es war doch gar nicht so schlimm. Glaube mir, es war immer schlimmer, als wir es zu Papier bringen können. Immer.

Unsere Seele lässt uns die Erinnerungen, aber solange wir fähig sind, sie niederzuschreiben, verblasst darin der Schmerz nur deshalb, weil wir am Geschehenen nicht krepiert sind.
Wir müssen hinschauen und sehen, zulassen zu sehen, weshalb wir unsere Narben tragen! Weshalb wir so geworden sind, wie wir es in der Mitte unseres Lebens nun einmal sind.

Deshalb zittert alles an mir heute Abend nach unserem Gespräch, weil ich fassungslos vor Glück darüber war, dass Du auf Deine Narben ganz bewusst schaust, und auf die Ursachen. Wenn wir doch nur mehr Mut zur absoluten Offenheit hätten. Die Seelen würden jubeln und die Körper würden wieder gesund! Anstatt uns zu verstecken, wenn es uns miserabel geht, hinter Barrikaden, die aufzubauen sinnlos verschwendete Kräfte kosten.

Du bist der zauberhaft verrückteste, unvergleichlich frechste und insgesamt wahrhaftigste Mensch, der mir – so bewusst ich heute urteile und erlebe – je begegnet ist!
Angesichts der Tatsache, dass ich mehr Männer auf diesem Planeten kenne als jede andere Frau, bleibt Dir nichts anderes übrig, als diese Wertung zu akzeptieren … Warum? Weil Du vor allen anderen Du bleibst und der Gesellschaft ins Gesicht spuckst. Auf Deine Weise. Letztendlich wie ich.
Manchmal kostet uns das ein kleines Vermögen, aber die Genugtuung ist es uns wert.

Allerdings frage ich mich in einer Nacht wie dieser, in der Du in Schmerzen liegst, ich Dir nicht helfen und nichts für Dich tun darf – mich anstatt dessen und gerade deshalb in lebendiger Verzweiflung dieser Musik von Mancini überlasse, „when a man loves a woman“, es könnte auch anders herum heißen – warum Du seit hundert und fünfzig Nächten und Tagen Schmerzen hast und ich seit hundert und fünfzig Nächten und Tagen keine Ruhe. Hundert und fünfzig sonnige Tage und atemberaubende Sternennächte, in denen wir hätten glücklich sein können – ganz einfach zufrieden – anstatt in der Welt herumzuirren. USA, Australien, irgendwo in Europa, ohne je anzukommen.

Was hat diese brachiale Verschwendung gebracht? Nichts als Sehnsucht und Schmerzen.
Obgleich wir es auf den Status „Decorazione" beschränkt haben, hast Du Dich wochenlang – so Deine Seele sich über Deine Zunge geschlichen und Dich ausgetrickst hat – wohl gefühlt, „… warum nur fühle ich mich derart wohl bei Dir?!"
Eine ganz erstaunliche Frage. Wie oft habe ich sie von Dir gehört. Weißt Du, ich wollte es Dir schon längst gesagt haben – immer, wenn Du in meiner Nähe warst, gleichgültig, ob Du bei mir im Türrahmen erschienen bist oder ich bei Dir angelangt war, ausnahmslos brachtest Du eine Maske mit oder hattest sie noch auf … Die, des unbesiegbaren Kriegers.

Aber immer, sobald Du Deine Schuhe ausgezogen hattest oder ich die meinen bei Dir, sah ich dann das Gesicht, das derzeit an Deiner Wand hängt.
Ein Gesicht, so voller Güte, kindhafter Erwartungshaltung und endloser Freude.
Dieses Gesicht hat sich in meine Seele gebrannt. Es wird nicht auslöschbar sein.
Auf der Rückseite dieser Skizze steht geschrieben,

„Hoping that you will read the letters I write, without expressed emotions, weil Du sie mir verboten hast …"

Ich habe sie mir nicht verbieten lassen und ich bin glücklich darüber, denn Liebe darf man nicht verbieten. Liebe befreit und, wenn wir sie tatsächlich zulassen und sie als das Höchste unserer Empfindungen annehmen und verehren, verursacht sie die Wunder, die wir alle begehren. Liebe ist nichts, was wir von außen zu erwarten haben, sondern das, was in uns geschieht.

Ich sagte Dir einmal, so gegen Ende unseres ersten Vorhanges: „Ich brauche Dich nicht, weil, ich habe so viel Liebe in mir, dass ich damit die ganze Welt entzücke."
Deine Antwort darauf war:
„... und ich habe so viel Liebe in mir, dass ich die ganze Welt damit entflamme."
Ich hatte gelogen, denn ich brauche Dich.
Deine Gegenwart, Dein Vertrauen und Deine Liebe. Welche Art von Liebe auch immer.
Ich brauche Dein Lebendig sein als Spiegel meiner selbst.

Mein gesamter Organismus entzündet sich an Deiner Melodie und lässt mich fühlen.
Nimm es mir bitte nicht.
Du bist für meine Seele das Ur-Lied der Brandung, die Musik im Sommerwind und im Sturm!
Deshalb entflamme die ganze Welt mit Deiner Liebe, tue es – auf Deine Weise, aber bitte, lebe und entflamme als erstes wieder Dich als das Wichtigste, denn Deine Seele will es so. Deine Seele will in einem glücklichen Haus wohnen.
Sage nicht entsetzliche Dinge wie „Ich habe mein Leben gelebt, was soll sein. Jetzt bin ich krank wie ein Hund, wäre ich ein Hund man würde mich einschläfern."
Noch nicht einmal denken darfst Du das!
Sage Deiner Seele:
„... also gut. Zunächst hast Du gewonnen. Sage mir nun, was soll ich tun?" Sie wird es Dir sagen.
In der asiatischen Philosophie bestimmt – im Gegensatz zur christlichen – das Ego.
Ich habe darüber mit Dir bislang nicht argumentiert, wann immer Du meintest, die Liebe sei eine – im negativen Sinne –

egoistische Empfindung, weil es in unseren Breitengraden meist mit Forderungen verknüpft ist, leider.
Unser Ego ist jedoch das allerwichtigste im Universum, das Ich, unser Sein, die Seele. Nur wenn unser Ego bestätigt, glücklich und gesund ist, nur dann sind wir fähig, die Welt zu entflammen.

Du sagtest auch: „Xenia, die Seele kann man nicht zerstören …", soweit hattest Du Recht. Doch Du hast den Epilog dazu vergessen – die Lebens entscheidende Realität, denn die Seele kann den Menschen zerstören, nämlich immer dann, wenn sie zu lange mit Nagelschuhen getreten und vergewaltigt wurde.
Das Makabre ist, wir können uns zwar von allem, was die Seele will – aber nicht unser Kopf – trennen und distanzieren, aber von der Seele selbst können wir uns niemals trennen.
Wir sind ihr vollkommen ausgeliefert.
Sie macht mit uns, was sie will – und sie rächt sich, wenn ihr Haus ihr die Wärme, Sanftmut und Priorität verweigert.

Augenblicklich und in dieser Zeit bin ich nicht in mir, sondern nur bei Dir… Lass mich bitte dort sein. Meine Kräfte tun Dir gut und meine Seele besänftig die Deine.
Ich wünsche so sehr, dass Du wieder Dein weltbewegendes, unter die Haut gehendes Lachen lachst, übermütig und gesund bist und unglaublichen Unfug anstellst, alle an der Nase herumführst und, wie immer, der unwiderstehliche Gewinner auf dem Parkett!
Weißt Du eigentlich, wie schön Du mich gemacht hast?!
Wie ist es trotz dieser Zeit möglich?

Xenia.

MELODIE,

Ich musste fliehen. Deswegen hast Du die vergangenen Tage nichts von mir gehört. Verzeih.
Weil ich Dich nicht mehr sehen darf und weiß, dass ich Dich endgültig verlieren werde, fühlte ich, nur einen Steinwurf von Dir entfernt, meine Sinne schwinden.

Jetzt sitze ich hier auf dem Kliff über dem Strand von Port Phillips Bay am frühen Morgen, blicke über das noch kühle, sagenhaft türkisfarbene Meer, verliere mich in der Unendlichkeit des Horizonts, löse mich im Feuer der emporsteigenden Göttin Sonne auf, schwebe im Kosmos und schreibe Dir, führe einen Dialog mit Dir und lausche Deinen Worten.

Ich bilde mir ein, Du sitzt neben mir und lässt Dich umschmeicheln von Eukalyptusduft, Meersalz, mit dem der Wind Dich neckt, unterhalten vom Kreischen der längst erwachten Kakadus und Seemöwen.
Ich sehe Dich wieder vorwitzig und übermütig wie diese Brise, die meine Nase kitzelt, erfüllt von nur einem Gefühl – der Sehnsucht nach Sehnsucht, die mich nie verlassen wird. Sehnsucht, die immer wieder zu Dir hintreibt, zu Dir hintreiben wird.
Eine Sehnsucht, die mich ebenso wenig verlässt wie Deine Stradivari-Melodie, die mich lachen und tanzen ließ. Hier höre ich diese Melodie immer!
Die Brandung dort unten flüstert sie mir zu, jetzt noch sanft flirtend, später am Tag dann dringlicher und am Abend komplett unwiderstehlich.

Nichts ist geschehen. No genius, no love, just some funny kind of decoration, denke ich und während ich inmitten der Sonne höher schwebe, sehe ich, dass eigentlich alles dort unten von Menschen Gemachte nur eitle Decorazione ist.
Aber wir brauchen sie, diese Decorazione.
Wir halten am Gold im Lüster fest, dem am Bett, auf dem Zigarettenetui und dem auf der Zunge.
An den begehrten Komplimenten, die stets dieselben sind und mit demselben Zweck stets wirksam vergeben werden.
Auch die Spiegel brauchen wir, die unsere vielen Gesichter zeigen, die offenen sowie die verborgenen und immer an die Wahrheit erinnern.
Ohne Decorazione kein feedback …

Genauso wie die zärtlichsten Gesten und schmeichelnden Worte, wie die Aufmerksamkeiten, die uns vertrauen lassen, mögen sie von Dauer sein oder nicht.
Besser jedoch ist es, wenn sie von Dauer sind, denn im Ritual liegt ein besonderer Reiz, ruht die Faszination, die freilässt und Vertrauen, eine Kennung, schafft.
Was aber Menschen am meisten ängstigt, ist Vertrauen und das heißt nichts anderes als Angst vor Freiheit. Sie verwechseln Vertrauen mit Abhängigkeit, Freiheit mit Isolation.
Mut zum Vertrauen, eine Melodie im System, bedeutet aber, die Schwingen des Seeadlers zu besitzen.

Hier, an diesem magischen Ort, satt vom Gefühl der Freiheit und Sehnsucht, just smitten by the beauty of nature, fliege ich – weg vom Unsinn.
Jenem Unsinn, den die Gesellschaft fortwährend verursacht.

Stummheit und Wortlosigkeit, Ängste resultierend aus der Fremdartigkeit, welche wir glauben, in anderen nicht definieren zu können.
Dieser Unsinn macht statisch, fantasielos und stereotypisch.
Jeder hütet ein Geheimnis, das letztendlich keines ist und umgibt sich mit einer Mauer wie ein Atomkraftwerk, aus dem er glaubt, Kraft zu schöpfen.
Jedoch bleibt niemals etwas anderes als die Magie der Natur, die zu Lust auf Leben beflügelt!
Weil, die Magie der Natur ist die Melodie!
Das Lied der Brandung, Musik im Wind und in Deiner Stimme!
Stürme genauso wie Ruhe zu genießen, das Toben der Meere, der Hurrikans – mitten drin macht das nichts aus, ich weiß es.

Als Kind habe ich mich der Windstärke ausgesetzt, mich fanatisch am Bug festgeklammert, wurde in Wellentäler versenkt, überrollt und vom Sturm gehalten. Glück? Nein.
Nur der Wille zu leben.
Nehme die Schärfe hin, nicht nur die Süße.
Es ist eine nie vollendete Sinfonie, es ist die Melodie. Du bist die Melodie …
Ohne den bunt funkelnden Regenbogen über der Bay gesehen zu haben, soeben vom gewaltigen Tropengewitter, Donnerknall und peitschenden Regen abgelöst, ist ein Mensch nicht lebendig in all seinen Facetten. Aber Regenbögen entstehen eben nur dort, wo unmittelbar die Sonne lebt.
Es ist also nichts geschehen?

Xenia.

MELODIE, I AM SAILING ON YOUR SMILE …

Ich weiß es nicht. Ich weiß es wirklich nicht, ob anderen Menschen im Dekaden-Zyklus dieselben Prüfsteine oder Fallen gestellt werden, Prüfsteine und Fallen, die wie Ebenbilder aussehen. Ich habe sie, die anderen Menschen, nie danach gefragt. Vielleicht sollte ich damit beginnen, aber ich fühle, dazu habe ich keine Lust.
Sie gehen mir derzeit viel zu sehr auf die Nerven.
Diese Menschen, die ihr Leben vergeuden, von jahrelangem Lustkonsum schwatzen und anschließend mit Bedürfnis nach Liebe einmarschieren. Ehrlich gesagt …
Jene, die keine Ahnung haben, wovon ich rede und jene, die sich einbilden, ich wüsste nicht, was sie vor mir verbergen.

Mehr und mehr spüre ich, wie sich offensichtlich mein Desinteresse an derlei Menschen in meinem Gesicht abzeichnet und somit eine klare Sprache spricht.
Langweilig, Menschen, Männer sowie Frauen, die ohne Saft, ohne Enthusiasmus, ohne jegliche Courage ihrer Zukunft entgegensehen.
Aufgefangen werden wollen sie, aufgefangen von einem Retter, der die Gegenwart und die Zukunft schöner sein lässt als die Vergangenheit.
Toren. Welche Toren.
Du nanntest sie einmal die Phantasielosen, emotional Ausgedörrten, vom Zug der Zeit Automatisierten.
Ich bewundere Dich für diese Wahrnehmung.
Du sagtest auch, sie orientieren sich an Artikel und Schemata, am sogenannten modern sense, der da heißt, live and kill – but first of all, kill yourself in order to survive.

Wer fragt unter solchen Bedingungen noch nach zauberhaften Empfindungen, die einst unter der Rubrik Romantik gelistet wurden?
Es lebe die Romantik, es lebe die Liebe, es lebe der Mut, der die Hoffnung nie sterben lässt!
Es lebe die Zivilcourage, die das Rechte vom Falschen zu unterscheiden versteht.
Es lebe die Güte, die andere wärmt und es lebe die Erkenntnis, dass wir immer am Anfang stehen, nie am Ende.
Es lebe unser wahnsinniges Speichervermögen, unsere Instinkte, unser unkontrollierbares Bauchgefühl, diese Engel, die uns begleiten und uns stets zum hin lauschen drängen.
Nur wenn wir diesem Ermahnen folgen, hören wir die bekannten Töne, seien es die Fatalen, die uns einst in die Irre führten, oder seien es die Süßen, die uns zu weich gebettet hatten.

Die Dekaden-Falle. Wer kennt sie besser als ich?
Welchen Zweck erfüllt diese Dekaden-Falle? Weshalb führt Fortune sie uns vor?
Dabei ist die Reihenfolge auf gar keinen Fall zu ignorieren.
Es gibt zunächst einmal Zucker und dann die Peitsche. Das ist nicht erst seit Nietzsche so.
Niemals zuerst die Peitsche und danach den Zucker.
Die Sequenz ist hier bedeutend.
Wie man weiß, wird beides von uns, in welcher Dosierung auch immer, genossen.
Etwas mehr hiervon, etwas mehr davon, je nach Zeit und Laune von Madame Fortune – aber nie nach individuellem Bedürfnis. Niemals.
Wieder sehe ich, wie sie foppt, jeden von uns.

MELODIE,

ich sende Dir Perlenschmetterlinge, die ich eigens für Dich habe aufziehen lassen, in allen Pastellfarben.
Schmetterlinge im Bauch …
Anbei findest Du auch eine Zeichnung, nicht meine, die ein Känguru zeigt, aus dessen Beutel sämtliche vierbeinigen australischen Buschtiere hüpfen.
Als ich die Zeichnung in Australien sah, wusste ich, dass Du sehr herzlich lachen würdest …

Xenia.

Töricht glaubte sie, eine höhere Kraft würde ihn wieder gesund werden lassen. Nie mehr rief sie ihn an, seiner endgültigen Bitte folgend. Wochen vergingen. Das Briefeschreiben, in die Kapelle fahren und beten, half ihr, die verrückte Hoffnung, dass ein Wunder geschehen wird, aufrechtzuerhalten. Doch das Wunder geschah nicht.

Eines Morgens klingelte das private Telefon. Das ist er! Hoffnungsvoll, gleichzeitig wissend, dass das, was sie hoffte, der irrwitzigste Wahnsinn ist, griff Xenia zum Hörer. Er war es nicht. Seine Ex-Ehefrau stellte sich anstatt dessen vor.

„Er trug mir auf, Sie umgehend nachdem es vorbei ist, anzurufen, um Ihnen zu sagen, wie sehr er Sie liebte. Ich habe alle Ihre Briefe gelesen, es sind die schönsten Briefe, die ich je gelesen habe. Ich habe erkannt, wie sehr auch Sie ihn lieben. Er wird morgen auf See bestattet, so wünschte er es sich. Sie dürfen mich jederzeit anrufen."

Ihre Stimme war gedämpft und getränkt in Tränen. Xenia fühlte, wie sehr diese Frau litt, wie tapfer sie ihre psychischen Qualen zu beherrschen suchte. Wie tot stand sie an ihrem Schreibtisch. Was war der Sinn dieser sonderbaren, innigen Begegnung? Was ist der Sinn des Ganzen überhaupt? Live and kill, but first kill yourself in order to survive … Aufgelöst war die Magie, aufgelöst die Macht der Liebe, nur noch Leere. Stimmchen, hast du etwas zu sagen?

Nein, sagte Stimmchen fast unhörbar. Ich bin gestorben, so wie du.

Der Autor

J. J. Semour absolvierte in Australien Hochschule, College, studierte Commercial Art. Der Autor weist ein jahrzehntelanges, internationales Penthaus-Marketing vor und widmet sich vorrangig dem Schreiben, Weltreisen, Geschichte, Literatur und Kunst sowie dem Zeichnen und dem Malen.